"十三五"职业教育
国家规划教材

国家级精品资源共享课
"管理学基础"配套教材

高等职业教育经管专业基础课
我爱MOOC系列新形态一体化教材

管理学基础

（第二版）

主编　饶君华

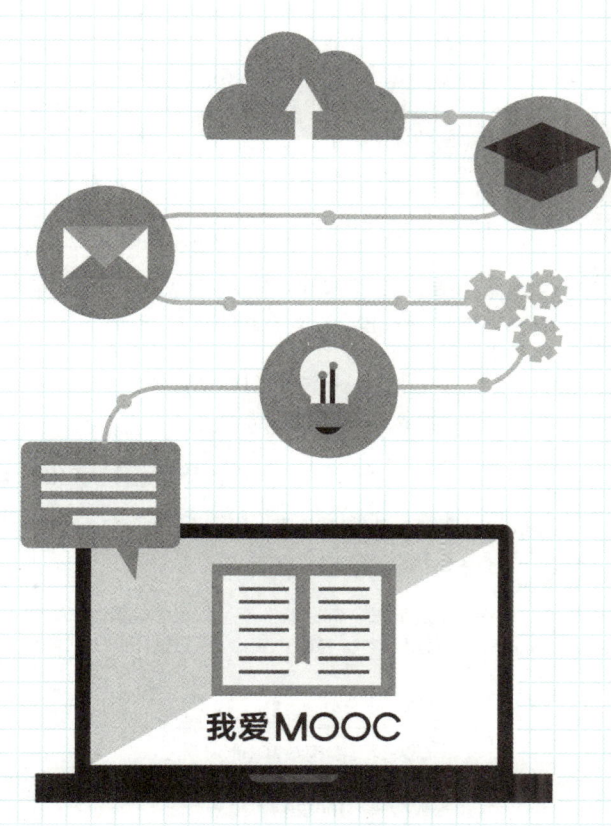

高等教育出版社·北京

内容简介

本书是"十三五"职业教育国家规划教材,国家级精品资源共享课"管理学基础"配套教材,高等职业教育经管专业基础课"我爱MOOC"系列新形态一体化教材。本书以工商企业基层管理者的管理素质与能力培养为主线,以实用、适用、创新为原则,围绕"什么是管理?如何有效管理?"两个基本问题,形成了知识、素质、能力三位一体的内容体系,包括:什么是管理,管理是决策,管理是沟通,计划,组织,领导,控制共7章,深入浅出地阐述了管理学的基本知识与技能。

本次修订的特色体现如下:第一,吸纳了管理学领域的前沿成果,将星巴克、特斯拉、华为、联想、小米、京东等国内外的卓越范例纳入教材,让学习者置身于一个生动鲜活的管理大世界;第二,践行教学做结合的职业教育理念,编排设计了管理地图、学习目标、一句话管理、管理案例、管理故事、小资料、职场小贴士、思考与练习、自我评估、管理实战、综合实训等教学栏目,以有效培养基层管理人员的管理思维与技能;第三,为将《教育部关于职业院校专业人才培养方案制定与实施工作的指导意见》中提出的"强化课程思政"及"三全育人"落地,设立了"思政之窗"教学栏目,帮助学生树立正确的世界观、人生观、价值观;第四,为方便学习者快速有效地掌握核心知识,实现线上线下混合式教学,本书配套建设了动画、微课等数字化资源,并以二维码链接形式标注于教材边白处,随扫随学。

本书既可作为高等职业院校、高等专科学校、成人高校管理学基础课的教材,也可作为企业管理人员的培训教材和参考书。

图书在版编目(CIP)数据

管理学基础 / 饶君华主编. -- 2版. -- 北京 : 高等教育出版社,2019.9(2023.1重印)

ISBN 978-7-04-052638-7

Ⅰ. ①管… Ⅱ. ①饶… Ⅲ. ①管理学-高等职业教育-教材 Ⅳ. ①C93

中国版本图书馆CIP数据核字(2019)第178333号

管理学基础(第二版)
GUANLIXUE JICHU

| 策划编辑 | 李聪聪 | 责任编辑 | 李聪聪 | 封面设计 | 赵 阳 | 版式设计 | 杜微言 |
| 责任校对 | 马鑫蕊 | 责任印制 | 刘思涵 | | | | |

出版发行	高等教育出版社	网 址	http://www.hep.edu.cn
社 址	北京市西城区德外大街4号		http://www.hep.com.cn
邮政编码	100120	网上订购	http://www.hepmall.com.cn
印 刷	三河市华润印刷有限公司		http://www.hepmall.com
开 本	787 mm×1092 mm 1/16		http://www.hepmall.cn
印 张	18.25	版 次	2013年8月第1版
字 数	360千字		2019年9月第2版
购书热线	010-58581118	印 次	2023年1月第9次印刷
咨询电话	400-810-0598	定 价	44.80元

本书如有缺页、倒页、脱页等质量问题,请到所购图书销售部门联系调换
版权所有 侵权必究
物 料 号 52638-B0

第二版前言

VUCA［volatility（易变性），uncertainty（不确定性），complexity（复杂性），ambiguity（模糊性）］时代赋予组织新挑战，催生了管理新知，一大批国内外优秀企业在实践中发展了经典的管理理论；同时中国特色社会主义的教育观、人才观赋予了职业教育新内容，而"互联网+"尤其是移动互联的迅猛发展也赋予了传统课堂新活力，极大地改变了学习者的学习习惯，线上线下混合式教学模式日益深化，教材从框架到内容的调整与优化成为教育教学改革的重中之重。本书为顺应新形势与新变化，第二版做了以下优化：

1. 保留了第一版适用、实用、创新、配套的特色。从高职学生的学习特点与需要出发，将抽象的理论知识通俗化、形象化、趣味化，合理安排知识点、技能点，沿用第一版的表现形式，适应新时代、新职教的教学需要，新建匹配主教材的数字化、系统化助教助学资源。

2. 精练课程体系，以更好地满足高职学生的学习需求。职业教育重在素质与能力的培养，本书内容的选取力求精简。在沿用第一版框架——决策+沟通+四大管理职能（计划、组织、领导、控制）的基础上，做了以下精简：将第二章第二节决策原则和第三节决策过程整合为第二节决策规程；强调管理沟通，将第三章第二节沟通类型调整为组织沟通；将第五章第一节组织设计和第二节制度规范设计整合为第一节组织设计；删掉第六章第四节领导艺术。

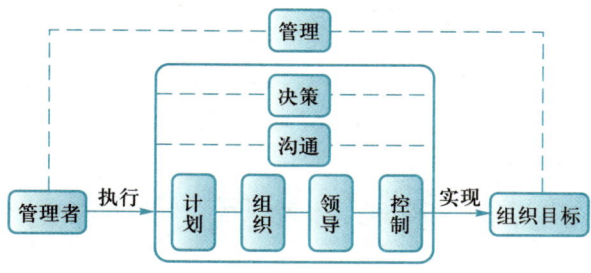

3. 教材内容创新融入课程思政。在每章章末增加了思政之窗栏目，将党史党建历程中的卓越实践与经典管理理论相结合，将思想政治教育、商科职业素养的学习与熏陶融入管理者三大基本技能以及沟通、决策、计划、组织、领导、控制等管理知识与能力的教学过程中。

4. 案例更新聚焦国内外卓越范例与最新成果，增加了星巴克的"科学管理"、流浪地球、乔布斯的魔力演讲、埃隆马斯克的火星计划、华为——以奋斗者为本、京东供应链管理等新内容，同时也吸纳了多位企业界领军人物的管理传奇。

此外，结合课程教学的重点与难点，新建了丰富的微课、动画、教学视频等，二维码资源、思考与练习都进行了换新与调整。

本书第二版修订分工如下：第一章，饶君华（山东商业职业技术学院）；第二章，王蕾（山东商业职业技术学院）；第三章，李丹蓉（山东商业职业技术学院）；第四章，刘敏（山东商业职业技术学院）；第五章，郑喆（山东商业职业技术学院）；第六章，苏磊（山东商业职业技术学院）；第七章，张洁（山东商业职业技术学院）。饶君华总纂，张洁、刘敏、王蕾勘校。

在修订过程中，我们参阅了大量的著作、期刊和网络文献，在此向被参考和引用文献的原作者表示衷心的感谢！由于编者水平有限，书中难免存在不当和疏漏之处，敬请广大读者批评指正！

编 者
二〇一九年六月

第一版前言

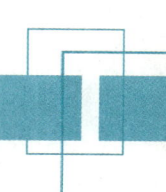

一、编写的缘起

管理是一个历久弥新的话题,而管理学作为高等职业教育财经类专业的核心基础课程,在人才培养体系中发挥着越来越重要的作用。

"管理学基础"作为一门本科院校相对成熟的理论基础课程,面向职业院校学生时需要一个"华丽转身"。教高〔2006〕16号《教育部关于全面提高高等职业教育教学质量的若干意见》指出:"高等职业教育作为高等教育发展中的一个类型,肩负着培养面向生产、建设、服务和管理第一线需要的高技能人才的使命。"高职管理学教育应定位于基层管理人才必备的管理知识与技能的培养,而现有教材深受传统学科化教学内容体系的影响,无论是内容编排、难易程度考量还是内容呈现都难以适应目前高职学生的认知水平,使用效果不尽如人意。基于此,我们期望编写一本既能体现管理学的基本原理,又能结合管理一线实情,还能符合高职学生学习特点的《管理学基础》教材。

二、本书的编写思路与特色

"以培养创新精神为灵魂,以培养职业能力为根本"是设计"管理学基础"课程教学的基本理念,因而教材编写的基本思路就是适用、实用、创新、配套。

(1)适用。一本好教材首先应该是为目标受众量身定制的,因而教材内容的选取不仅要考虑高职学生的学习背景与学习特点,更要准确把握本课程在高职教育教学体系中的地位和作用。"管理学基础"作为高职财经类专业的一门通识课程,旨在为学生后续课程服务、为未来基层管理者奠定良好的管理知识基础和通用管理能力基础。而高职学生相对而言,抽象思维能力较差,大都无工作经历,缺乏管理实践,所以教材在编写中坚持"理论够用为度,知识注重运用"的原则,将抽象的理论知识通俗化、形象化、趣味化,对一些过于深奥的管理知识进行削枝修叶,并充实理论、整合逻辑,以较好地满足教学需要。

(2)实用。遵循职业素质与能力养成的规律,以工商企业基层综合管理能力的培养为主线,学中做、做中学,采用理实一体化的编写模式。科学整合、精练理论内容,精心设计实践内容,合理安排知识点、技能点,在教材中选取并设置匹配相关理论的一句话管理、管理案例、管理故事、职场小贴士、管理游戏等板块,加大实践性教学的比例，充分体现本课程的实践性、职业性，使学生学了就能懂、学了就会用、用了更想学。同时，兼顾知识掌握与能力提升两方面，每章设置选择、判断、思考、自我评估、案例分析以及综合实训等多种多样的检测内容，既方便学生自学与提高，又为教师提供优质的教学素材。

（3）创新。突破管理学教材传统的相对单一、枯燥的大段文字的呈现形式，采用概念漫画化、逻辑图表化、人物形象化的生动有趣而又一目了然的表现形式，提高教材的可读性，更好地发挥其助教助学、促教促学的功能。

（4）配套。系统开发匹配主教材的数字化助教助学资源，以视频、动画、图片、文本等形式呈现的教案、自测系统、教学过程实录、网络课程、管理模拟实训平台、试卷库及标准答案、学生互动平台等，满足学生自主学习与协作学习的需要，同时方便教师备课，促进教师间的交流以及教改成果的及时转化与应用。

本书特色：

（1）内容行动化。教材内容选取、编排坚持行动导向，重实践与应用，学练结合。

（2）逻辑图表化。将大段的比较、分析类的文字归纳、提炼成图表形式，使知识内容直观而清晰。

（3）形式生动化。重要概念、案例以漫画形式呈现，深奥、枯燥的理论以简短的小故事、小笑话呈现，教材图文并茂、生动有趣。

三、内容体系

围绕"什么是管理、如何有效管理"两个基本问题，形成了知识、素质、能力三位一体的内容体系，包括什么是管理、管理是决策、管理是沟通、计划、组织、领导、控制七章，深入浅出地阐述了管理学的基本知识与技能。如图1所示。

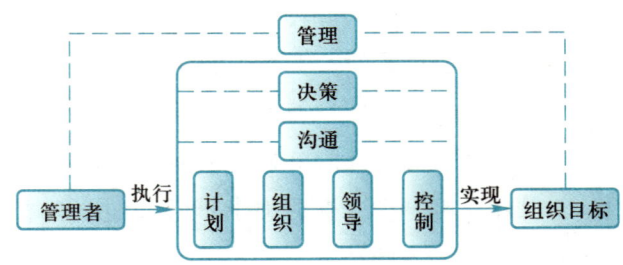

图1 管理学的基本知识与技能

基于管理者的素质与技能研究，高效管理者应具备三种基本管理技能：技术技能、人际技能、概念技能。相对于中、高层管理者，基层管理人员侧重技术技能培养的同时，应强化人际技能的培养；在职业素质养成的内在要求方面，基层管理人员应具备良好的决策潜质与沟通能力；从管理职能的内在关系看，决策与沟通职能是伴随管理过程始终并渗透到计划、组织、领导、控制之中的两大职能，因而基于管理学的经典四大职能框架，本教材构建了决策＋沟通＋管理四大职能（计划、组织、领导、控制）的框架。

本教材编写分工如下：第一章，郭克锋（山东商业职业技术学院）；第二章，杨晓华（山东商业职业技术学院）；第三章，饶君华（山东商业职业技术学院）；第四章，周永莲（湖北开放职业学院）；第五章，刘维东（山东商业职业技术学院）、杨莉娟（山西财政税务专科学校）；第六章，魏金萍（重庆城市管理职业学院）、秦云秀（山东商业职业技术学院）；第七章，王鑫（山东商业职业技术学院）。全书由饶君华总纂，杨晓华勘校，李鹏（山东中医药大学附属医院）绘制插图。

在编写过程中，我们参阅了大量的著作、报刊和网络文献，在此向被参考和引用文献的原作者表示衷心的感谢！由于编者水平有限，书中难免有不当和疏漏之处，敬请广大读者批评指正！

编　者

二〇一三年四月

目 录

第一章　什么是管理 …………………………………………………… 1
　　第一节　管理与管理者 ………………………………………………… 3
　　第二节　管理的昨天与今天 …………………………………………… 14

第二章　管理是决策 …………………………………………………… 35
　　第一节　决策概述 ……………………………………………………… 37
　　第二节　决策过程 ……………………………………………………… 45
　　第三节　决策方法 ……………………………………………………… 48

第三章　管理是沟通 …………………………………………………… 65
　　第一节　理解沟通 ……………………………………………………… 68
　　第二节　组织沟通 ……………………………………………………… 75
　　第三节　有效沟通 ……………………………………………………… 81

第四章　计划 …………………………………………………………… 99
　　第一节　计划概述 ……………………………………………………… 102
　　第二节　环境分析 ……………………………………………………… 113
　　第三节　确定目标 ……………………………………………………… 122
　　第四节　计划的方法 …………………………………………………… 128

第五章　组织 …………………………………………………………… 144
　　第一节　组织设计 ……………………………………………………… 146
　　第二节　人员配置 ……………………………………………………… 165
　　第三节　组织文化 ……………………………………………………… 175

第六章 领导 ... 190
第一节 领导概述 ... 194
第二节 领导理论 ... 200
第三节 激励 ... 210

第七章 控制 ... 236
第一节 什么是控制 ... 237
第二节 控制类型及控制过程 ... 245
第三节 目标管理 ... 255
第四节 全面质量管理 ... 261

参考文献 ... 277

第一章
什么是管理

【管理地图】

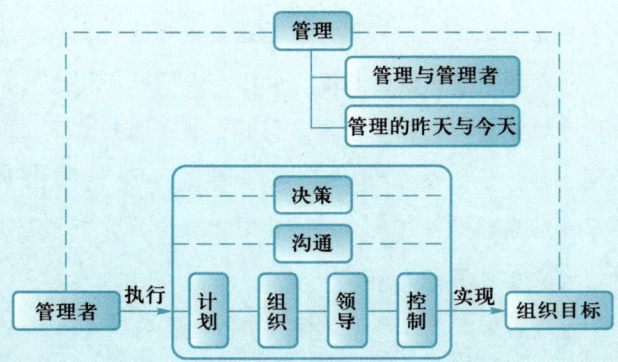

【学习目标】

★ **知识目标**

- 了解什么是管理、管理的本质所在。
- 理解管理定义的多样性。
- 熟悉管理者的类型,理解管理者技能。
- 理解管理者的角色与任务。
- 理解系统理论、权变理论。

★ **能力目标**

- 学会系统思考。
- 懂得权变。

★ **关键词**

管理、管理者、效率、效能、技术技能、人际技能、概念技能。

如何当厂长?

江南某机械厂是一家拥有职工2 000多人,年产值约5 000万元的中型企业。厂长贾明虽然年过半百,但办事仍风风火火。贾厂长每天都要处理厂里大大小小的事情几十件,从厂里的重要决策、人事安排,到职工的生活起居,人们每天都能见到贾厂长骑着他那辆破旧的自行车穿梭于厂里厂外。正因为这样,贾厂长在厂里的威信很高,大家有事都找他,他也是有求必应。不过,贾厂长也的确活得很累,有人劝他少管些职工的鸡毛蒜皮的事,可他却说:"我作为一厂之长,职工的事就是我自己的事,我怎能坐视不管呢?"贾厂长是这么说也这么做的。为了把这个厂办好,提高厂里的生产经营效益,改善职工的生活,贾厂长一心扑在事业上。

每天从两眼一睁忙到熄灯,根本没有节假日,妻子患病他没时间照顾,孩子的家长会他也没时间出席,他把全部的时间和心血都花在了厂里。正因为贾厂长这种勤勤恳恳、兢兢业业的奉献精神,他多次被市委市政府评为市先进工作者,市晚报还专门对他的事迹进行过报道。

在厂里,贾厂长事必躬亲,大事小事都要过问,能亲自办的事决不交给他人办;可办可不办的事也一定是自己去办;交给下属的一些工作,总担心下面办不好,常要插手过问,有时弄得下面的领导不知如何是好,心里憋气。但大家都了解贾厂长的性格和他的好意,不便直说。有一次,厂里小王夫妇闹别扭,闹到了贾厂长那里,当时贾厂长正忙着开会,让工会领导去处理一下,工会主席在了解情况后,做通双方的思想工作,事情很快就解决了。可贾厂长开完会后又跑来重新了解情况,结果本来平息了的风波又闹了起来。像这样的例子在厂里时有发生。

虽然贾厂长的事业心令人钦佩,可贾厂长的苦劳并没有得到上天的赏赐。随着市场环境的变化,厂里的生产经营每况愈下,成本费用急剧上升,效益不断下滑,急得贾厂长常常难以入眠。不久,贾厂长决定在全厂推行成本管理,厉行节约,他自己以身作则,率先垂范。但职工并不认真执行,照样浪费,考核成了一种毫无实际意义的表面形式。贾厂长常感叹职工目光短浅,却总也拿不出有力的监管措施,就这样,厂里的日子一天天难过起来。最后,在有关部门的撮合下,厂里决定与一家外国企业合作,由外方提供一流的先进设备,厂里负责生产。当时这种设备在国际上处于先进水平,国内一流,如果合作成功,厂里不仅能摆脱困境,而且可能使厂里的生产、技术和管理都跃上一个新台阶,因此大家都对此信心满满。经多方努力,合作的各项准备工作已基本就绪,就等双方领导举行签字仪式。

第一章 什么是管理

仪式举行的前一天，厂里一个单身职工生病住院，贾厂长很可怜他，亲自到医院陪他。第二天，几乎一夜未合眼的贾厂长又到工厂查看生产进度，秘书几次提醒他晚上有重要会议，劝他休息一下，但他执意不肯，下午，贾厂长在车间听取职工反映情况时病倒了。晚上，贾厂长带病出席签字仪式，厂里的其他许多领导也参加了，但贾厂长最终没能支撑下去，中途不得不被送进医院。外方领导在了解事情的经过后，一方面为贾厂长的敬业精神所感动，同时也对贾厂长的能力表示怀疑，决定推迟合作事宜。

贾厂长出院后，职工们都对他另眼相看，他在厂里的威信也从此下降。对此，贾厂长有苦难言，满脸的无奈。

案例思考：
1. 贾厂长是一名优秀的管理者吗？
2. 你如何评价贾厂长的管理能力？
3. 你认为一名厂长的主要工作是什么？

（资料来源：根据网络资料整理。）

启示： 企业的高层领导与一般管理者或普通员工在职责、角色定位上有着明显不同，他既要有全局观念，又能分清轻重缓急。管理就是要正确地做正确的事。

小资料

- 美国邓恩和布兹特里斯信用分析公司调研结果表明，有90%的破产企业是由于管理不善所致。
- 我国国有企业中80%以上的亏损企业是由于管理不善所致。

第一节 管理与管理者

一、管理的定义和有效性

（一）管理的定义

管理专家与学者们对管理作了大量的研究，并结合其自身的职业、研究领域分别从不同的角度对管理下了定义，所以，管理的定义非常多，但总结起来，也都大同小异。这里仅选取比较有影响的几位大师的定义，如表1-1所示。

动画：
改裤子

动画：
天鹅 狗 鱼 和虾

表 1-1　管理的定义

学者	定义
泰罗	管理就是一门怎样建立目标，然后用最好的方法经过他人的努力来达到的艺术
法约尔	管理就是计划、组织、指挥、协调和控制
西蒙	管理就是决策
罗宾斯	管理是一个协调工作活动的过程，以便能够有效率和有效果地同别人一起或通过别人实现组织的目标
德鲁克	管理就是界定企业的使命，并激励和组织人力资源去实现这个使命。界定使命是企业家的任务，而激励与组织人力资源是领导力的范畴，二者的结合就是管理
孔茨	管理就是通过别人来使事情做成的一种职能
韦伯	管理就是协调活动

管理定义的多样性反映了管理的复杂性。管理学家们从不同的角度对管理做了总结与归纳，分别给出了自己对管理的定义，每个人的观点都反映了各自独有的视角。

总而言之，管理就是管理者在一定的情境下对组织所拥有的以人为中心的资源和活动进行计划、组织、领导和控制，以有效实现组织目标的过程。

管理对象是以人为中心的组织资源与职能活动。组织资源包括人力、财力和物力，被视为静态资源；职能活动是静态资源为实现目标而参与的各项活动，包括计划、组织、采购、生产、销售等。静态资源对于组织来说易于模仿和获得，所以动态的职能活动从本质上体现了组织的差别。

视频：
神奇的管理

职能活动的差别使同类组织状态各异，也使不同类组织具有天渊之别。有效的职能活动促使组织发展壮大，无效的职能活动导致组织每况愈下。而职能活动的有效与否取决于管理的有效性。管理的目的就是使实现组织目标的过程更加有效。没有管理，组织目标也可能实现，但有了管理，组织目标可以更好地实现。

（二）管理的有效性

管理是否有效，关系到组织的成败。本质上来说，所有组织经营失败的原因都可以归结为管理无效。管理的有效性与我们通常理解的有差异，我们通常说的有效就是指效率。效率高的就好，效率低的就不好。其实不然。严谨来说，管理的有效性包括两个维度：效率与效果。

视频：
创业最大难题

效率，是衡量一定目标约束下资源被利用情况和产出能力的尺度。效率强调过程，高效率意味着以尽可能少的投入获得尽可能多的产出。产出既定，投入最少；投入既定，产出最多。简而言之,效率指做事的方式,即"正确地做事",也就是不浪费资源。

效果,是衡量组织目标的适宜程度,以及组织实现目标程度的尺度,如组织目标是否合适,在多大程度上能够实现。如果组织目标非常适宜,管理者目标与组织目标的一致性程度高,则管理者目标的实现直接促进组织目标的实现,效果就好;反之,南辕北辙(见图1-1),效果就差甚至没效果。简而言之,效果是指"做正确的事",即所从事的工作有助于组织实现其目标。

图 1-1　南辕北辙

效率涉及过程,效果涉及结果。效果好,保证方向正确,不至于努力半天却白费;效率高,保证过程高效,不至于浪费资源。

在成功的组织中高效率和高效果是相辅相成的。成功的管理者既要注重效率,又要注重效果。特别是效果,做事情首先保证方向正确,如果方向错误,效率越高,则损失越大,导致的后果越严重。在方向正确的前提下,还要注重效率,如果杀敌一千,自损八百,这样的事情做起来也没有多大意义。如表1-2所示,效率与效果的组合表现。

表 1-2　效率效果组合

效果 \ 效率	低	高
低	低效率/低效果 管理者目标选择错误,利用资源不力 结果:产品质量低,顾客不需要	高效率/低效果 管理者目标选择不当,但善于利用资源 结果:高质量的产品,但顾客不需要
高	低效率/高效果 管理者目标选择正确,但不善于利用资源以实现目标 结果:产品是顾客需要的,但是太贵买不起	高效率/高效果 管理者目标选择正确,充分利用资源以实现目标 结果:产品是顾客需要的,且质量、价格都合适

二、谁是管理者

小资料

管理者对于组织的重要性

盖洛普公司（Gallup Organization）调查了数百万员工和数万名管理者，发现决定员工生产率和忠诚度的最重要因素不是薪水、福利或工作环境，而是员工和直接上级的关系质量。另外，国际咨询公司韬睿惠悦（Towers Watson）发现，公司管理和雇用员工的方式可以显著影响其财务绩效。韬睿惠悦另一项发现表明，只有42%的受访者认为其上级鼓励他们并对他们负责。其他学者的另一项研究发现，44%的受访者认为，他们的上级极大地增加了参与度；41%的人则认为，上级极大地降低了参与度。可见，管理者确实存在着积极或消极的影响，对于组织至关重要。

视频：
不称职的物流经理

　　管理者可以是各种身材、各种模样、各种肤色和不同性别的人，他们在各类组织中履行着自己的职责。管理者即履行管理职能，对实现组织目标负有贡献责任的人。

　　管理者是组织中这样的人：他告诉别人该做什么以及怎样去做（见图1-2）。他通过协调和监督其他人的活动达到组织目标。他的工作不是取得个人成就，而是帮助他人完成任务。管理者的工作可能意味着协调一个部门的工作，也可能是监督几个单独的个人，还可能包含协调一个团队的活动。成功的管理者没有固定的模式。管理者可以是年纪不满18岁的未成年人，也可以是年逾八旬的老人。如今，女性管理者也已屡见不鲜。管理者们不仅经营大公司，也经营小企业，还管理政府机构、医院、博物馆、学校，以及如合作社这类的非传统组织。有些管理者身居组织的最高领导岗位，而另一些管理者则担任基层管理职务。

　　管理者在组织中工作，但并非所有在组织中工作的每一个人都是管理者。为简化起见，我们可以将组织的成员分为两种类型：操作者和管理者。操作者是这样的组织成员：他们直接从事某项工作或任务，不具有监督其他人工作的职责。例如，汽车装配线上安装防护板的装配工人、麦当劳店中烹制汉堡包的厨师、超市中提供结账服务的收银员、

图1-2　管理者

金融机构的前台人员等，这些人都是操作者。相反，管理者是指挥别人活动的人。在图 1-3 中，他们处于操作者之上的组织层次中。管理者也可能担任某些作业职责，例如，保险索赔监督员除了负责监督保险索赔部门办事人员的工作以外，还可能承担一部分办理保险索赔的业务职责。但是，我们的定义是假定作为一个管理者，一定要有下级。

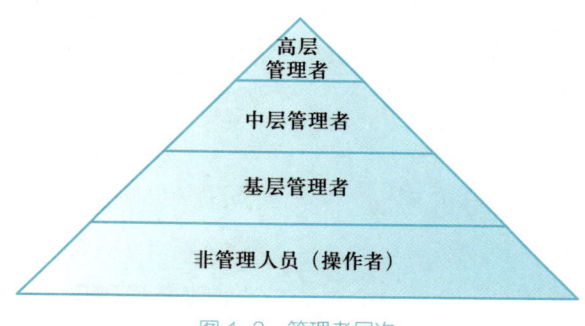

图 1-3　管理者层次

正如图 1-3 所示，我们将管理者典型地划分为基层管理者、中层管理者和高层管理者。准确地辨认出一个组织中谁是管理者并不是一件难事，不过你应当留心管理者的那一套各式各样的头衔。基层管理者通常是最底层的管理人员，他们管理着非管理雇员所从事的工作，即生产产品和提供服务，也称作业层。这样的管理者通常称为监工、工长或主管。在制造工厂中，基层（或最低层）管理者可能被称为领班。在运动队中，这项职务是由被称为教练的人担任的。中层管理者包括所有处于基层和高层之间的各个管理层次的管理者，这些管理者管理着基层管理者，负责执行企业组织政策，指挥一线管理人员或操作人员工作，又称执行层。他们可能具有部门或办事处主任、项目经理、地区经理、系主任或部门经理的头衔。处于或接近组织最高领导位置的是高层管理者，他们承担着制定广泛的组织决策，为整个组织制订计划和目标的责任，又称决策层。他们的头衔，通常有诸如总裁、副总裁、校长、总监、总经理、首席执行官或者董事会主席等。在制造公司中，20 年的管理生涯通常包括一个职衔系列：生产工长、生产主管、生产副经理、生产助理、生产副总经理。在一所大学，一个有 25 年管理经验的人，他们的升迁阶梯也许包括这样一些头衔：教研室主任、副院长、院长、副校长、校长。在世界各国都可以发现，管理者可以在各类组织中履行自己的职责。

小资料

管理万能论与管理象征论

管理万能论：管理者对组织的成败负有直接责任。一个组织的管理者的素质，

> 决定了这一组织本身的素质。也就是说，组织的效果和效率的差别，在于组织中管理者的决策和行动。管理万能论将管理者视为组织的中流砥柱，认为他们能够克服任何障碍去实现组织的目标。
>
> 　　管理象征论：组织成败在很大程度上归因于管理者无法抗拒的外部力量。换句话说，是外部力量而不是管理决定成败。管理象征论认为，管理者影响结果的能力受外部因素的制约和约束。

三、管理者做什么

　　描述管理者做什么不是一件容易的事情，就像没有任何两个组织是完全一样的，没有任何两个管理者的工作是完全一样的。但经过对管理者的多年研究，我们也总结出了管理者们都在做的一些工作，大致开发出了一种分析框架。可以从三个方面来描述管理者：管理职能、管理角色和管理技能。

（一）管理职能

　　所谓职能，即人和事物以及机构所能发挥的作用与功能。从职能的角度来说，管理者需要从事一定的活动以有效率和有效果地协调他人的工作，从而最终实现目标。那么这些职能或活动都有哪些呢？20世纪早期，法国工业家和管理学家亨利·法约尔（Henri Fayol）经过研究，第一次提出所有的管理者都在从事的五种管理职能，即计划、组织、指挥、协调和控制。到20世纪50年代中期，管理教科书中首次使用了计划、组织、人员配备、指导和控制职能作为框架来组织内容。至今绝大多数管理教科书仍然按照基本的管理职能来组织内容。只是在原来五大职能的基础上做了精简，将指挥和协调合二为一，称作领导，即今天所说的管理四大职能：计划、组织、领导和控制（见图1-4）。

　　如果我们头脑中没有特定目的，那么我们可以选择任何道路前进。但是，如果我们想要到达特定的地点，我们就要计划最佳路径以便有效到达目的地。任何组织的存在都有特定的目的，所以就必须有人清晰地定义这些目的以及达到目的的手段，这是管理当局的责任。计划职能就包括定义目标、制定战略以获取目标，以及制订计划以便协调活动的过程。没有计划，组织就失去了方向，最终也难以达到有效目标。

　　计划制订之后，需要统筹安排各项工作以实现目标，这种职能称为组织职能。组织职能包括为实现目标应该完成哪些任务、由谁来完成这些任务、这些任务如何进

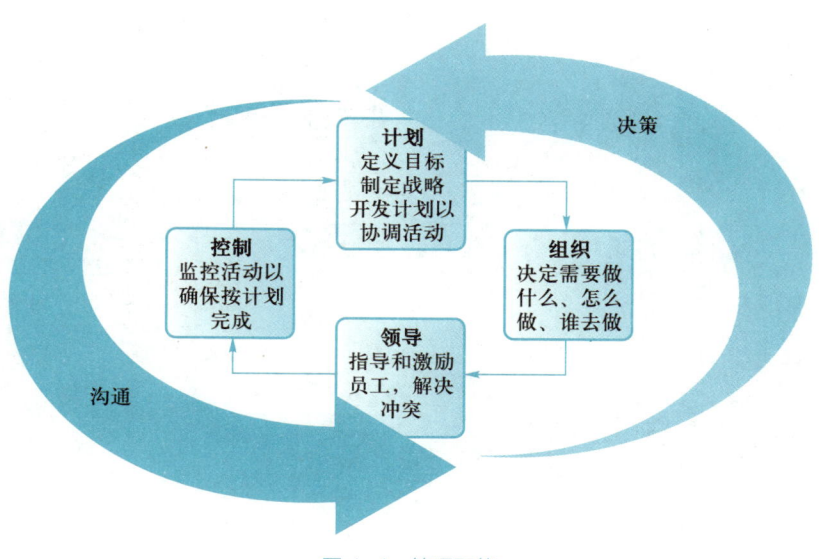

图 1-4　管理职能

行分类和归集、谁向谁汇报工作、各种决策在哪一级作出、各种资源的配置与使用等过程。

所有的组织都是由人组成的，所有组织内的工作也都需要由人来完成。管理当局的职责就是同别人一起或者通过别人来实现组织目标，这就是领导职能。当管理者激励下属、解决组织内的冲突、影响工作中的个人或团队、选择最有效的沟通渠道，或者以任何方式处理雇员的行为问题时，他们就是在履行领导职能。

计划很周详、组织很有效、领导很有力，也不能保证组织就必然达成目标。在组织朝着目标大踏步迈进的过程中，必然存在一些偏差与失误。管理者必须监控、评估工作绩效，将实际绩效表现与预先设定的目标进行比较，如果存在任何显著的偏差，管理当局的职责就是采取措施使工作绩效回到正常的工作轨道上来。这个监控、比较、纠正的过程就是控制职能。

管理过程是一个各职能活动周而复始的循环过程，而且在大循环中套着小循环。另外，还存在一些管理职能，始终伴随着管理工作的循环过程，并渗透在计划、组织、领导、控制等基本职能中。这些职能有决策、沟通。每项管理职能都要从众多的方案中比较，并确定出可供实施的措施，形成决策方案。任何一项决策方案，都需要在组织内部进行有效的沟通，才有可能变成组织成员的行动。决策与沟通贯穿管理过程的始终，在"互联网+"以及不断变化的大时代背景下，决策与沟通深刻地影响着管理水平与绩效。

小资料

不同层次管理者的时间分布（见表1-3）

表1-3 不同层次管理者的时间分配比例

层次	计划	组织	领导	控制
高层管理者	28%	36%	22%	14%
中层管理者	18%	33%	36%	13%
基层管理者	15%	24%	51%	10%

（二）管理角色

管理职能是从动态的角度审视管理者的工作，对所有管理者都从事的活动进行了总结。但管理者在工作的过程中都做了哪些事情，都承担了哪些角色呢？亨利·明茨伯格对管理者角色的研究颇有建树，他得出结论：管理者做什么可以通过考察管理者在工作中所扮演的10种不同但高度相关的角色来恰当地描述。所谓管理者角色，是指特定的管理行为类型。正如我们每个人都扮演着多种不同角色一样，管理者在工作中也扮演不同的角色。明茨伯格的10种管理行为可以进一步组合为人际关系、信息传递和决策制定。如表1-4所示。

表1-4 明茨伯格的管理者角色理论

方面	角色	描述	特征活动
人际关系角色	1. 挂名首脑	象征性的首脑，必须履行许多法律性的或社会性的例行义务	迎接来访者，签署法律文件
	2. 领导者	负责激励和动员下属，负责人员配备、培训和交往的职责	实际上从事所有有下级参与的活动
	3. 联络者	维护自行发展起来的外部接触和联系网络，向人们提供恩惠和信息	发感谢信，从事外部委员会工作，从事其他有外部人员参加的活动
信息传递角色	4. 监听者	寻求和获取各种特定的信息（其中许多是即时的），以透彻地了解组织与环境；作为组织内部和外部信息的神经中枢	阅读期刊和报告，保持私人接触
	5. 传播者	将从外部人员和下级那里获得的信息传递给组织的其他成员——有些是关于事实的信息，有些是解释和综合组织的有影响的人物的各种价值观	举行信息交流会，用打电话的方式传达信息

续表

方面	角色	描述	特征活动
信息传递角色	6. 发言人	向外界发布有关组织的计划、政策、行动、结果等信息；作为组织所在产业方面的专家	举行董事会议，向媒体发布信息
决策制定角色	7. 企业家	寻求组织和环境中的机会，制订改进方案以发起变革，监督某些方案的策划	制定战略，检查会议决议执行情况，开发新项目
	8. 混乱驾驭者	当组织面临重大的、意外的动乱时，负责采取补救行动	制定战略，检查陷入混乱和危机的时期
	9. 资源分配者	负责分配组织的各种资源——事实上是批准所有重要的组织决策	调度、询问、授权，从事涉及预算的各种活动和安排下级的工作
	10. 谈判者	在主要的谈判中作为组织的代表	参与工会进行合同谈判

人际关系角色指涉及人与人（下级和组织外的人）的关系以及其他具有礼仪性和象征性职责的角色。人际关系角色包括挂名首脑、领导者和联络者。信息传递角色涉及接收、收集和传播信息。其角色包括监听者、传播者和发言人。最后，决策制定角色作出抉择的活动，包括四种决策制定角色，即企业家、混乱驾驭者、资源分配者和谈判者。管理者扮演着不同的角色，明茨伯格认为他们的工作实际上就是与他人、组织以及外部环境之间进行相互交流与沟通。

大量的后续研究在不同的组织中和不同的管理层次上检验了明茨伯格角色分类的有效性。研究证据一般都支持管理者角色的概念——无论是在何种类型的组织中还是组织的任一层次上——管理者都在履行着类似的角色。不过研究表明，管理者角色的强调重点随组织的层次不同而变化。特别是传播者、挂名首脑、谈判者、联络者和发言人的角色更多地表现在组织的高层，而领导者角色（按明茨伯格的定义）在低层管理者身上体现得更加明显。

以上我们讨论了两种描述管理者工作的方法，那么职能方式与角色方式哪种描述是正确的呢？职能提供了清晰的和分离的对管理者所从事的大量活动进行分类的方法。大多数教科书采用职能的方法来描述管理者工作，并不意味着明茨伯格的角色分类无效，因为他清晰地给出了一种对管理者所从事工作的理解。根本上来说，职能论是从动态的角度描述管理者工作时所从事的活动；角色论是从静态的角度描述管理者工作时都扮演着什么类型的角色。两者只是角度不同，描述的本体是一样的，都是管理。实际上，明茨伯格确定的许多角色可以大体上归类在一个或多个职能中。例如，资源分配者就是计划职能的一部分，企业家和人际关系角色是领导职能的一部分。当然，并不是所有角色都可以归结到职能当中去。

(三)管理技能

管理者的职责是变化和复杂的,管理者需要特定的技能来履行他的职责和活动。根据罗伯特·卡茨的研究,他发现管理者需要三种基本的技能或者素质,即技术技能、人际技能和概念技能。

技术技能指熟练完成特定工作所需的特定领域的知识和技术。技术技能对基层管理人员要求较高,因为他们通常管理的是使用工具和技术生产产品、提供服务的雇员。正是因为在组织基层中这些技能的重要性,拥有卓越技术技能的雇员往往凭借这些技能而晋升为基层管理者。

人际技能指的是管理者与他人一起工作和作为一名小组成员而有效工作的能力。具体表现为管理者与他人的关系,其中包括激励、帮助、协调、领导,沟通和解决冲突的能力。由于管理者直接与人打交道,因此,不管什么层次的管理者,人际技能都非常重要。拥有良好的人际技能的管理者能从别人那里获得最多的东西。他们知道如何沟通、激励、领导、调动热情和增加信任。

最后是概念技能,指的是管理者对抽象、复杂情况进行思考和概念化的技能。即综观全局,认清为什么要做某事的能力,也就是洞察企业与环境之间相互影响复杂性的能力。具体包括:理解事物的相互关联性,从而找出关键影响因素的能力;确定和协调各方面关系的能力;权衡不同方案优劣和内在风险的能力;等等。运用这种技能,管理者必须将组织看成一个整体,理解各部分之间的关系,想象组织如何适应它所处的复杂环境。尤其对于高层管理者来说,这种技能非常重要。因为高层管理者承担着带领整个组织前进的责任。图1-5表示了这些技能与管理层次之间的关系。

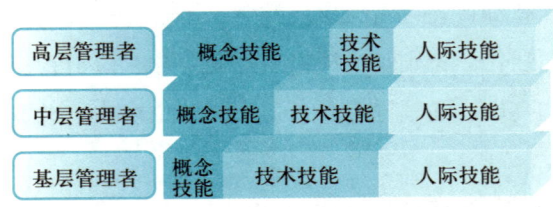

图1-5 不同管理层次所需要的技能

一个人越好,他犯的错误就越多——因为他会努力尝试更多的新东西。我永远不会提拔一个从不犯错误,特别是从不犯大错误的人担任最高层的工作。否则,他肯定将成为一个工作平庸的管理者。

 **小资料**

学会有效地做事

有效性是一种后天的习惯，是一种实践的综合，是可以学会的。要成为一个卓有成效的管理者，必须在思想上养成五个习惯：第一，知道自己的时间用在什么地方。自己所能控制的时间非常有限，必须有系统地工作，善用有限的时间。第二，重视对外界的贡献。并非为工作而工作，而是为成果而工作。不会一接到工作就一头钻进去，更不会一开头就探究工作的技术和手段，要学会自问："别人期望我做出什么成果？"第三，善于利用长处，包括自己的、上司的、同事的和下属的长处。而不会把工作建立在自己的短处上，也决不去做自己做不了的事。第四，集中精力于少数重要的领域。按照工作的轻重缓急设定优先次序，而且坚守优先次序。要事第一。第五，善于做有效的决策。有效的决策事关处事的条理和秩序问题，也就是如何按正确的次序，采取正确的步骤。要知道，有效的决策就是在"不同意见讨论"的基础上所做出的判断，它绝不会是"意见一致"的产物。快速的决策多为错误的决策，真正不可或缺的决策数量并不多，但一定是根本性的决策。管理者需要的是正确的战略，而不是令人眼花缭乱的战术。

（资料来源：德鲁克《卓有成效的管理者》）。

 **职场小贴士**

管理者要做的 10 件事

1. 帮助每一位员工选择自己喜爱的工作。
2. 为每一位员工提供一份温馨的职场示意图。
3. 为每一位员工提供做好工作所需要的材料和设备。
4. 帮助每一位员工设立明确的工作目标。
5. 当员工表现出色时，及时给出赞扬。
6. 关心员工的个人情况，而不仅仅是工作。
7. 建立"为高品质的工作而努力"的职场文化。
8. 尊重每一位员工的个体尊严和存在的价值。
9. 制定一份高尚的团队使命宣言。
10. 鼓励人与人之间的相亲相爱。

第二节 管理的昨天与今天

管理案例

星巴克的"科学管理"

1971年,星巴克在西雅图开办第一家店,主要出售高质量的咖啡豆和咖啡器材(图1-6)。1987年正式定位为连锁咖啡店,1992年上市,1996年开始国际化扩张。从西雅图本地的咖啡豆零售商发展为今日全球最大的连锁咖啡店,这家巨头走过了近半个世纪。其成功运营的背后,不难看出,是科学管理原理在熠熠发光。

1. 标准化的流程和管理使星巴克成为可复制的生意

星巴克坚持道德采购,并通过改善物流效率保证稳定而高效的供应链;从前台的咖啡制作流程和商品陈列到后台的人员物料安排等,追求细节以保证门店运营管理高效。独特的咖啡体验源于:新鲜的咖啡的保存时间不能超过一个星期;10克咖啡需用180毫升水调制,两勺咖啡约10克;用在浓缩咖啡机上的咖啡粉必须非常精细,因为调制的时间只有18~23秒。用在咖啡压壶上的咖啡粉可以粗糙一些,因为水和咖啡粉有4分钟直接接触的机会;一杯咖啡中,98%的成分都是水,将水加热到90~96 ℃,这种温度的热水可以萃取咖啡所有的风味。

2. 挑选专业的"合作伙伴"

为始终如一地为顾客提供优质的服务,星巴克对各个门店的合作伙伴(注:星巴克将员工称为"合作伙伴")有着专业的任职资格要求,对他们进行严格的挑选。咖啡门店里的值班主管,要求必须是大专以上学历,一年以上的类似工作经验,并且要在3个月内通过管理课程考核,以达到星巴克的值班经理标准。咖啡店副理,除具有大专以上学历之外,星巴克还要求三年以上的类似工作经验,以及在6个月内通过管理课程考核,以达到星巴克的咖啡店副理标准。咖啡店店长,一般就是从副理中选拔出来。星巴克的每个员工都要出色地履行自己的职责,以在顾客服务中取得成功。

图1-6 星巴克logo

3. 对工人进行教育和培训

在星巴克,有一个"轮岗发展计划",为期两年,在西雅图总部进行,旨在培养强大而成功的领导者,以促进员工个人的职业发展,同时也能让公司业务增长。除此之外,星巴克为美国的兼职或全职的合作伙伴提供亚利桑那州立大学的在线课程,他们可以从 80 个不同本科专业中选定一个专业进行学习,符合条件的合作伙伴在首次获得学士学位时就能获得星巴克 100% 的学费支持。2012 年星巴克(中国)大学成立,它向中国伙伴提供全面深入的咖啡课程、领导力培训,以及人文相关的课程,持续致力于提升中国伙伴的个人成长及事业发展。

4. 管理者与工人之间亲密友好地合作

2018 年 9 月,星巴克中国第四次蝉联由怡安(Aon)评选的"中国最佳雇主"称号。这也是 5 万多名员工对于星巴克中国的再次肯定与褒奖。

进入中国市场 20 多个年头,星巴克先后推行了多项领先行业的本地化伙伴福利计划,包括覆盖全职伙伴配偶及孩子的全面人寿保险、意外保险与医疗保险,兼职伙伴也能享有的"咖啡豆股票"计划,以及独具特色的"伙伴回家""助房津贴计划""伙伴识天下"等众多伙伴投资项目。2017 年,星巴克为中国伙伴开创性推出的"父母关爱计划",由公司全资提供伙伴父母重疾保险,截至 2018 年 8 月已惠及 16 000 多名伙伴家人。星巴克视员工为伙伴,视员工为家人,营造出企业与员工,管理者与员工之间亲密友好的关系,激发了员工的敬业度和工作热情。企业对员工友好,员工同样也会对顾客友好。

(资料来源:根据网络资料整理。)

启示:科学管理原理的应用是星巴克广泛成功的关键因素之一。泰罗的理论虽诞生于一个世纪之前,但在今天依旧有效。

一、管理的历史背景

管理理论的形成经过了漫长的过程,先有管理实践,在其基础之上产生了零星的管理思想,管理思想经过实践的检验,最终升华成了管理理论。中国古代就有先进的管理思想,儒家、道家和法家是比较典型的代表(见表 1-5)。

表 1-5 中国古代管理思想简表

派别	主张
儒家	仁政、德治;君君臣臣,父父子子
道家	以无为胜有为;以柔弱胜刚强
法家	法、术、势;法治、刑治

在负责计划、组织、领导和控制活动的专门人员的指挥下所做的组织性努力也已存在了几千年。埃及的金字塔和中国的长城表明,几千年前人类就能够完成规模浩大的、由成千上万人参加的大型工程。金字塔是个特别有趣的例子,建造一座金字塔要动用10万人干20年,谁来吩咐每个人该干什么?谁来保证在工地上有足够的石料让每个人都有活干?答案是管理。不管当时人们怎么称呼管理,一定有人计划要做什么,一定有人组织人们和材料去完成这件事,一定有人指挥其他人去做,以及采取某些控制措施来保证每件事情按计划进行。

中国古代的三省六部制就是管理实践与智慧的集中体现。三省:中书省,掌管机要、发布政令的机构,掌握行政大权;门下省,初为皇帝的侍从机构,后来权力逐渐扩大,负责政令的审核;尚书省:由汉代皇帝的秘书机关发展而来,负责执行诏令。六部:吏部掌管官吏;户部掌管财政;礼部掌管礼教;兵部掌管军政;刑部掌管司法;工部掌管工程。三省六部制从顶层结构到底部建设层层推进,闪耀着中华传统管理实践与智慧的光芒。

这些例子表明,组织在我们中间已存在了几千年,管理实践也是如此。但是,只是在过去的几百年中,尤其是在20世纪,管理才被系统地加以研究,逐渐形成一种共同的知识体系,成为一门正式的学科。

或许,20世纪前对管理最重要的影响还是产业革命(industrial revolution),它开始于18世纪的英国,在美国国内战争结束后又传到了美国。机械力迅速取代了人力,并且使在工厂中制造商品更加经济。例如,在产业革命之前,毛毯都是由人们在家中制作的,工人要剪羊毛、纺毛线、染毛线,在家中的手工织机上织成毛毯,然后将织好的毛毯卖给走乡串户的商人,由他们再卖到地区性的集市或市场上。而机械力的引入加上劳动分工,使得在大型的、高效率的工厂中采用动力驱动设备进行生产成为可能。在有100个工人的毛毯厂中,有些工人专门纺线,有些专门染色,另一些工人专门织毯,这样的工厂能制造大量的毛毯,而成本比原来低得多。但是,在这种工厂中需要管理技能,管理者需要预测需求,保证手头有足够的羊毛用于纺线,向每个工人分派任务,指挥每天的生产活动,协调各种活动,保证机器正常运转和保证产品的质量,以及为产品寻找市场,等等。当在每个家庭中制作毛毯时,人们很少关心效率,但是,突然工厂中雇用了100个工人,并且要按期付他们工资,如何使工人满负荷工作就变得非常重要了。于是,计划、组织、领导和控制就成为必不可少的了。机械力的出现,大量生产,随着迅速扩展的铁路系统而来的运输成本的降低,以及几乎没有任何政府法令的限制,这一切促进了大公司的发展。约翰·D. 洛克菲勒(John D. Rockefeller)建立了垄断性的标准石油

（Standard Oil）公司，安德鲁·卡内基（Andrew Carnegie）控制了钢铁工业的 2/3，类似的企业家们建立了其他大型企业，这些企业需要正规化的管理。同时，对于规范的管理理论的需求应运而生。然而，直到 20 世纪初叶，建立正式管理理论的尝试才迈出了决定性的第一步。

二、古典管理理论

（一）科学管理理论

一句话管理

> 除了"刺激积极性"的管理体制以外，还存在着另一种不但是更好的，而且是好得无比的管理体制——科学管理。

如果人们要确认现代管理理论诞生的年代，那么有充足的理由将其定在 1911 年。就在这一年，弗雷德里克·温斯洛·泰罗（Frederick Winslow Taylor）的《科学管理原理》一书出版了。这本书阐述了科学管理（scientific management）理论——应用科学方法确定从事一项工作的"最佳方法"，它的内容很快被世界范围的管理者们普遍接受。泰罗的理论和研究活动，确立了他作为"科学管理之父"的地位。

泰罗（1856—1915 年），弗雷德里克·温斯洛·泰罗，美国人，"科学管理之父"。1856 年 3 月 20 日出生于美国宾夕法尼亚州杰曼顿的一个富有的律师家庭。泰罗在法国和德国的学校念过书，后来考上哈佛大学法律系。但由于他学习十分刻苦，视力和听力受到了损害，所以，最后不得不辍学。离开哈佛大学后，他进入费城恩特普赖斯水压工厂的金工车间当模型工及机工学徒。于 1878 年进入费城米德维尔钢铁厂当一名普通工人。由于工作努力，泰罗升为职员，后又被提拔为机工班长、车间工长。1884 年，他 28 岁，升任总工程师。

泰罗的大部分工作生涯，是在宾夕法尼亚州的米德维尔和伯利恒钢铁公司度过的。作为一位有着清教徒背景的机械工程师，他始终对工人的低效率感到震惊。工人们采用各种不同的方法做同一件工作，他们倾向于用"磨洋工"的方式工作。泰罗看到工人的生产率只达到应有水平的 1/3，于是，他开始在车间里用科学方法来纠正这种状况。他花了 20 年时间以极大的热情寻求从事每一项工作的最佳方法。

1. 泰罗的主要思想

管理的中心问题是提高劳动生产率。泰罗的研究主要是在工作现场，最关注的就是劳动生产率的提高问题。他提出："以高工资和低成本作为最良好的管理制度的基础"，其唯一途径就是提高生产率。因此，科学管理主要是围绕提高生产率进行研究的。

（1）工时研究与劳动方法的标准化。泰罗创造了用科学观测分析方法对工人的劳动过程进行分析和研究，消除各种不合理的因素，将最好的因素结合起来，形成标准化的方法，在工作中加以推广。劳动方法标准化之后，用秒表测量每道工序的标准作业时间，确定标准工时，据此制定工作定额。

（2）科学挑选与培训工人。泰罗指出，健全的人事管理的基本原则是使工人的能力同工作相适应，企业管理当局的责任在于为雇员找到最合适的工作，培训他们成为第一流的工人，激励他们尽最大的力量来工作。为了挖掘人的最大潜力，还必须做到人尽其才。因为每个人都具有不同的才能，不是每个人都适合于做任何一项工作的，这和人的性格特点、个人特长有着密切的关系。为了最大限度地提高生产率，对某一项工作，必须找出最适宜干这项工作的人，同时要最大限度地挖掘最适宜做这项工作的人的最大潜力，才有可能达到最高效率。因此对任何一项工作必须要挑选出"第一流的工人"即头等工人，然后再对第一流的人利用作业原理和时间原理进行动作优化，以使其达到最高效率。

小资料

搬铁块试验

搬铁块试验是泰罗的科学管理理论的主要内容之一。试验说明，只要进行工作细化，不断分析，优化组合，大多数人就能够以远高于常人的效率学习和工作。通过这项实验总结出四点精华：① 精心挑选工人；② 引导工人了解服从对他们不但没有损害，还可以得到利益；③ 工人要获得完成定额工作量的技能必须通过训练；④ 按科学的方法去干活会节省体力。

搬铁块试验——试验背景

1898年，泰罗在伯利恒钢铁厂开始进行他的实验。这个工厂的原材料是由一组计日工搬运的，工人每天挣1.15美元，这在当时是标准工资，每天搬运的铁块重量有12~13吨，对工人的奖励和惩罚的方法就是找工人谈话或者开除，有时也可以选拔一些较好的工人到车间里做等级工，并且可得到略高的工资。后来泰罗观察研究了75名工人，从中挑出了4名，又对这4名工人进行了研究，调查了他们的背景、习惯和抱负，最后挑了一个叫施密特的人，这个人非常爱财并且很小气。泰罗要求这个人按照新的要求工作，每天给他 1.85 美元的报酬。通过仔细研究，使其转换各种工作因素，来观察他们对生产效率的影响。例如，有时工人弯腰搬运，有时他们直腰搬运，后来他又观察了行走的速度、持握的位置和其他的变量。通过长时间的观察试验，并把劳动时间和休息时间很好地搭配起来，工人每天的工作量可以提高到 47 吨，同时不会感到太疲劳。他也采用了计件工资制，工人每天搬运量达到 47 吨后，工资也升到 1.85 美元。这样施密特开始工作后，第一天很早就搬完了 47.5 吨，拿到了 1.85 美元的工资。于是其他工人也渐渐按照这种方法来搬运了，劳动生产率提高了很多。

搬铁块试验——试验核心

泰罗把这项试验的成功归结为四个核心点：

（1）精心挑选工人。让工人了解到这样做的好处，让他们接受新方法。

（2）对他们进行训练和帮助，使他们获得足够的技能。

（3）按科学的方法工作会节省体力。

（4）泰罗相信，即使是搬运铁块这样的工作也是一门科学，可以用科学的方法来管理。

搬铁块试验——试验结果

原来每个工人每天搬运量：12 吨。

试验后每个工人每天搬运量：47.5 吨。

原来每个工人每天工资：1.15 美元。

试验后每个工人每天工资：1.85 美元。

搬铁块试验——意义

搬铁块试验为他的科学管理思想奠定了坚实的基础，使管理成了一门真正的科学，这对以后管理学理论的成熟和发展起到了非常大的推动作用。

（3）差别计件工资制。泰罗认为，为了最大限度地刺激与激励工人的劳动积极性，应该实行有差别的计件工资制度。即按照工人是否完成其定额而采用不同的工资率。完成或超额完成定额，就按较高工资率付酬；未完成定额的，则按较低工资率付酬。

 小资料

差别计件工资制

在差别计件工资制提出之前，泰罗详细研究了当时资本主义企业中所推行的工资制度，如日工资制和一般计件工资制等，其中也包括在他之前由美国管理学家亨

利·汤提出的劳资双方收益共享制度和弗雷德里克·哈尔西提出的工资加超产奖金的制度。经过分析，泰罗对这些工资方案的管理方式都不满意。

泰罗认为，现行工资制度所存在的共同缺陷，就是不能充分调动职工的积极性，不能满足效率最高的原则。例如，实行日工资制，工资实际是按职务或岗位发放，这样在同一职务和岗位上的人不免产生平均主义。在这种情况下，"就算最有进取心的工人，不久也会发现努力工作对他没有好处，最好的办法是尽量减少做工而仍能保持他的地位"。这就不可避免地将大家的工作拖到中等以下的水平。

又如在传统的计件工资制中，虽然工人在一定范围内可以多干多得，但超过一定范围，资本家为了分享迅速生产带来的利益，就要降低工资率。在这种情况下，尽管工人努力工作，也只能获得比原来计日工资略多一点的收入。这就容易导致以下情况：管理者千方百计地使工人增加产量，而工人则会控制工作速度，使他们的收入不超过某一个工资率。因为工人知道，一旦他们的工作速度超过了这个数量，计件工资迟早会降低。

于是，泰罗在1895年提出了一种具有很大刺激性的报酬制度——差别计件工资制方案。其主要内容是：

（1）设立专门的制定定额部门。这个部门的主要任务是通过计件和工时的研究，进行科学的测量和计算，制定出一个标准制度，以确定合理的劳动定额和恰当的工资率，从而改变过去那种以估计和经验为依据的方法。

（2）制定差别工资率。即按照工人是否完成定额而采用不同的工资率。如果工人能够保质保量地完成定额，就按高的工资率付酬，以资鼓励；如果工人的生产没有达到定额就将全部工作量按低的工资率付给，并给以警告，如不改进，就要被解雇。例如，某项工作定额是10件，每件完成给0.1美元。又规定该项工作完成定额工资率为125%，未完成定额工资率为80%，那么，如果完成定额，就可得工资为 $10 \times 0.1 \times 125\% = 1.25$（美元）；如未完成定额，哪怕完成了9件，也只能得工资 $9 \times 0.1 \times 80\% = 0.72$（美元）。

（3）工资支付的对象是工人，而不是根据职位和工种计算，也就是说，每个人的工资尽可能地按他的技能和工作所付出的劳动来计算，而不是按他的职位来计算。其目的是克服工人"磨洋工"现象，并调动工人的积极性。要对每个人在准时上班、出勤率、诚实、快捷、技能及准确程度方面做出系统和细微的记录，然后根据这些记录不断调整他的工资。

泰罗为他所提出的差别计件工资制总结了许多优点，其中最主要的有以下三点：

第一，有利于充分发挥个人积极性，有利于提高劳动生产率，能够真正实现"高工资和低劳动成本"。

第二，由于制定计件工资制与日工资率是经过正确观察和科学测定的，又能真正做到多劳多得，因此这种制度就能更加公平地对待工人。

第三，能够迅速地清除所有低能的工人，吸收适合的工人来工作。因为只有真正好的工人，才能做到又快又准确，可以取得高工资率。泰罗认为这是实行差别计件工资制最大的优点。

为此，泰罗在总结差别计件工资制实施情况时说："制度（差别计件工资制）对工人士气影响的效果是显著的。当工人们感觉受到公正的待遇时，就会更加英勇、更加坦率和更加诚实，他们会更加愉快地工作，在工人之间和工人与雇主之间建立互相帮助的关系。"

（4）职能工长制。泰罗不但提出将计划职能与执行职能分开，而且提出必须废除当时企业中军队式组织而代之以"职能式"的组织，实行"职能式的管理"。泰罗认为在军队式组织的企业里，工业机构的指令是从经理经过厂长、车间主任、工段长（工长）、班组长而传达到工人。在这种企业里，工段长和班组长的责任是复杂的，需要相当的专门知识和各种天赋的才能，所以只有本来就具有非常素质并受过专门训练的人才能胜任。

泰罗在《科学管理原理》中列举了在传统组织下作为一个工长应具有的几种素质，即教育、专门知识或技术知识、机智、充沛的精力、毅力、诚实、判断力或常识、良好的健康情况等。但是每一个工长不可能同时具备这几种素质。但为了事先规定好工人的全部作业过程，必须使指导工人干活的工长具有特殊的素质。因此，为了使工长职能有效地发挥，就要进行更进一步细分，使每个工长只承担一种管理的职能，为此，泰罗设计出 8 种职能工长，来代替原来的一个工长。这 8 个工长 4 个在车间、4 个在计划部门，在其职责范围内，每个工长可以直接向工人发布命令。在这种情况下，工人不再听一个工长的指挥，而是每天从 8 个不同头头那里接受指示和帮助。

泰罗的职能工长制是根据工人的具体操作过程进一步对分工进行细化而形成的。他认为这种职能工长制度有三个优点：① 每个职能工长只承担某项职能，职责单一，对管理者培训花费的时间较少，有利于发挥每个人的专长。② 管理人员的职能明确，容易提高效率。③ 由于作业计划由计划部门拟订，工具和作业方法标准化，车间现场工长只负责现场指挥与监督，因此非熟练技术的工人也可以从事较复杂的工作，从而降低了整个企业的生产费用。

尽管泰罗认为职能工长制有许多优点，但后来的事实也证明，这种单纯职能型的组织结构容易形成多头领导，造成管理混乱。所以，泰罗的这一设想虽然对以后职能部门的建立和管理职能的专业化有较大的影响，但并未真正实行。

（5）例外原则。所谓例外原则，就是指企业的高级管理人员把一般日常事务授权给下属管理人员，而自己保留对例外的事项一般也是重要事项的决策权和控制权。这种例外的原则至今仍然是管理中极重要的原则之一。

泰罗认为，规模较大的企业不能只依据职能原则来组织和管理，而必须应用例外原则。泰罗在《工厂管理》一书中曾指出："经理只接受有关超常规或标准的所有例外情况的、特别好和特别坏的例外情况的、概括性的、压缩的及比较的报告，以便使他得以有时间考虑大政方针并研究他手下的重要人员的性格和合适性。"

泰罗提出的这种以例外原则为依据的管理控制方式，后来发展为管理上授权原则、分权化原则和实行事业部制等管理体制。

（6）劳资合作，强调科学管理的核心是"一场彻底的心理革命"。泰罗认为雇主和雇员双方的利益是一致的。因为对于雇主而言，追求的不仅是利润，更重要的是事业的发展。而事业的发展不仅会给雇员带来较丰厚的工资，更意味着充分发挥其个人潜质，满足自我实现的需要。正是事业使雇主和雇员相联系在一起，当双方友好合作，互相帮助来代替对抗和斗争时，就能通过双方共同的努力提高工作效率，生产出比过去更大的利润来，从而使雇主的利润得到增加，企业规模得到扩大。相应地，也可使雇员工资提高，满意度增加。因此，通过彻底的心理革命，劳资双方能够加强合作，通过实行科学管理，提高劳动效率，从而双方皆获益。

2. 科学管理理论的实践应用

泰罗和其他的科学管理先驱者开发出的改进生产效率的指南，仍然被今天的组织所应用。例如，当管理者制定工作标准、工作程序、工作方法时，按标准进行考核、奖罚时，进行挑选与培训工人时，按工人特点分配工作时，他们就是在实践着科学管理理论。

（二）一般管理理论与官僚组织理论

与科学管理同时代的另一批思想家也在思考管理问题，不过他们关注的焦点是整个组织。我们称这些人为一般行政管理理论家。在发展更一般的管理理论方面，即解释管理者的工作是什么以及有效的管理由哪些要素构成方面，他们发挥了重要作用。由于他们的著作为当代管理和组织思想建立了框架，故他们与科学管理思想家们通常被称为古典理论家。他们中的杰出代表是亨利·法约尔和马克斯·韦伯。

1. 亨利·法约尔

法约尔所处的年代与泰罗在同一时期。但是，泰罗关心的是车间层的管理，采用的是科学方法；而法约尔关注的是所有管理者的活动，并且是把他的个人经验上升为理论。泰罗是一个科学家；而法约尔作为法国一家大型煤炭企业的经理，是一个实践者。

法约尔认为，"经营"与"管理"是不同的两个概念，前者的含义要广于后者。经营包括六项职能，而管理仅是其中之一。亨利·法约尔把管理看作一种普遍的职能，将管理实践看作有别于会计、财务、技术、安全和商业职能的一种活动。他第一次将管理活动从经营活动中提炼出来，成为企业的第六项活动。经营的六项职能是：① 技术职能，指生产、制造、加工等；② 商业职能，指采购、销售、交换等；③ 财务职能，指资金的筹集与运用；④ 安全职能，指采取各种措施，保证机器设备的正常运转，保护人身安全；⑤ 会计职能，指编制财产目录和资产负债表，进行统计、计算成本等；⑥ 管理职能，指计划、组织、指挥、协调和控制。

他认为管理是一种单独活动，有自己的一套知识体系，由各种职能构成，管理是管理者通过完成各种职能来实现目标的一种过程。企业的每组活动都对应一种专门能力，如技术能力、商业能力、财务能力、管理能力等。随着企业由小到大，管理者职位由低到高，管理能力在管理者必要能力中的相对重要性不断增加，而其他诸如技术、商业、财务、安全、会计等能力的重要性则会相对下降。

法约尔强调指出，管理是工商企业、政府甚至家庭中所有涉及人的管理的一种共同活动。然后他进一步提出了14条管理原则，如表1-6所示。这些原则能够在大学和学校中被传授，使管理学在课堂之上讲授成为可能。

表1-6 管理的14条原则

原则	释义
工作分工	专业化通过使雇员们的工作更有效率，从而提高工作的成果
职权与职责	职权是发号施令的权力和要求服从的威望。在行使职权的同时，必须承担相应的责任，有权无责或有责无权都是组织上的缺陷
纪律	纪律是管理所必需的，是对协定的尊重，良好的纪律是有效的领导者造就的。它对企业的成功与否极为重要，要尽可能做到严明、公正
统一指挥	每一个雇员应当只接受来自一位上级的命令
统一领导	组织应当具有单一的行动计划指导管理者和工人
个人利益服从整体利益	任何雇员个人或雇员群体的利益，不应当置于组织的整体利益之上

续表

原则	释义
酬报	对工作人员的服务必须付给公平的工资
集中	下级参与决策制定的程度。决策制定是集中（集中于管理当局）还是分散（分散给下属），只是一个适当程度的问题，管理当局的任务是找到在每种情况下最适合的集中程度
等级链	从最高层管理到最低层管理的直线职权代表了一个等级链。这既是执行权力的线路，也是信息传递的渠道。一般情况下不要轻易地违反它
秩序	人员和物料应当在恰当的时候处在恰当的位置上
公平	管理者应当和蔼地和公平地对待下级
人员的稳定	雇员的高流动率是低效率的，管理当局应当提供有规则的人事计划，并保证有合适的人选接替职务的空缺
首创精神	允许雇员发起和实施他们的计划将会调动他们的极大热情
团结精神	鼓励团队精神将会在组织中建立起和谐与团结

2. 马克斯·韦伯

马克斯·韦伯（Max Weber，1864—1920 年），德国社会学家。对社会学、宗教学、经济学和政治学有广泛的兴趣，并发表过著作《社会和经济理论》。在该书中韦伯提出了理想行政组织体系理论，由此被人们称为"组织理论之父"。

韦伯认为组织中存在三种纯粹形式的权力与权威：一是法定的权力与权威，是依靠组织内部各级领导职位所具有的正式权力而建立的；二是传统权力，是由于古老传统的不可侵犯性和执行这种权力的人的地位的正统性形成的；三是超凡的权力，是凭借对管理者个人的特殊的、神圣英雄主义或模范品德的崇拜而形成的。他强调，高效的组织必须以法定的权力与权威作为行政组织体系的基础。

他描述了一种他称为官僚行政组织的理想组织模式。这是一种体现劳动分工原则的、有着明确定义的等级和详细的规则与制度，以及非个人关系的组织模式。韦伯认为，尽管这种"理想官僚行政组织"在现实中是不存在的，但它代表了一种可供选择的现实世界的重构方式。他把这种模式作为推理的基础，用来推论在一个大的团体中，应当有哪些工作和应当如何从事这些工作。他的理论成为许多今天的大型组织的设计原型。韦伯的理想官僚行政组织结构的详细特征概要地描述在图 1-7 中。

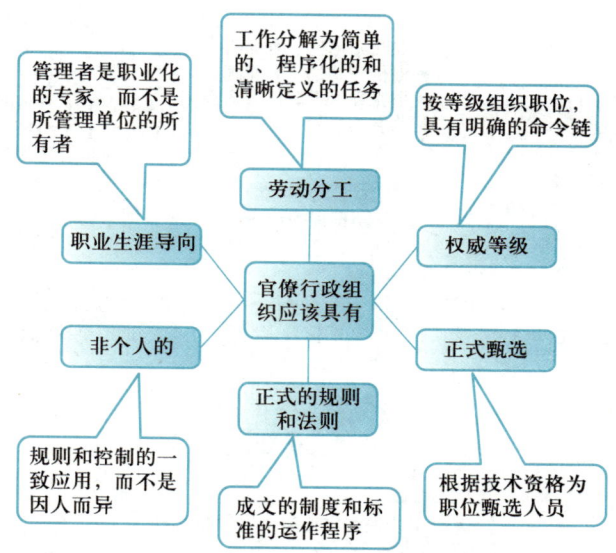

图 1-7　韦伯的理想官僚行政组织

三、行为管理理论

管理者是通过与别人一起来推动事情的进展，因此，有些研究者选择通过关注组织中的人来考察管理。由于这个领域的研究涉及工作中人的行为，称为组织行为。构成当前人力资源管理领域以及激励、领导、信任、团队运作和冲突管理的现代观点，大都来自组织行为的研究。

许多人在19世纪晚期和20世纪早期都认识到人的因素对于一个组织成功的重要性，其中有四个人对组织行为方法作出了早期的奠基性贡献，他们是罗伯特·欧文（Robert Owen）、雨果·芒斯特伯格（Hugo Munsterberg）、玛丽·福莱特（Mary Follet）和切斯特·巴纳德（Chester Barnard）。他们的贡献不同，但存在共性，最核心的部分一样：人是组织最重要的资产，应该对人进行适当的管理。他们的思想提供了管理实践的基础，这些实践包括雇员的甄选程序、雇员的激励计划、雇员的工作团队，以及组织与外部环境关系的管理技术。图 1-8 概括了这些早期倡导者的绝大多数重要思想。

在新兴的组织行为领域研究方面，对管理的最重要的贡献来自霍桑研究（Hawthorne studies）。该项研究是在西方电气公司（Western Electric）设在伊利诺伊州西塞罗的霍桑工厂中实施的。此项研究始于1924年，最后在30年代早期又扩大范围继续研究了几年，直到1932年研究才结束，前后共进行了8年的时间。最初，研究是由西方电气公司的工业工程师们设计的，他们想进行一项科学管理实验，目的是检验不同的照明水平对工人生产率的影响。研究人员建立了试验组和对照组，试验组被给予不同的照明强度，而对

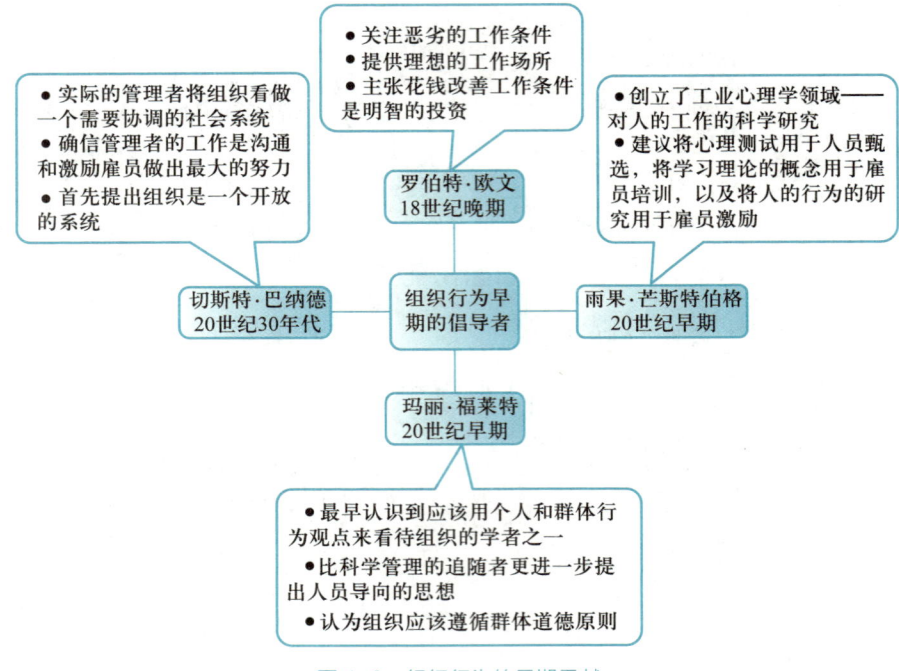

图 1-8　组织行为的早期贡献

照组则保持原有的照明强度不变。工程师们原来估计个人的产量与光线亮度有直接关系，但是，他们发现当试验组的亮度增加时，两个组的产量都增加了。更令工程师们惊异的是，当试验组亮度水平下降时，两个组的生产率继续提高。事实上，只当光线亮度降至月光的水平时，试验组的生产率才有所下降。工程师们得出结论，照明强度与生产率没有直接关系，其他的一些因素影响了结果，但他们无法指出其他的因素是什么。

到 1927 年，西方电气公司的工程师们邀请哈佛大学的埃尔顿·梅奥（Elton Mayo）教授和他的同事作为顾问加入研究。于是试验又重新开始，一直持续到 1932 年。他们继续进行了大量试验，重新设计了工作，改变工作周和工作日的长度，在工作中间引入休息时间，以及个人工资计划和群体工资计划的比较等。例如，其中一项试验设计是用于评估按小组计件的奖励工资系统对小组生产率的影响。结果表明，奖金计划对工人生产率的影响小于小组的压力、接纳和安全感的影响，由此得出结论，小组的社会规范或标准是决定工人个人行为的关键要素。

霍桑研究激起了学者们对组织中人的行为研究的热情。根据大量研究，梅奥等人写了《工业文明中人的问题》等一系列著作，总结出了人际关系学说。主要观点是：

（1）工人是社会人。工人是复杂社会系统的成员，而不仅仅是经济人。以前的管理把人假设为经济人，认为金钱是刺激积极性的唯一动力。霍桑研究证明，行为和情绪是密切相关的，群体对个人的行为有着重大影响，群体的标准规定了单个工人的产出标准，金钱在决定小组的产出标准上比起小组的情绪和工作保障来说是相对次要的因素。

人们的行为并不单纯出自追求金钱的动机，还有社会方面的、心理方面的需要，即追求人与人之间的友情、安全感、归属感和受人尊敬等，而后者更为重要。因此，不能单纯从技术和物质条件着眼，而必须首先从社会心理方面考虑合理的组织与管理。

（2）士气是影响生产率的关键因素。生产条件固然影响着工作热情，但生产条件与生产效率之间不存在因果关系。生产效率主要取决于职工的工作态度和人们的相互关系。工人的士气是调动人们积极性的关键因素。改善劳动者的士气及人与人之间的关系，使人们快乐地工作并对工作感到满足，这才是提高效率的决定因素。

（3）重视非正式组织的存在和作用。任何正式组织中都存在非正式组织，它是影响生产率的一个重要因素。

对霍桑研究不会没有批评意见的。一些人对试验的程度、现象的分析，以及结论的导出提出了批评。但是，从历史的观点来看，霍桑研究在学术上是否严谨，以及其结论是否得到证明并不是很重要。重要的是，它激起了对人的因素的兴趣。霍桑研究对改变当时那种认为人与机器没有差别的流行观点起了很大作用。西方管理思想在经历了科学管理理论之后进入了行为管理理论阶段。

四、系统理论

第二次世界大战后到 20 世纪 50 年代，世界各国局势稳定，经济水平得到了大幅度提高，现代管理思想的发展异常活跃，众多管理学者都从各自不同的角度发表自己对管理学的见解，建立了许多管理理论学派，形成了管理理论研究的分散化。美国管理学者孔茨和奥唐奈将这种现象称为管理理论的"热带丛林"。主要包括管理过程学派、经验学派、行为科学学派、社会系统学派、决策理论学派、数理学派和交流中心学派。

管理理论的百花齐放促进了其发展，但各学派都是从自身角度进行研究，研究的视角比较分散，缺乏一种整体的观点。进入 20 世纪 60 年代，管理研究者们开始从系统的角度分析组织。

系统的概念来源于自然科学，一个系统是一组相互关联和相互依赖的组成部分，它们共同构成一个统一的整体。存在两种基本系统，即开放系统和封闭系统。封闭系统不与它所处环境发生相互作用，不受环境的影响；开放系统动态地与它所处环境发生相互作用。从系统的观点来看，组织就是一个开放系统，它从外部环境中输入各种资源，将其转化成产品或服务，然后将这些产品或服务输送到外部环境供消费者购买。组织对环境是开放的，并与环境发生着持续的交互作用（见图 1-9）。

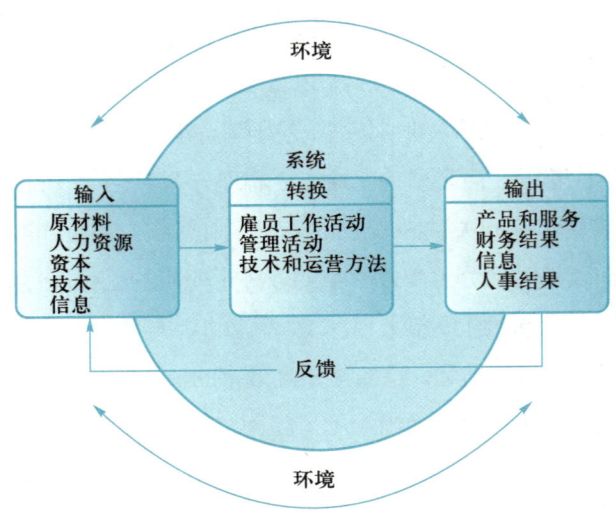

图 1-9 作为开放系统的组织

视频：
总经理助理
一年的心得

根据系统的观点，组织是由相互依赖的因素（个人、群体、态度、动机、正式结构、相互作用、目标、地位和职权）组成的系统。[①] 管理者的任务是协调组织各个部分的活动，以确保所有相互依存的部分在一起工作从而实现组织的目标。例如，按照管理的系统观点，无论生产部门多么有效率，如果营销部门没有预测到顾客需求的变化，以及没有与产品开发部门合作，开发出顾客需要的产品，组织的整体绩效就将受到损害。不管营销部门多么有效率，开发客户多么高效，如果生产部门不能生产出高质量的产品、售后部门不能提供令客户满意的服务，那么最终组织仍然不能达到目标。

将管理工作视为一个系统对决策和行动会产生影响。整个组织是一个整体，在组织的任何一个部分所采取的决策和行动会影响组织的其余部分；反之亦然。组织的各个部分是相互影响、相互依赖的，需要相互帮助、相互配合。任何一个部分的非效率都会影响其他部分，最终影响组织的整体绩效。例如，如果采购部门没有获得一定数量的质量可靠的资源，生产部门就不能有效开展工作，营销部门工作效率也就会受到影响。

管理者的职责是要认识和理解外部各种因素的影响。开放系统方式认识到组织不是自我包含的，不能自给自足，它们必须依靠所处环境，从中获取基本的输入，并将环境作为吸纳自身输出的源泉。如果一个组织忽略了政府的法令、供应商关系或各种外部的利益相关群体，则它是不能长久生存的。

---

① K. B. DeGreene. Sociotechnical Systems: Factors in Analysis, Design, and Management（Upper Saddle River. NJ: Prentice Hall, 1973），p.13.

小资料

北宋丁谓一举三得

当时,由于皇城失火,皇宫被焚,宋真宗命丁谓重修皇宫。这是一个复杂的工程,不仅要设计施工,运输材料,还要清理废墟,任务十分艰巨。

丁谓首先在皇宫前开挖沟渠,然后利用开沟取出的土烧砖,再把京城附近的汴水引入沟中,使船只运送建筑材料直达工地。工程完工后,又将废弃物填入沟中,复原大街,这就很好地解决了取土烧砖、运输材料、清理废墟三个难题,一举三得,使工程圆满完成。

工程建设的过程,同现代系统管理思想何其吻合!丁谓主持的皇宫修建工程体现了中国古人高超智慧的管理实践。

五、权变理论

权变理论是 20 世纪 60 年代末 70 年代初在经验主义学派基础上进一步发展起来的管理理论。进入 20 世纪 70 年代以来,权变理论在美国兴起,受到广泛的重视。权变理论的兴起有其深刻的历史背景,70 年代的美国,社会不安,经济动荡,政治骚动,达到空前的程度,石油危机对西方社会产生了深远的影响,企业所处环境很不确定。但以往的管理理论,如科学管理理论、行为科学理论等,主要侧重于研究加强企业内部组织的管理,而且以往的管理理论大多都追求普遍适用的、最合理的模式与原则,而这些管理理论在解决企业面临瞬息万变的外部环境时显得无能为力。正是在这种情况下,人们不再相信管理会有一种最好的行事方式,而是必须随机制宜地处理管理问题,于是形成一种管理取决于所处环境状况的理论,即权变理论。"权变"的意思就是权宜应变。权变理论认为,每个组织的内在要素和外在环境条件都各不相同,因而在管理活动中不存在适用于任何情景的原则和方法,即:在管理实践中要根据组织所处环境和内部条件的发展变化随机应变,没有什么一成不变的、普适的管理方法。成功管理的关键在于对组织内外状况的充分了解和有效的应变策略。

管理的权变理论强调,组织不同,面对的情境不同,所以可能要求不同的管理方式。不存在一种适应于各种情况的所谓最佳管理方式。权变理论可以简单地描述为"如果……那么……"。如果你处于这种情况之下,那么对我而言,这是最好的管理方法。因为组织以及组织中的工作单元——无论是规模、目标还是所从事的工作都是多样化的,所以这样

动画:
卖草帽

是符合逻辑的。能够发现适用于所有情境的普遍的管理方法，反倒是不符合逻辑的。

权变理论的核心就是世界上不存在一成不变的管理模式。通过组织的各子系统内部和各子系统之间的相互联系，以及组织和它所处环境之间的联系，来确定各种变数的关系类型和结构类型。它强调在管理中要根据组织所处情境随机应变，针对不同的具体条件寻求不同的最合适的管理模式、方案或方法。管理研究人员一直试图确认这些情境变量都有哪些，迄今为止研究人员至少辨认出了超过 100 个不同的权变变量，最普遍应用的可以总结为 4 个变量（见表 1-7），它们给出了权变变量的含义。

表 1-7 普通的权变变量

变量名称	含义
组织规模	随着规模的增长，需要协调的问题数量也相应地增长。例如，适合拥有 50 个雇员的组织结构就不适合于拥有 5 000 个雇员的组织
任务技术的例行程度	组织为了实现自己的目标，需要采用技术，就是说，要从事将输入转化为输出的过程。例常性技术所要求的组织结构、领导风格和控制系统，不同于用户定制化和非例常性技术的要求
环境的不确定性	由于政治、技术、社会文化和经济变化的不确定性程度影响管理过程，在稳定的和可预见的环境下有效的办法对于变化迅速的和不可预见的环境来说可能不适用
个体差异	个体在成长的愿望、自主性、对模糊的承受力，以及期望方面存在明显差异，这些差异对管理者选择激励方法、领导风格和工作设计有重要影响

权变管理的应用非常广泛。比如，在组织结构设计中，权变管理认为企业的组织结构要与外部经营环境的稳定性、企业产品品种的多寡以及所使用的工艺技术相适应，各种组织结构并无高下优劣之分。在领导方式中，权变管理认为没有什么固定的最优领导方式，应当根据领导者的个性、工作任务的性质、领导者拥有的职位权力、组织内的人际关系等具体情况，采用不同的领导方式。

"一国两制"与改革开放

"一国两制"是"一个国家，两种制度"的简称。"一国两制"是邓小平为了实现中国统一的目标而制定的方针，即在中华人民共和国内，内地坚持社会主义制度作为整个国家的主体，同时允许台湾地区、香港地区、澳门地区保留资本主义制度。"一国两制"是在 1978 年 12 月党的十一届三中全会后提出。1979 年元旦发表的全国人大常委会告台湾同胞书提出"在解决统一问题时尊重台湾现状"。1982年9月24日邓小平会见来访的英国首相撒切尔夫人时提出按照"一国两制"的方针解决香港问题。"一国两制"方针已经使香港问题、澳门问题得到解决,正在有力地推动台湾问题的解决。

20世纪80年代,中国的发展站在新的历史起点,社会结构深刻变动,利益格局深刻调整,思想观念深刻变化,党面临的机遇前所未有,面对的挑战也前所未有,新形势新情况,中国共产党以"改革开放"将全国人民带到一个认知新高度,用"实践是检验真理的唯一标准"解决疑惑、怀疑和质疑。改革,即对内改革,就是在坚持社会主义制度的前提下,自觉地调整和改革生产关系同生产力、上层建筑同经济基础之间不相适应的方面和环节,促进生产力的发展和各项事业的全面进步,更好地实现最广大人民群众的根本利益。开放,即对外开放,是加快我国现代化建设的必然选择,符合当今时代的特征和世界发展的大势。

邓小平在1991年8月20日指出:"坚持改革开放是决定中国命运的一招。"党的十一届三中全会以来的实践充分证明,没有改革开放,就没有中国特色社会主义,就没有中国社会主义的现代化。

(资料来源:根据党史资料整理。)

启示:邓小平同志是中国社会主义改革开放和现代化建设的总设计师,也是"一国两制"构想的创造者。以邓小平为主要代表的中国共产党人坚持改革开放,统一了思想,带领全国人民走出一条全新的富民强国之路,取得了令世人瞩目的成就。

作为一名"互联网+"时代的大学生,你打算如何培养自己的概念能力?

本章小结

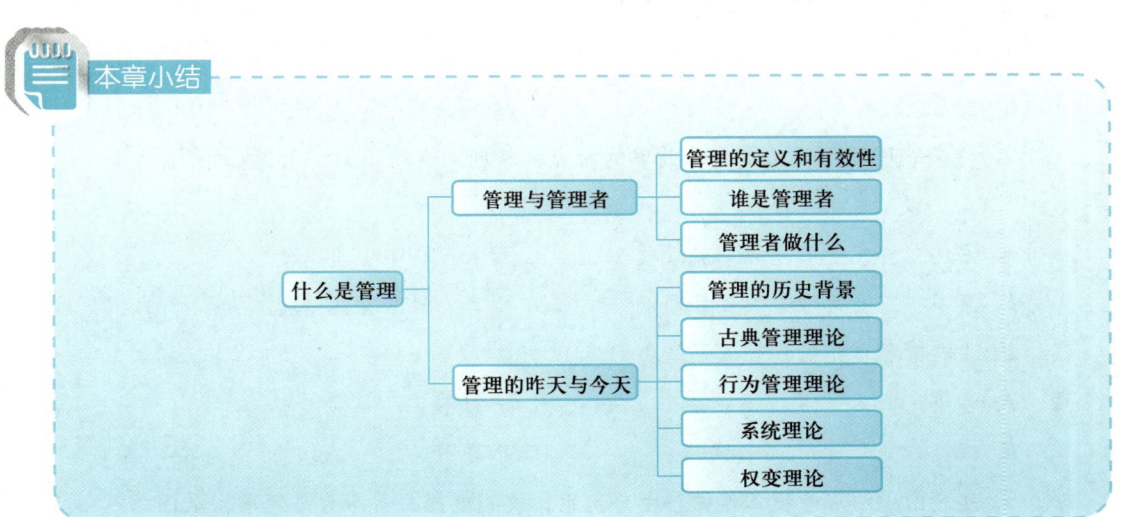

第一章交互式测验及参考答案

1. 管理人员与一般工作人员的根本区别在于（　　）。
   A. 需要与他人配合完成组织目标
   B. 需要从事具体的文件签发审阅工作
   C. 需要对自己的工作成果负责
   D. 需要协调他人的努力以实现组织目标

2. 领班属于下述管理人员中的（　　）。
   A. 基层管理人员　　　　　　　B. 中层管理人员
   C. 高层管理人员　　　　　　　D. 操作人员

3. 对于基层管理者来说，更多的时间花费在（　　）职能上。
   A. 计划　　　　　　　　　　　B. 组织
   C. 领导　　　　　　　　　　　D. 控制

4. 与基层管理者和中层管理者相比，高层管理者更须具备的技能是（　　）。
   A. 技术技能　　　　　　　　　B. 领导技能
   C. 概念技能　　　　　　　　　D. 人际技能

5. 管理者角色强调的重点会随组织的层次不同而变化，在低层次管理者身上表现得更加显著的角色是（　　）。
   A. 挂名首脑　　　　　　　　　B. 谈判者
   C. 领导者　　　　　　　　　　D. 发言人

6. 作为（　　）管理者要把重要的信息传递给工作小组成员，作为（　　）管理者要把信息传递给其他组织或者组织以外的个人。
   A. 监听者　　　　　　　　　　B. 传播者
   C. 发言人　　　　　　　　　　D. 联络者

7. 科学管理理论开始于劳动效率的研究，其创立者是（　　），他的代表作是（　　）。
   A. 法约尔　工业管理与一般管理　　B. 泰罗　科学管理原理
   C. 泰罗　工业管理与一般管理　　　D. 梅奥　科学管理原理

8. 古典管理理论的代表人物是（　　）。
   A. 泰罗　　　　　　　　　　　B. 法约尔
   C. 梅奥　　　　　　　　　　　D. 李嘉图

9. 赵亮由于酒店管理工作做得十分出色，被某电器公司聘为总经理，上任两年后使这家濒临倒闭的企业扭亏为盈。赵亮的成功说明了（　　）。

A．成功的管理经验具有普遍适用性　　B．最高管理者不需要专业知识

C．成功管理的关键是做好人的管理　　D．管理者需要有较强的环境适应力

E．高层管理者需要有较高的概念技能

10．如何理解管理的有效性？如何成为一名卓有成效的管理者？

 自我评估

你在一个大型组织中从事管理的动机有多强？

要求：每一个问题，在最能反映你的动机强烈程度的数字上划圈，然后加总你的分数。

1．我希望与我的上级建立积极的关系。

2．我希望与我同等地位的人在游戏中和体育中比赛。

3．我希望与我同等地位的人在工作及有关的活动中竞争。

4．我希望以主动和果断的方式行事。

5．我希望吩咐别人做什么和用法令对别人施加影响。

6．我希望在群体中以独特的和引人注目的方式出人头地。

7．我希望完成通常与工作有关的例行职责。

弱　1　2　3　4　5　6　7　强

 管理实战

莎莎今年23岁，毕业于哈佛大学。在一家拥有5 000多名员工的大型保险公司就职——保险单更换部的主管。

公司奉行员工的个人开发，上上下下都对员工十分信任。莎莎直接负责25名员工。他们的工作具有高度的程序化，对工作责任感要求很高，因为更换通知要先送到原保险单所在处，要列表显示保险费用与标准表格中的任何变化，如果某份保险单因无更换通知的答复而将取消，还需要通知销售部。

莎莎的工作群体成员全部是女性，年龄从20岁到60岁，平均年龄为25岁。其中大部分人是高中学历，工作经验很少。在这些成员中，有一位50多岁的"老太太"，名叫丽莲。丽莲在保险单更换部工作了十多年，富有工作经验，人际关系好，得到大伙爱戴。她在这个群体中很有威信。莎莎已感觉到如果得不到丽莲的支

持，她的工作将会遇到很大的障碍。

莎莎一直在认真思考：在这样一个女性群体中，怎样才能使自己成为一个有效的管理者？当前工作的重点是什么？

思考：

请结合所学的知识，帮助莎莎解决以上两个问题。

 **综合实训**

［实训名称］

CEO零距离。

［实训目标］

与企业家双向交流并了解管理的重要性。

［实训内容与要求］

1. 学生通过到企业参观了解真实的企业，包括企业的组成部分、企业中的管理岗位；

2. 学生通过与企业家真诚交流，对管理的概念和重要性有大概的了解；

3. 对企业家应具有的素质和人格魅力有初步认识，知道管理在社会生产实践中的大量应用。

4. 建议问题：

（1）您是如何管理您的企业的？

（2）您在管理中遇到的主要困难有哪些？

（3）什么是最重要的管理学知识？

（4）您的企业最需要哪种类型的人才？

以采访的形式或直接对话，并录制采访录音和录像保存起来。

［成果与检测］

针对不同的企业家，大家组织讨论并写下自己的感想。根据每个同学在对话中的表现和课后书面材料进行评估。

第二章
管理是决策

【管理地图】

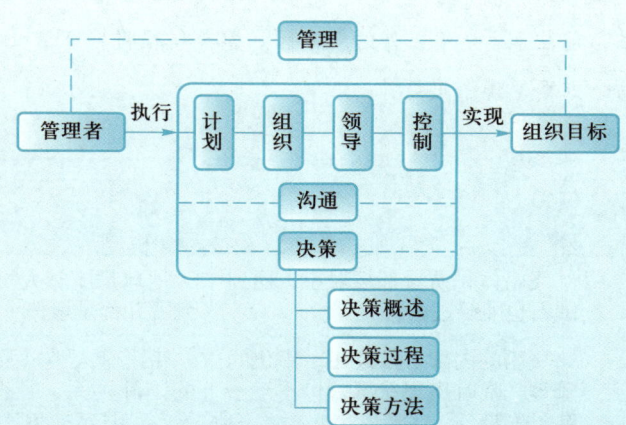

【学习目标】

★ 知识目标
- 理解决策的内涵。
- 理解决策过程。
- 理解决策方法。

★ 能力目标
- 能够确定合适的决策目标。
- 能够顺利进行决策。

★ 关键词

有限理性、决策、风险型决策、不确定型决策。

"流浪地球"是个好方案？

2019年年初，根据刘慈欣小说改编的电影《流浪地球》风靡一时。故事主要描述的是，太阳即将毁灭，人类该怎么办？

现在有两个方案。一个方案是坐飞船移民。造一个巨大的飞船，大约有整个上海那么大。带上地球上所有植物的种子和动物的胚胎一起移民至其他星系。

另一个方案，也是《流浪地球》给出的方案是带上地球一起走。人类在地球上，建造1万多座行星发动机，为整个地球提供上万亿吨的推力。把地球像飞船一样，推离太阳系，前往4.2光年以外的新家园。整段航程将持续2 500年。

请比较这两个方案，哪个更好？

方案 分析项目	飞船移民	流浪地球
灵活性	飞船体积质量都相对小，遇到陨石也能躲过去	地球是庞然大物，太笨重，走到哪儿都是累赘
可控性	飞船的内部可以采用军事化的管理。临时出现状况，也不至于乱了阵脚	带上全人类以及人类所有复杂的国际关系、社会问题。内斗、暴动，甚至战争，都有可能发生
可操作性	飞船的技术更成熟。有较多的太空旅行经验	推动地球，前所未有
生态系统复杂性	相对简单稳定，应对未知的能力有限	生物的多样性，算法的复杂性，较高应对未知的能力

（资料来源：根据网络资料整理。）

启示：如果请你来为全人类的生死存亡抉择，你会选择哪个方案？为什么？

生死之路如何选择

一位将军和他的600名士兵面临着被敌军伏击的危险。将军现在有两条路可以选择：如果选择第一条路，200名士兵将幸免于难；如果选择第二条路，有1/3的可能性是600名士兵幸免于难，2/3的可能性是全军覆没。如果你是将军，生死之路如何选择？

第一节 决 策 概 述

一、什么是决策

一个管理者不管从事管理工作的哪项具体工作，都离不开决策。例如，目标的制定与分解需要决策，组织工作、分配任务本身就是决策，指挥与协调雇员的活动是决策，设计控制目标、制定控制措施本身也是决策，决策贯穿管理的全过程。

> 决策是管理的心脏，管理是由一系列决策组成的，管理就是决策。

动画：
布里丹驴子

那么，到底什么是决策呢？

决策其实就是选择，它是对未来的行为确定目标，采用一定的科学方法和手段从两个或两个以上的行动方案中，选择一个合适的方案并付诸实施的过程。它实际上是一个提出问题、分析问题、解决问题的整个过程。这个过程包括确定问题、明确目标、拟订方案、评估方案、选择方案、实施方案、审查反馈等一系列活动。

根据决策的概念，我们可以归纳出以下几个特点：

1. 目标性

最终要达到什么结果？行动是决策的延续，不正确的目标和没有目标的决策都是盲目的行动，很难得到我们想要的结果。

2. 选择性

可供决策的方案有哪些？即决策必须有两个或两个以上可供选择的可行方案，如果只存在一个方案，就不存在决策。所谓可行方案，指的是能够实现预定目标，各种影响因素均能进行定性和定量的比较，在现行的技术经济条件下能顺利实施的方案。

3. 满意性

选择方案应该遵循"满意"或"合适"的原则，由于资源的有限性、外部环境的不确定性、决策者自身差异性等因素，所以，我们不可能做出最优的决策，而应选择"满意"或"合适"的决策。

4. 科学性

每一个行动方案都会存在利弊和优缺点，必须通过科学、全面、综合的分析和判断，遵循决策原则，按照决策程序，使用科学的决策方法才能在多种可行方案中选择一个较为理想的合理方案。

二、决策类型

视频:
建厂与否

根据不同的分类标准,人们把决策分为不同的类型。如表2-1所示。这里详述表2-1中的后五种。

表2-1 决策类型

分类标准	类型
影响的时间	长期决策、中期决策、短期决策
调整对象的重要程度	战略决策、战术决策、业务决策
决策主体的数量	集体决策、个人决策
问题的重复程度和有无先例可循	程序化决策、非程序化决策
决策的起始点	初始决策、追踪决策
环境因素的可控程度	确定型决策、风险型决策、不确定型决策

(一)长期决策、中期决策、短期决策

长期决策是指有关企业今后发展方向的长远的、全局性的重大决策。需要一定数量的投资,具有实现时间长和风险较大的特点。中期决策是指介于长期决策和短期决策之间。一般影响时间在一年以上,五年之内。决策的内容在长期决策的控制下,在一定时期内不会有较大变化,具有阶段稳定性,中期决策往往是同企业的中期计划相对应。短期决策是指企业为有效地组织现在的生产经营活动,合理利用经济资源,以期在不远的将来取得最佳的经济效益而进行的决策。

中期决策与长期决策、短期决策的关系:中期决策是在长期决策的基础上制定的。短期决策是中期决策的具体化,对中、长期决策的实施和贯彻落实起保证作用。同时,在某些情况下,短期决策又是修改和校正中期决策乃至长期决策偏差的调整部分。

(二)战略决策、战术决策和业务决策

战略决策指事关企业或组织未来发展方向和远景的全局性、长远性的大政方针方面的决策。多是复杂的、不确定的决策,常常依赖于决策者的直觉、经验和判断能力,一般由组织高层管理者作出。例如,企业的目标和方针、竞争战略、发展战略、收购与兼并、产品开发和市场开发等方面的决策,都属于战略决策。战略事关组织的未来发展方

向，战略不明或者战略不当都会影响组织未来的发展，甚至使组织遭受灭顶之灾。战术决策又称管理决策或策略决策，指有关实现战略目标的方式、途径和措施的决策。它比战略决策微观一些。例如，营销计划与营销策略组合、生产任务分配和库存决策等。战术决策的重点是解决如何组织动员内部资源的具体问题，旨在提高经济效益和管理效率，一般由企业或组织的中间管理层负责进行。业务决策又称日常管理决策或作业性决策，它指日常业务活动中为提高工作效率和生产效率，合理组织业务活动进程等而进行的决策。属于作业性决策，技术性强、时间紧，一般由基层管理者负责进行。

战略决策与战术决策

战略决策调整组织的活动方向和内容，战术决策调整在既定方向和内容下的活动方式。

战略决策解决的是"做什么"的问题，战术决策解决的是"如何做"的问题。前者是根本性决策，后者是执行性决策。

战略是以目的为中心，战术是以方法为中心。

战略决策是战术决策的依据，战术决策是在战略决策的指导下制定的，是战略决策的落实。

战略决策的实施效果影响组织的效益与发展，战术决策的实施效果则主要影响组织的效率与生存。

（三）程序化决策和非程序化决策

管理中存在的有些问题是一目了然的，决策者的目标是清楚的，问题是熟悉的，有关问题的信息容易定义和收集。这类问题称为结构良好问题。这种问题是经常发生的，处理这类问题时有一些标准的程序，这就是程序化决策。即按照预先规定的程序、处理方法和标准来解决管理中经常重复出现的问题，又称重复性决策、定型化决策、常规决策，基层管理人员使用较多。

并不是管理者面对的所有问题都是结构良好和可以用程序化方法处理的，许多组织都存在结构不良问题。这类问题是新颖的、不经常发生的、信息模糊和不完整的。针对这类问题，由于无先例可循，无经验可供借鉴，管理者必须依靠非程序化决策。即为解决不经常重复出现的、非例行的新问题所进行的决策，又称一次性决策、非定型化决策或非常规决策。由于无先例可循，更多依靠决策者个人知识、经验、直觉判断与创造力。

（四）集体决策与个人决策

集体决策是指多个人一起做出的决策。个人决策则是指个人做出的决策。

集体决策的优点：① 能更大范围地汇总信息；② 能拟订更多的备选方案；③ 能得到更多的认同；④ 能更好地沟通；⑤ 能做出更好的决策等。

其缺点是：花费的时间较多，产生从众现象及责任不明等。

科学有效的集体决策方法有：头脑风暴法、名义群体法、德尔菲法和电子会议法等。

（五）初始决策和追踪决策

初始决策是指组织对从事某种活动或从事该种活动的方案所进行的初次选择；追踪决策则是在初始决策的基础上对组织活动方向、内容或方式进行重新调整。

（六）确定型决策、风险型决策和不确定型决策

确定型决策指决策问题的条件已知，每个方案都只有一种确定的结果，从中选择一个最优方案，付诸实施后就能取得预期效果的决策，如库存决策、设备更新决策。风险型决策指决策所面临的自然状态是一种随机事件，各种可行方案所需要的条件存在不可控因素，一个方案可能出现几种不同结果。即出现哪种自然状态不确定，但决策者可以根据相似事件的历史统计资料计算出各种自然状态的概率。不确定型决策指客观上存在两种以上的自然状态，它们出现的概率是未知的，各种方案出现的结果是不确定的，完全凭决策者的主观经验和态度假设一个概率进行决策。

视频：
感动不等于
盲目投资

三、决策原则

（一）理性假设

一个完美理性的决策者是完全客观和符合逻辑的，问题是清晰、明确的，而管理者的目标也是清楚、具体的，他掌握了所有可能的解决方案及其结果。而且，理性决策会一贯选择那些最可能实现目标的决策方案。图 2-1 概括了理性决策。

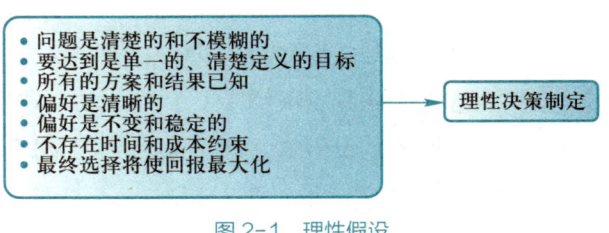

图 2-1 理性假设

管理决策可以遵循理性假设。如果一位经理面对这样一个简单的问题，即目标明确，方案极少，时间压力很小，挑选评价方案成本很低，组织文化支持革新和承担风险，并且结果是相当具体和可衡量的，那么决策过程可以遵从理性假设。但是管理者面临的大多数决策并不完全符合上述情况。

第一，个人信息处理能力是有限的。在短时间的记忆中，大多数人仅能维持7条左右的信息。当决策变得复杂时，个人试图建立简单的模型，这样能使他们将问题简化到可以理解的程度。问题一被简化，就会忽略掉一些信息。

第二，感性偏见可以歪曲问题本质。除非在侦探故事中，否则事实自己不会说话，它们必须加以解释。决策者的背景、在组织中的地位、利益和过去的经验，使他的注意力集中于一定的问题而忽略其他问题。组织文化同样可以歪曲一个管理者的认识：有时管理者看不到他们认为不存在的事情。

第三，许多决策者选择信息是出于其易获得性，而不是出于其质量。因此造成重要的信息比易获得的信息在决策中权重更轻。

第四，决策者倾向于过早地在决策过程中偏向某个具体的方案，从而左右着决策过程，使之趋向于某个方案。

第五，前期的解决方法现在不起作用了，但这并不总能引起去寻求新方案。相反，它常引起一种承诺升级（escalation of commitment），即决策者进一步增加对先期行动的资源投入，以试图证明起初的决策并没有错。

第六，从前的决策先例制约着现在的选择。决策极少是简单的、孤立的事件。大多数决策实际是许多长期分决策的积累。

第七，组织是由不同的利益群体组成的。从而使得它很难操作，甚至不可能建立起一种为实现单一目标的共同努力。因此，决策很少直接指向实现整个组织的目标。而是在对问题有不同看法和对方案有不同偏好的管理者之间，留有一个不断商讨的会地。不同利益的存在决定了目标、方案和结果的差异。讨价还价是必不可少的，以求达成妥协和支持最后方案的实施。总而言之："你站在哪取决于你坐在哪。"在模糊和矛盾的环境中，决策很大程度上是权力和政治施加影响的结果。

第八，组织对决策者施加着时间和成本的压力，反过来，这限制了一个管理者所能寻找到的可行方案数量，从而人们趋向于在旧方案的附近寻找新方案。

第九，尽管有着潜在不同见解，但在大多数组织的文化中都存在强烈的保守偏见。大多数组织的文化都是强化维持现状，而不鼓励风险承担和创新。在这样的文化中，雇员常因成为"合格队员"而不是兴风作浪者而受到奖赏。错误的选择对决策者生涯的影响，比发展一种新思想的影响更大。故决策者要花更多的精力避免错误，而不是发展创新的设想。

> **职场小贴士**
>
> ### 如何使自己尽量理性
>
> 丰富知识。
>
> 不偏听偏信。
>
> 辩证地看待问题。
>
> 尽可能大量收集信息。
>
> 掌握一定的理性分析方法。
>
> 参加实践活动。

（二）有限理性

完全理性假设下，管理者可以做出最优决策。但现实中，完全理性假设受到很大的限制。詹姆斯·马奇和赫伯特·西蒙认为最优决策的完全理性假设是不合理的。现实中的管理者并不拥有决策所需要的所有信息。即使可以获得所有信息，很多管理者也仍然缺乏智力或心理技能来对其进行正确的吸收和评估，由此他们提出了管理决策的有限理性理论和满意原则。

有限理性指人们的理性是有限度的。组织是极其复杂的，即使管理者拥有对信息进行评估的无限能力，他们也无法拥有充分的信息，因为在绝大多数情况下，决策的备选方案是不可尽知的，且已知方案的结果是不确定的。很多情况下管理者所掌握的是模糊信息，不同管理者对同一信息做出的解释经常不同，并根据自己的解释提出不同决策。同时经理人员对与决策相关信息的处理时间和能力是有限的，时间和资金限制使得管理者无法对复杂决策的信息进行完全处理，他们只能选择满意而不是最优方案。

满意原则是指决策者只需要对部分方案进行筛选，选择一个能够满足最低决策准则的方案。尽管可能在备选方案中还存在更好的方案，但时间和成本约束使得管理者仅仅满足于能够寻找、选择到可以接受的、可行的解决问题的方案，并不需要力图做出最优决策。满意原则所依据的假设前提与最优化原则不同，其适用的决策类型也不同，对于那些复杂和非程序化的决策来讲，满意原则更现实可行。

动画：
满意的工作

小资料

爱情中的理性与有限理性

人们是如何做出决策，选择衣服或者恋人的呢？理性模型认为决策者应该知道所有的备选方案，并可以进行无限复杂的计算，从而计算出哪一个方案是最佳选择，最后，理性地选择最佳方案。换句话说，决策者在按照最大化的原则为自己寻找方案。而有限理性模型则认为，决策者并不知道，也不想知道所有的备选方案，当他们遇到自己满意的选择和答案时，便停止计算和寻找。有限理性决策者所认知的世界是真实世界的简化模型。人们满意于这样的简化，是因为他们相信真实世界绝大部分都是空洞的。简单说，有限理性模型认为人们是根据满意原则而非最大化原则进行决策的，他们以满意为终点，因为他们知道，自己没有能力做到最大化。

实际上，在现实生活中人们都是有限理性的，不需要也不可能做出完全理性的决策。在爱情领域更是如此。也许，世界上真有那么一个人，是符合你要求，也是最完美的，但你不见得能够遇到他（她），即使遇到他（她）了，也不见得能认出他（她），即使认出他（她）了，也不见得就能够和他（她）在一起。

（三）直觉

管理者通常需要运用直觉来帮助他们改进决策的制定。直觉决策是一种潜意识的决策过程，基于决策者的经验以及积累的判断。研究者对管理者运用直觉决策进行了研究，识别出五种不同的直觉，如图 2-2 所示。

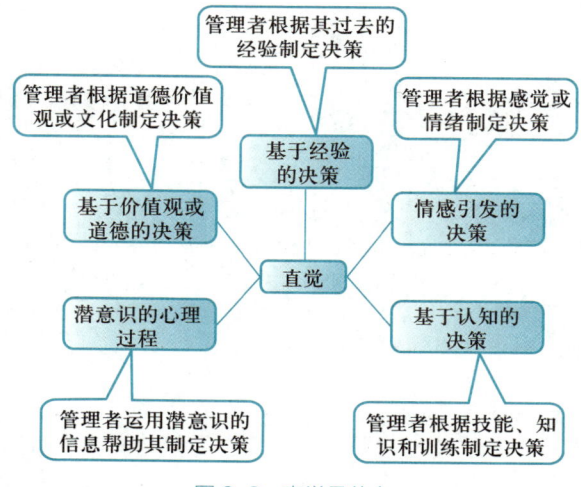

图 2-2　直觉是什么

根据直觉或感觉制定决策与理性决策并非毫无联系，二者是相互补充的。如果管理者对某种情况或事件比较熟悉，当遇到此类问题时，通常会迅速作出决策，虽然看上去他获得的信息是十分有限的。这样的管理者并不依靠系统性的和详尽的问题分析或识别与评估多种备选方案，而是运用他自己的经验和判断来制定决策。一项对公司管理层的调查发现，差不多一半的管理者更多的是依靠直觉而不是正规分析来管理他们的公司。

 小资料

决策的偏见和错误

决策的偏见与错误如图2-3所示。

图2-3　决策的偏见与错误

（一）自负偏见

决策者认为他们所知的比他们所做的要多，或者他们对自己及其表现持盲目乐观的态度。

（二）即时满足偏见

决策者想迅速获得回报和避免更多成本投入，他们认为能快速提供报偿的决策比具有长远利益的更有吸引力。

（三）锚定效应

决策者把注意力放在原始信息上，不能充分接受新信息。

（四）选择性认知

决策者基于偏见而有选择地组织和实施活动。

（五）证实偏见

决策者偏向肯定他们以前观点的信息，而对质疑这些观点的信息持批评和怀疑的态度。

（六）框架效应偏见

决策者有重点地选择事物的某些方面，而忽视别的方面，曲解所看到的事物，造成标准的不确定性。

（七）有效性偏见

决策者往往对最近发生的和印象最深刻的事物记忆犹新。

（八）典型性偏见

决策者根据某一事件与其他事件以后相似程度来评价事件发生的可能性。

（九）随机性偏见

决策者由于处理偶然事件时存在困难，会试图从随机性事件中归纳出某个结论。

（十）沉没成本错误

决策者容易将注意力集中在过去消耗的时间、金钱和精力上，而不关心未来的结果，忽略了现在的选择并不能纠正过去。

（十一）自利性偏见

决策者居功自傲，将失败归咎于外部因素，从而为失败推卸责任。

（十二）后见偏见

决策者知道某一事件的结果后，错误地认为自己当初准确预见到了这个结果。

第二节 决策过程

决策过程如图2-4所示。

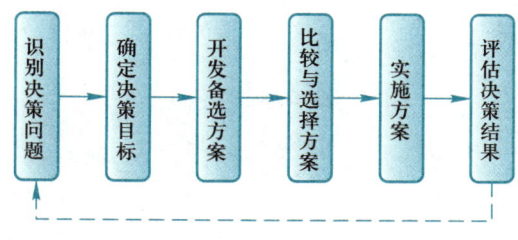

图2-4 决策过程

一、识别决策问题

决策的制定开始于一个存在的问题，或者说，开始于现状与期望状态的差距。决策

动画：
袋鼠与笼子

是为了解决这一问题而进行的,没有问题就不需要决策。由于外部环境或内部条件的改变,就会产生机会或威胁,从而产生新的决策需要。

问题的识别并不容易(见图2-5),管理者首先要意识到问题的存在,这就需要他观察事情的现状,将其与期望相比较。如果事情没有处于它应当所处或管理者期望的状态,问题就产生了。仅仅有问题而没有采取措施的压力,会使问题被延迟,决策也不会产生。为了发起一个决策过程,必须向管理者施加某种压力使之采取行动,这种压力也许来自组织的政策,或者是截止日期、财务危机、市场竞争等,还有可能来自消费者的抱怨或下属的抱怨,抑或是来自上级的期望或即将开始的绩效评估。最后,如果管理者不具有解决问题的相应职权、信息或者其他采取行动的必要资源,即使他们意识到问题的存在并处于某种行动的压力之下,他们通常认为不切实际的期望被强加在他们头上,从而也不会产生决策的动力。

图2-5 问题

二、确定决策目标

合理的目标是合理决策的前提。决策目标必须明确、具体,模棱两可、含糊不清或过分抽象,都将导致决策无所遵循。合理的决策目标应该是可以衡量其成果、规定其时间和确定其责任的。为了确保目标确定的正确性,需经过下列步骤:

第一,对经营环境进行调查、预测,进行企业诊断,找出应达到的经营状态与实际经营状态之间的差距;

第二,根据存在的差距,找出主要问题及其产生的原因;

第三,根据主要问题确定初步目标;

第四,对初步目标进行可行性分析,遇到多目标时进行多目标处理;

第五，在可行性分析的基础上，确定决策目标。

三、开发备选方案

在这一步骤，备选方案只需开发出来即可，无须对其评估。备选方案就是相互排斥的，即它们之间应该相互独立，不能互相包含。理论上来说，备选方案开发得越多，越可能出现高质量的方案，选择的余地也越大，决策质量越有保证。但方案越多，所需要的资源就越多，有时由于成本、时间、资源的限制，试图找出所有解决问题的方案是不切实际的。而先拟订一批备选方案，初选淘汰一些，补充修改一些，再进行选择，可以大大提高效率。

四、比较与选择方案

备选方案开发出来，就要进行选择。在此之前，先要进行评价与比较。主要从以下几个方面进行：方案实施所需条件是否已经具备，利用这些条件需要付出多少成本；方案实施能给组织带来何种短期和长期利益；方案实施中可能遇到的风险及活动失败的可能性。根据这几个方面的比较，从备选方案中选出最优方案加以实施。

 小资料

霍布森选择

霍布森是一个英国人，300年前就出名了，他是从事马匹生意的，他承诺：凡是买或租我的马的，只要开个价，就可以在马圈中任意挑选，但必须是能牵出圈门的马，牵不出去的不行。很显然，这是一个圈套，因为他的马圈的门很小，大马、肥马、好马根本牵不出去，只有那些小马、瘦马、赖马才牵得出去。霍布森选择其实就等于告诉顾客不能挑选。

"霍布森选择法则"就是没有选择的选择，没有一定数量和质量的选择，让人没有选择余地的所谓"选择"。

五、实施方案

在全面实施方案之前，应先在局部试行，以验证在典型条件下是否真正可行。随后在正式全面实施过程中，制定相应的具体措施，确保组织内成员充分接受和了解有关决策各项指令；运用目标管理法把决策目标层层分解，落实到执行单位或个人；建立重要的报告制度，及时了解方案进展，修正完善。

六、评估决策结果

最后，对决策结果进行评估，看看问题是否已经得到解决，选择的方案和实施的结果是否达到了期望效果。

第三节　决　策　方　法

现代决策方法分为软方法和硬技术两大类，即定性决策方法和定量决策方法。

一、定性决策方法

所谓定性决策方法，是指主要依靠大量专家的知识、经验、智慧，运用心理学、社会学等理论，以定性分析为主的决策方法。

（一）头脑风暴法

在群体决策中，由于群体成员心理相互作用影响，易屈于权威或大多数人意见，形成所谓"群体思维"。群体思维削弱了群体的批判精神和创造力，损害了决策的质量。为了保证群体决策的创造性，提高决策质量，管理上发展了一系列改善群体决策的方法，头脑风暴法是较典型的一个。

所谓头脑风暴（brain-storming）最早是精神病理学上的用语，是指精神病患者的精神错乱状态而言的，现在转而表示无限制的自由联想和讨论，其目的在于产生新观念或激发创新设想。

头脑风暴法又称智力激励法、BS 法、自由思考法，是由美国创造学家 A. F. 奥斯本于 1939 年首次提出、1953 年正式发表的一种激发创造性思维的方法。

它通过会议形式，鼓励与会者不断产生或改进想法，从而找到解决问题的创造性方法。

1. 组织形式

（1）一名主持人。主持人只主持会议，对设想不作评论。记录员 1~2 人，要求认真将与会者每一设想不论好坏都完整地记录下来。

（2）召开会议，参与者为 5~10 人。

（3）1 小时为限，一般 30 分钟至 1 小时。

（4）地点安静，不易受外界干扰，切断电话。

（5）事先通知，让有些人提前准备，抛砖引玉。

2. 原则

（1）自由思考。鼓励随心所欲——越放任，构思越巧。

（2）延迟评判。任何成员不允许批评——讨论中无负面评论。

（3）以量求质。希望产生大量构思——构思越多，越可能成功。

（4）结合改善。鼓励对构思进行组合与改进——他人创新可用来促进新创新。

3. 注意事项

主持人简要说明会议目的、问题；创造轻松气氛，争取让每个人发言；主持人原则上不提新设想，可提诱导性意见，鼓励大家从已提设想中派生新设想；让积极思维的人先发言，发掘他们的联想能力，发言混乱时加以梳理。

二、管理案例

头脑风暴法

有一年，美国北方格外寒冷，大雪纷飞，电线上积满冰雪，大跨度的电线常被积雪压断，严重影响通信。过去，许多人试图解决这一问题，但都未能如愿以偿。后来，电信公司经理应用奥斯本发明的头脑风暴法，尝试解决这一难题。他召开了一种能让头脑卷起风暴的座谈会，参加会议的是不同专业的技术人员，要求他们必须遵守以下原则：

第一，自由思考。

第二，延迟评判。即要求与会者在会上不要对他人的设想品头论足，留在会后组织专人考虑。

第三，以量求质。即鼓励与会者尽可能多而广地提出设想，以大量的设想来保证质量较高的设想存在。

第四，结合改善。即鼓励与会者积极进行智力互补，在增加自己提出设想的同时，注意思考如何把两个或更多的设想结合成另一个更完善的设想。

按照这种会议规则，大家七嘴八舌地议论开来。

有人提出设计一种专用的电线清雪机；有人想到用电热来化解冰雪；有人建议用振荡技术来清除积雪；有人提出能否带上几把大扫帚，乘坐直升机去扫电线上的积雪。

对于这种"坐飞机扫雪"的设想，大家心里尽管觉得滑稽可笑，但在会上也无人提出批评。

有一工程师在百思不得其解时，听到用飞机扫雪的想法后，大脑突然受到冲击，一种简单可行且高效率的清雪方法冒了出来。他想，每当大雪过后，出动直升机沿积雪严重的电线飞行，依靠高速旋转的螺旋桨即可将电线上的积雪迅速扇落。他马上提出"用直升机扇雪"的新设想，顿时又引起其他与会者的联想，有关用飞机除雪的主意一下子又多了七八条。不到一小时，与会的10名技术人员共提出90多条新设想。

会后，公司组织专家对设想进行分类论证。专家们认为设计专用清雪机，采用电热或电磁振荡等方法清除电线上的积雪，在技术上虽然可行，但研制费用大、周期长，一时难以见效。

那种因"坐飞机扫雪"激发出来的几种设想，倒是一种大胆的新方案，如果可行，将是一种既简单又高效的好办法。

经过现场试验，发现用直升机扇雪真能奏效。一个久悬未决的难题，终于在头脑风暴会中得到了巧妙的解决。

（二）名义群体法

名义群体法（nominal group technique，NGT），又称名义团体技术、名目团体技术、名义群体技术、名义小组法。名义群体法是指在决策过程中对群体成员的讨论或人际沟通加以限制，但群体成员是独立思考的。像召开传统会议一样，群体成员都出席会议，但群体成员首先进行个体决策。

具体方法是，在问题提出之后，采取以下几个步骤：

（1）成员集合成一个群体，但在进行任何讨论之前，每个成员独立地写下他对问题的看法。

（2）经过一段沉默后，每个成员将自己的想法提交给群体。然后一个接一个地向大家说明自己的想法，直到每个人的想法都表达完毕并被记录下来为止（通常记在一张活动挂图或黑板上）。所有的想法都记录下来之前不进行讨论。

（3）群体现在开始讨论，以便把每个想法搞清楚，并做出评价。

（4）每一个群体成员独立地把各种想法排出次序，最后的决策是综合排序最高的想法。

名义群体法使群体成员正式开会但不限制每个人的独立思考，也不像互动群体那样限制个体的思维，而传统的会议方式往往做不到这一点。

 小资料

电子会议法

电子会议分析法（electronic meetings）是一种名义群体法与复杂的计算机技术结合的群体决策方法。在使用这种方法时，先将群体成员集中起来，每人面前有一个与中心计算机相连接的终端。群体成员将自己有关解决政策问题的方案输入计算机终端，然后再将它投影在大型屏幕上。

电子会议法的特点是：

（1）匿名。参与公共政策决策咨询的专家采取匿名的方式将自己的政策方案提出来，参与者只需把个人的想法输入键盘就行了。

（2）可靠。每个人做出的有关解决公共问题的政策建议都能如实地，不会被改动地投影在大屏幕上。

（3）快速。在使用计算机进行政策咨询时，没有闲聊，人们可以在同一时间中互不干扰地交换见解，它要比传统的面对面的决策咨询的效率高很多。

电子会议法也有其局限性：

（1）对那些善于口头表达，而运用计算机的技能却相对较差的专家来说，电子会议会影响他们的决策思维。

（2）在运用这种预测方法时，由于是匿名，因而无法对提出好的政策建议的人进行奖励；

（3）人们只是通过计算机来进行决策咨询的，从而是"人—机对话"，其沟通程度不如"人—人对话"那么丰富。

（资料来源：根据网络资料整理。）

（三）德尔菲法

德尔菲法是在 20 世纪 40 年代由 O. 赫尔姆和 N. 达尔克首创，经过 T. J. 戈登和兰德公司进一步发展而成的。德尔菲这一名称起源于古希腊有关太阳神阿波罗的神话，德尔菲是古希腊地名，相传太阳神阿波罗（Apollo）在德尔菲杀死了一条巨蟒，成了德尔菲主人。在德尔菲有座阿波罗神殿，是一个预卜未来的神谕之地，于是人们就借用此名，作为这种方法的名字。

1946 年，美国兰德公司为避免集体讨论存在的屈从于权威或盲目服从多数的缺陷，首次用这种方法来进行定性预测。20 世纪中期，当美国政府执意发动朝鲜战争的时候，兰德公司又提交了一份预测报告，预告这场战争必败。美国政府没有采纳，结果一败涂地。从此以后，德尔菲法得到广泛认可。德尔菲法最初产生于科技领域，后来逐渐被应用于任何领域的预测，如军事预测、人口预测、医疗保健预测、经营和需求预测、教育预测等。此外，还用来进行评价、预测、决策、管理沟通和规划工作，建立评价指标体系和确定某些不可测指标。

德尔菲法又名专家意见法，依据系统的程序，采用匿名发表意见的方式，即专家之间不得互相讨论，不发生横向联系，只能与调查人员发生关系，通过多轮次调查专家对问卷所提问题的看法，经过反复征询、归纳、修改，最后汇总成专家基本一致的看法，作为预测的结果。

1. 实施步骤

（1）制定征询调查表。

（2）选择专家，10～15 人为宜，最佳人数为 15 人。

（3）征询调查：通常经过四轮。

第一轮向专家小组成员发出询问调查表，允许任意回答。调查表回收后由领导小组整理，将各种意见归纳综合，制成"征询意见一览表"。

第二轮把"征询意见一览表"再发给专家小组成员，请他们对表中意见进行评价，并修改自己意见。领导小组根据返回的表进行归纳整理，再返回去。

同理进行第三轮、第四轮。

（4）确定结论。

2. 优缺点

德尔菲法能发挥专家会议法的优点，能充分发挥各位专家的作用，集思广益，准确性高。能把各位专家意见的分歧点表达出来，取各家之长，避各家之短。德尔菲法又能避免专家会议法的缺点。专家会议中，权威人士的意见影响他人的意见，有些专家碍于情面，不愿意发表与其他人不同的意见，或出于自尊心而不愿意修改自己原来不全面的意见。德尔菲法主要缺点是过程比较复杂，花费时间较长。

3. 注意事项

（1）并不是所有被预测的事件都要经过四步。可能有的事件在第二步就达到统一，而不必在第三步中出现。

（2）在第四步结束后，专家对各事件的预测也不一定都达到统一。不统一也可以用中位数和上下四分点来作结论。

二、定量决策方法

定量决策方法是建立在数学模型基础上的决策方法。其核心是把与决策有关的变量与变量之间、变量与目标之间的关系用数学关系表示出来，通过数学模型的求解选择方案。定量决策方法使决策过程数学化、模型化，大大提高了科学决策的水平。

（一）确定型决策方法

确定型决策是指决策条件（或称自然状态）非常明确，通过对各方案的分析，就可以知道其明确结果。确定型决策使用的计算分析方法很多，如代数法、线性规划法、微分法和盈亏平衡分析法等。这里主要介绍盈亏平衡分析法。

其基本思想是根据产品的销售量、成本和利润三者的关系，分析各种方案对盈亏的影响，从中选择最佳方案。关键在于找出盈亏平衡点，即下页图中直角平面坐标系中企业利润为零的点，也就是销售收入总额与成本总额相等的点，如图2-6所示。

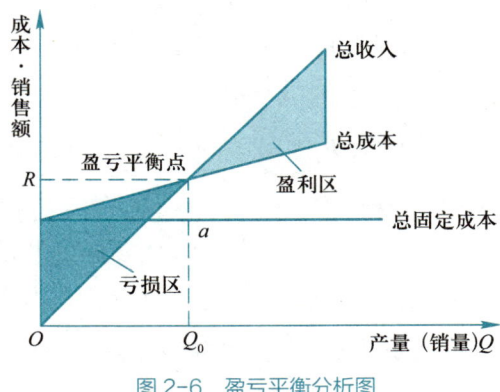

图 2-6　盈亏平衡分析图

假设产销平衡，于是有：

盈亏平衡点产（销）量 = 固定成本 /（单位售价 - 单位变动成本）

用公式表示为：

$$Q = C/(P - V)$$

当要获得一定的目标利润时，其公式为：

$$Q = \frac{C + B}{P - V}$$

式中：Q——盈亏平衡点产量（销量）；

C——总固定成本；

P——产品价格；

V——单位变动成本；

B——目标利润。

例：某厂生产一种产品，其总固定成本为 200 000 元，单位产品变动成本为 10 元，产品销价为 15 元。该厂的盈亏平衡点产量应为多少？

$$Q = C/(P-V) = 200\ 000/(15-10) = 40\ 000（件）$$

即当产量为 40 000 件时，处于盈亏平衡点上。如果要实现 100 000 元利润时，其产量应为多少？

$$Q = \frac{C+B}{P-V} = \frac{200\ 000 + 100\ 000}{15-10} = 60\ 000（件）$$

即产量为 60 000 件时，企业可获利 100 000 元。

（二）风险型决策方法

风险型决策是指决策问题的每个可靠方案有两个以上的自然状态，哪种自然状态发生预先无法肯定，但每种自然状态的发生，可以根据以往的统计资料得到一个客观概率，决策时只能根据各种自然状态发生的概率进行决策。风险型决策常用的方法是决策树分析法。

决策树是辅助决策的一种树形结构图，其决策的依据仍是期望损益值。决策树是一种图解法，对分析复杂的决策问题较为适用。决策树由一组要素组成，即决策点、方案枝、自然状态结点、概率枝和结果点。作图时先确定决策点（用□表示），由决策点引出方案分枝（用直线表示），方案分枝的末端为状态结点（用○表示），概率分枝的末端为结果点（用△表示），概率枝上标明各状态发生的概率，各概率分枝的损益值写在结点的后面，并根据有关数据计算各状态点的期望值。

例：某企业拟开发一种新产品，经过前期调研，提出了建大厂和建小厂两种方案。建大厂需投资 300 万元，建小厂需投资 160 万元；未来市场有两种自然状态，其中销路好的概率是 0.7，销路差的概率是 0.3。方案的使用年限为 10 年，各方案在各种状态下的损益值如表 2-2 所示。该企业如何决策？

表 2-2　各方案损益值

自然状态 方案	概率	好 0.7	差 0.3
建大厂		100	−20
建小厂		40	10

用决策树法进行分析：

首先，根据题意画出决策树，如图 2-7 所示。

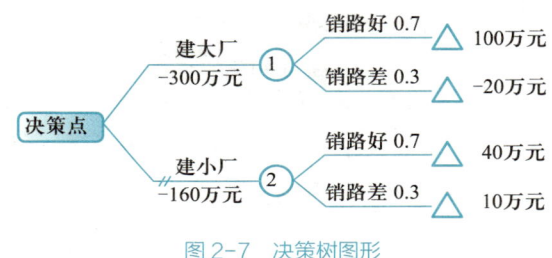

图 2-7　决策树图形

其次，计算各方案期望值。

建大厂期望值：[0.7×100+0.3×(−20)]×10−300=340（万元）

建小厂期望值：(0.7×40+0.3×10)×10−160=150（万元）

根据期望值进行方案选择，建小厂的方案被剪枝（用 // 表示），建大厂的方案是选中的最优方案。

（三）不确定型决策方法

不确定型决策指决策者所要解决的问题有若干个方案可供选择，但对事件发生的各种自然状态缺乏概率资料。既不知道哪种情况会发生，也不知道各种情况发生的概率，只能依赖于决策者的主观经验，选择决策标准，择优确定决策方案。

例：某企业准备生产一种新产品，未来的销售情况只能预测出现畅销、尚好、滞销三种自然状态，企业拟订了三种方案供选择：新建一车间（A），扩建一车间（B），改建一车间（C）。三种方案在不同状态下的损益值如表 2-3 所示。

表 2-3　各方案损益值

自然状态 方案	畅销	尚好	滞销
新建 A	60	20	−25
扩建 B	40	25	0
改建 C	20	15	10

在此情况下，决策者可以根据不同的决策标准和原则，选择自己认为满意的方案。主要有以下几种决策标准：

1. 乐观法

乐观法（大中取大法），又称最大收益最大化法。此种方法是从最好处着想，决策者对未来形势非常乐观，认为最有可能出现最好情况，于是在最好情况出现的基础上取最大者。本例中，最好的情况是畅销，在畅销的情况下，新建车间最有利。因此选择 A 方案。

2. 悲观法

悲观法（小中取大法），又称最小收益最大化法。此种方法是从最不利处着想，以不造成大的损失或风险性最小为原则，决策者不愿冒太大的风险而比较保守。本例中，最坏的情况是滞销，在滞销的情况下，改建车间最有利。因此选择 C 方案。

3. 平均法（等概率法）

这种方法是将未来不明的各种自然状态出现的可能完全等同地加以看待，假设各种自然状态出现的概率都相同，从而将其转化为风险型决策。本例中，将畅销、尚好、滞销的概率分别设为 1/3，则：

$$A 方案期望值 = 60/3 + 20/3 - 25/3 = 18.3$$
$$B 方案期望值 = 40/3 + 25/3 + 0/3 = 21.7$$
$$C 方案期望值 = 20/3 + 15/3 + 10/3 = 15$$

因此，选 B 方案。

4. 后悔值法（大中取小法）

这种方法的指导思想是如何使所选方案可能出现的后悔值最小，即蒙受最小损失。各种自然状态下的最大收益值与实际采用各方案的收益值之差，叫做后悔值。决策步骤是：首先，从各种自然状态下找出最大收益值；其次，用最大收益值减去各方案的收益值，求得各方案后悔值；再次，从各方案后悔值中找出每个方案的最大后悔值；最后，从中选择最大后悔值最小的方案为决策方案,如表 2-4 所示。三个方案的最大后悔值分别为 35、20、40。因为 B 方案的最大后悔值最小(20),故选该方案。

表 2-4 最大后悔值比较表

方案 \ 后悔值 \ 自然状态	畅销	尚好	滞销	最大后悔值
新建 A	0 (60-60)	5 (25-20)	35 (10+25)	35
扩建 B	20 (60-40)	0 (25-25)	10 (10-0)	20
改建 C	40 (60-20)	10 (25-15)	0 (10-10)	40

思政之窗

创办特区的决策实施过程

1978 年 12 月召开的党的十一届三中全会作出实行改革开放的重大决策。1979 年 4 月 5 日,中央在北京召开工作会议,广东省委汇报了其利用区位优势,在沿海划出一些地方,设置类似海外的出口加工区和贸易合作区,以吸引外商前来投资办企业的想法。福建省也提出要搞一个类似的出口区。7 月 15 日,党中央和国务院发文批准两省的报告,决定在广东和福建两省实行对外经济活动的特殊政策和灵活措施,并决定在广东的深圳、珠海、汕头和福建的厦门 4 个城市试办出口特区。1980 年 3 月月末,国务院在广州召开广东、福建两省工作会议研究并提出了试办特区的一些重要政策,并同意将原拟的"出口特区"名称改为"经济特区"。1981 年 7 月 19 日,党中央和国务院再次发文批准《广东、福建两省和经济特区工作会议纪要》。对特区的关税、人员出入境手续、劳动工资制度、市场、金融体制、建设资金来源、交通电信建设、法制、管理机构等,采取更加开放的特殊政策。1985 年年底,4 个特区基本建设投资超过 76 亿元人民币,有 900 家新工厂建成投产,当年全部工业总产值达到 48.6 亿元人民币。

1984 年 4 月,中央又做出了进一步开放大连、秦皇岛、天津等 14 个沿海港口城市的决定。国家批准 14 个城市可以设置新的经济技术开发区,市场调节机制,以外商投资为主,采用三资企业形式,产业结构重点在工业,产品主要外销。继创办4个经济特区和开放14个沿海城市之后，1985年7月，党中央和国务院又决定把长江三角洲、珠江三角洲和厦门、漳州、泉州三角地区划为对外经济开发区。1987年，党中央和国务院又决定把海南岛建成我国最大的经济特区。至此，我国的经济特区成为5个，即深圳、珠海、厦门、汕头、海南。据统计，截至1993年，5个经济特区的工业总产值达到1 145亿元人民币，相当于建特区之初的40倍。对外贸易总值达到425亿美元，相当于全国当年进出口总值的21.7%。其中珠海、深圳特区的人均国民生产总值分别位居全国的第一、第二位，成为首批提前进入小康的城市。

（资料来源：根据党史资料整理。）

启示：把握时机，目标清晰，路径严谨是科学决策的关键。创办特区的过程是一个科学决策的过程。体现在：第一，实事求是，从实际出发。第二，审时度势、当机立断。第三，先行试验，待取得经验之后再行推广。始终紧紧抓住经济建设这个中心，通过兴办经济特区，提高了我国综合国力。

本章小结

管理是决策
- 决策概述
  - 什么是决策
  - 决策类型
  - 决策原则
- 决策过程
  - 识别决策问题
  - 确定决策目标
  - 开发备选方案
  - 比较与选择方案
  - 实施方案
  - 评估决策结果
- 决策方法
  - 定性决策方法
  - 定量决策方法

思考与练习

第二章交互式测验及参考答案

1. 企业经营方案决策最终所选出的方案一般为（　　）。
   A. 成本最低的方案　　　　　　　B. 较满意的方案
   C. 各个目标都最佳的方案　　　　D. 实现利润最大的方案

2. 决策是工作和日常生活中经常要进行的活动，但人们对其含义的理解不尽相同，你认为以下理解较完整的是（　　）。
   A. 出主意　　　　　　　　　　　B. 拿主意
   C. 既出主意又拿主意　　　　　　D. 评价各种主意

3. 某企业拟购置一套大型设备，甲、乙、丙三个供应商的报价相同，设备性能也一样，只是使用过程中需要的维修费不同，预计情况如表2-5所示。

表2-5

供应商	甲		乙		丙	
设备每年维修费/万元	40	10	30	20	50	10
发生的可能性/%	40	60	40	60	30	70

根据以上数据，企业应购买供应商（　　）的设备。
A. 甲或丙　　　　　　　　　　　B. 乙
C. 甲　　　　　　　　　　　　　D. 丙

4. 在管理决策中，许多管理人员认为只要选取满意的方案即可，而无须刻意追求最优的方案。对于这种观点，你认为以下解释最有说服力的是（　　）。
   A. 现实中不存在所谓最优方案，所以选中的都只是满意方案
   B. 现实管理决策中常常由于时间太紧而来不及寻找最优方案
   C. 由于管理者对什么是最优决策无法达成共识，只有退而求其次
   D. 刻意追求最优方案，常常会由于代价太高而最终得不偿失

5. 某厂决定生产一种新产品，有三个方案可供选择：① 建新车间，大批量生产；② 改造旧车间，中批量生产；③ 利用原有设备，小批量生产。市场对该产品的需求有4种可能：A. 畅销；B. 需求稍好；C. 需求较差；D. 滞销。不同收益如表2-6所示。

表2-6

方案	A	B	C	D
①	80	40	-30	-70
②	50	37	-15	-40
③	31	31	9	7

试用悲观法、乐观法、平均法、后悔值法分别作出决策。

6. 决策的特点有（　　）。

A. 目标性　　　　　　　　　　B. 选择性

C. 最优性　　　　　　　　　　D. 科学性

7. 有家牛奶公司最近推出了送奶上门的新服务项目。平均说来，每个送奶员每天要负责临近10个街区住户的送奶任务，交通工具目前仅有三轮车。为减轻送奶员的不必要负担，公司有关人员想预先为各位送奶员安排好最短的驱车路线。计划中发现，每个送奶员实际上平均有128条可行的路线可供选择。在这种情况下，送奶路线安排问题属于（　　）。

A. 不确定型决策　　　　　　　B. 确定型决策

C. 风险型决策　　　　　　　　D. 纯计划问题，与决策无关

8. 从决策主体来看，组织的决策可以区分为（　　）

A. 个体决策与群体决策　　　　B. 确定型决策和不确定型决策

C. 经营决策和业务决策　　　　D. 程序化决策和非程序化决策

9. 决策树适用于（　　）

A. 风险型决策　　　　　　　　B. 确定型决策

C. 不确定型决策　　　　　　　D. A+B+C

10. 请用你所掌握的决策理论分析一下"三个臭皮匠顶一个诸葛亮"。

 自我评估

决策能力测评：

1. 如果有人占用了你的停车位，则你会（　　）。

A. 再另找一个车位

B. 找到车主，请他将车开走

C. 向保卫部门报告，请他们采取措施

2. 如果你认为公司付给你的工资不足以反映自己的工作能力和工作量，应该得到提高，你就会（　　）。

A. 与老板激烈争论，以辞职相威胁

B. 与老板开诚布公地讨论，请求他考虑

C. 不采取任何行动，但让所有朋友都知道自己的想法

3. 如果某个公司提供的残次产品给你们部门的工作带来很多麻烦，而这家公司的老板同贵公司的董事长私交又甚密，你就会（　　）。

A. 立即要求对方退换不合格产品并赔偿误工损失

B. 向老板请示处理办法

C. 将不合格产品退回供货公司，要求退换

4. 你如果发现某位你信得过的下属在报销费用时有欺诈行为，你就会（　　）。

A. 向老板报告此事，任由他处理

B. 警告他如果再这样下去你就不客气了

C. 严厉斥责他的行为并安排从他下月工资中扣除贪污部分

5. 你如果辛辛苦苦地坐几个小时的车去见一位重要客户，结果发现由于他的秘书忘记把这件事记在工作日志上，他已经出去见其他客户了，你就会（　　）。

A. 第二天给他打电话抱怨

B. 接受秘书的道歉，重新安排会见

C. 请秘书向其老板解释并重新安排会谈时间

6. 如果你提出的某项拓展市场、提高利润的建议遭到老板的否决，你就会（　　）。

A. 不再关心这件事

B. 暂时搁置不提，找机会通过其他方法继续说服他

C. 直接向上级领导汇报

7. 如果你在一个企业管理研讨会上发表意见时遭到某位同事的强烈攻击，你就会（　　）。

A. 对其误解表示愤慨

B. 毫不退缩，反戈一击

C. 虚心听取批评，表示愿意商榷

8. 如果老板在年终评估时对你提出了一些不公正的批评，那么你的反应是

（　　）。

A. 虽然心里不服，但保证反思他的意见

B. 不置可否，忍气吞声

C. 立即为自己分辩，试图要他承认错误

9. 如果某位难以管教的"老大难"人物被分配到你的部门，你就会（　　）。

A. 欢迎他的到来，同时告诫他要遵守规章制度

B. 以冷淡的态度对待他，视而不见其种种劣迹

C. 希望他改邪归正，全力合作，否则你将采取相应的措施

10. 经过几个月的准备工作，一个大项目终于要上马了，可就在即将开工之际，你被告知需要削减预算，你就会（　　）。

A. 马上削减预算，同时宣布你不能保证该项目的成功

B. 要求有关部门给予解释，力争收回削减预算的计划

C. 一方面提出抗议，另一方面同意执行新计划

评分标准：

1. A：0 分；B：3 分；C：2 分　2. A：3 分；B：2 分；C：0 分
3. A：3 分；B：0 分；C：2 分　4. A：0 分；B：2 分；C：3 分
5. A：2 分；B：0 分；C：3 分　6. A：0 分；B：2 分；C：0 分
7. A：2 分；B：3 分；C：0 分　8. A：2 分；B：0 分；C：3 分
9. A：2 分；B：0 分；C：3 分　10. A：0 分；B：3 分；C：2 分

结果分析：

24~30 分：遇到麻烦或压力时极易激动，许多行为在别人看来过于偏激、鲁莽，而自认为是果断的表现、合情合理的做法。

14~23 分：个性坚强，有胆有识。虽有独立创见，但并不一意孤行。真诚坦率，深受拥戴。

7~13 分：在维护自己的正当权益时显得过于怯懦。难以委以重任，更难成为真正的领导者。

0~6 分：随时有被淘汰的危险。谦逊的作风固然可贵，但在商场却是自取灭亡。

 管理实战

佩吉该如何拿定主意

过去 11 年,佩吉在某发展中的大城市区的一家大型医药公司当信息系统部主任。现在,她每年的薪金为 14 000 美元。该医药公司的信息主管将在三年内退休,公司一年要付给信息主管薪金 27 000 美元。佩吉很有希望担任信息主管。虽然,过去没有让妇女担任过这样的管理职位,但佩吉小姐相信,在不久的将来她会得到这样的机会。

佩吉的父亲格利森自己开药店,由于健康原因最近不得不退休。格利森先生便雇了一位刚毕业的药剂师临时经营药店,店里的其他部门继续由佩吉的母亲经营。佩吉的父亲想让女儿回来经营继承的药店。而且,由于附近新建了一家游乐场,该店所在小镇的人口也在增长。因此,药店发展和扩大的可能性比前些年大多了。

佩吉和双亲讨论时,得知药店现在一年的销售额大约为 100 000 美元,而销售毛利差不多是 39 000 美元。由于格利森先生的退休,他和他的太太要提支工资 22 000 美元,加上每年大约为 16 000 美元的经营费用,交税前的净利为每年 1 000 美元。自格利森先生退休以来,从药店得到的利润基本上和以前相同。目前,他付给他雇用的药剂师的薪金每年为 12 000 美元,格利森夫人得到的薪金每年为 10 000 美元,格利森先生自己不再从药店支取薪金了。

如果佩吉决定担任起药店的管理工作,格利森先生打算也按他现在的工资数付给她 14 000 美元的年薪。他还打算,开始时,把药店经营所得利润的 25% 作为佩吉的分红;两年后增加到 50%。因为格利森夫人将不再在该店工作,就必须雇一个非全日工作的办事员帮助佩吉经营药店,他估计这笔费用大约为 4 600 美元。格利森先生已知有人试图出 150 000 美元买他的药店,这笔款项的大部分,佩吉在不久的将来是要继承的。对格利森夫妇来说,他们的经济状况并不需要过多地取用这笔资产来养老送终。

请思考:

1. 对佩吉来说,有什么行动方案可供其选择?
2. 你建议采取哪种备选方案?
3. 佩吉的个人价值观会对她作出决策有何关联?
4. 如果佩吉小姐是男人的话,你的建议会与此相同吗?

综合实训

[实训名称]

情景模拟：如何赚钱？

[实训目标]

掌握头脑风暴法。

[实训内容与要求]

1. 时间：20~30分钟。

2. 组成三个或四个小组，指定一位发言人在教师提问时向全班报告本小组的发现与结论。运用头脑风暴法确定如何赚钱。

[步骤]

1. 小组集体花5~10分钟时间，来形成自己的方案。每位小组成员都要尽可能地使提出的方案富有创新性和创造力，对任何提议都不能加以批评。

2. 指定一位小组成员把所提出的各种方案写下来。

3. 再用10~15分钟时间讨论各个方案的优点与不足。作为集体，确定一个使所有成员意见一致的最可能成功的方案。

4. 在做出决策后，对头脑风暴法的优点与不足进行讨论，确定有无产生阻碍的现象。

[成果与检测]

根据学生参与程度以及得出的结论多少评定活动的成效。

第三章
管理是沟通

【管理地图】

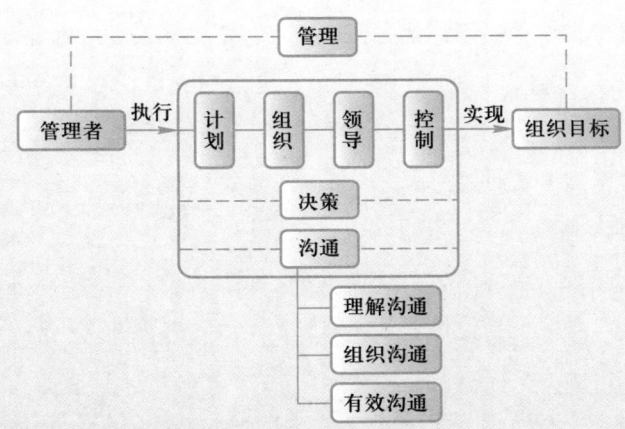

【学习目标】

★ 知识目标
- 理解沟通的含义。
- 理解沟通的过程。
- 理解组织沟通。
- 理解有效沟通的障碍。
- 掌握有效沟通的基本技巧。

★ 能力目标
- 能够分析沟通中的问题。
- 能够与人有效沟通。

★ 关键词

沟通、障碍、倾听、表达。

管理案例

一厢情愿 VS 换位思考

公司为了奖励市场部的员工,制定了一项海南旅游计划,名额限定为10人。可是13名员工都想去,部门经理需要再向上级领导申请3个名额,如果你是部门经理,你会如何与上级领导沟通呢?

部门经理向上级领导说:"朱总,我们部门13个人都想去海南,可只有10个名额,剩余的3个人会有意见,能不能再给3个名额?"

朱总说:"筛选一下不就完了吗?公司能拿出10个名额就已花费不少了,你们怎么不多为公司考虑?你们呀,就是得寸进尺,不让你们去旅游就好了,谁也没意见。我看这样吧,你们3个做部门经理的,姿态高一点,明年再去,这不就解决了吗?"

事与愿违,哪里出了问题?

试试像下面这么说:

部门经理:"朱总,大家今天听说去旅游,非常高兴,觉得公司越来越重视员工了,真是让员工感动。朱总,这事是你们突然给大家的惊喜,不知当时你们如何想出此妙意的?"

朱总:"真的是想给大家一个惊喜,这一年公司效益不错是大家的功劳,考虑到大家辛苦一年,到年终了,第一,是让大家放松一下;第二,放松后才能更好地工作;第三,是增加公司的凝聚力。大家高兴了,我们的目的就达到了。"

部门经理:"也许是计划太好了,大家都在争这10个名额。"朱总:"当时决定10个名额是因为你们部门有几个人工作不够积极。你们评选一下,不够格的就不安排了,就算是对他们的一个提醒吧。"

部门经理:"其实我也同意领导的想法,有几个人与其他人比起来是不够积极,不过他们可能是由于一些生活原因所致,这与我们部门经理对他们缺乏了解,没有及时调整都有关系。责任在我,这次如果不让他们去,对他们打击会不会太大?如果这种消极因素传播开来,对整个公司也影响不好吧。公司花了这么多钱,要是因为这3个名额降低了效果实在太可惜了。"

看到朱总若有所思,微微点了点头,部门经理继续说:"我知道公司每一笔开支都要精打细算。如果公司能拿出3个名额的费用,让他们有所感悟,促进他们来年改进,那么他们给公司带来的利益要远远大于这次支出的费用,不知道我说的有没有道理。公司如果能再考虑一下,让他们一起去旅游,我会尽力与其他两位部门经理沟通好，在这次旅途中每个人带一个，帮助他们放下包袱，树立有益公司的积极工作态度，朱总您能不能考虑一下我的建议。"

（资料来源：根据网络资料整理。）

启示：换位思考是沟通的黄金法则。沟通不能一厢情愿只顾表达自己的意志和愿望，忽视对方的表现及心理反应。作为管理者，应站在对方的角度考虑问题，综合运用提问、倾听、欣赏、建议等沟通技巧，通过有效沟通协调关系、解决问题。

 小资料

两个 70%

企业中有两个数字可以很直观地反映出沟通在企业中的重要性，就是两个 70%。

第一个 70%，是指企业的管理者，实际上 70% 的时间用在沟通上。开会、谈判、谈话、作报告是最常见的沟通形式，撰写报告实际上是一种书面沟通的方式，对外拜访、约见也都是沟通的表现形式，所以说管理者实际上 70% 的时间用在沟通上。

第二个 70%，是指企业中 70% 的问题是由于沟通障碍引起的。比如，企业常见的效率低下问题，实际上往往是有了问题、有了事情后，大家没有沟通或不懂得沟通所引起的。另外，企业里面执行力差、领导力不强的问题，归根结底，都与沟通能力的欠缺有关。比如说经理们在绩效管理的问题上，对于下属，经常有恨铁不成钢的想法，觉得年初设立的目标他们没有达到，工作中给他们的一些期望也没有实现（见图 3-1）。

图 3-1 沟通不良

> 为什么这种下属达不到目标的情况经常会出现？据企业调研发现，下属对领导的目的或者说期望事先是不清楚的。这无论是领导的表达有问题，还是下属倾听领会的能力不行，归根结底都是沟通障碍引起的问题。

第一节 理 解 沟 通

> 企业管理过去是沟通，现在是沟通，未来还是沟通。

对管理者来说，有效沟通非常重要，因为管理者所做的每一件事中都包含着沟通。没有信息就不可能做出决策，而信息只能通过沟通得到。决策一旦做出，也需要沟通来传达；否则，将不会有人知道一项决策已经做出。任何绝妙的想法、富有创见的建议、最优秀的计划，或者最有效的职务设计方案、再严密的控制措施，不经由沟通都无法得到实施。因此，就管理过程而言，管理就是沟通。

视频：
股神的建议

一、沟通的含义

沟通是指意义的传递和理解。

首先，它强调了意义的传递。如果信息或想法没有被传送到，则沟通并没有发生。说话者没有听众，写作者没有读者，都不能构成沟通。

其次，沟通包含意义的理解。要使沟通成功，意义不仅要得到传递，还需要被理解。如果向一个心仪的人写一封信表达心意，使用的却是对方看不懂的语言文字，那么不将其翻译成为其能读懂并理解的语言，就不能称之为沟通。俗语讲，"对牛弹琴"就不是沟通。

需要注意的是，良好的沟通常常被解释为沟通双方达成一致意见，而不是准确理解信息的意义。如果有人与我们意见不同，许多人会就此认为，这个人未能完全领会我们的看法。也就是说，许多人认为良好的沟通是使别人接受我们的观点。但是，可能我很清楚地明白你的意思，却不见得同意你的观点。事实上，若一场争论持续了相当长的时间，旁观者则往往判断这是由于缺乏有效的沟通而导致的。这种想当然的认识，反映了一种错误的倾向，即认为有效的沟通等同于意见一致。

其实，良好的沟通是准确理解信息的意义，并不一定是使别人接受我们的观点。而是经过沟通，接收者所认知的想法与发送者发出的信息完全一致，有效的沟通并不等同于意见一致。

关于管理沟通，沟通问题包括了人际沟通和组织沟通两方面。前者指存在于两人或多人之间的沟通；后者指组织中沟通的各种方式、网络和系统等。对于组织中的管理者来说，这两个沟通问题都是重要的。

二、沟通的过程

管理沟通是沟通者为了获取沟通对象的反应和反馈而向对方传递信息的全部过程。管理沟通作为一种特殊的沟通类型，首先它必须是基于反应的双向沟通，其次，在沟通过程中需要媒介来联结沟通双方。

沟通发生之前，必须存在一个意图，称其为要被传递的信息。它在发送者（信息源）与接收者之间传递。信息首先被转化为信号形式（编码），然后通过媒介（通道）传送至接收者，由接收者将收到的信号再转译过来（解码）。经过这一过程，要传递的意义或信息就从一个人传给了另一个人。图 3-2 描述了一个完整的沟通过程。而为了确认接收者成功理解了传送者的意思，信息接收者也应该对所接收到的信息进行必要的反馈，以完成管理沟通的下半部分过程。在反馈中，原来的接收者变成了传送者，原来的传送者变成了接收者，因此，管理沟通过程是一个双向的互动过程，而不是一个单向的简单的信息传送过程。

完整无缺的沟通过程必定包括了信息的成功传送与反馈两个大的过程。对于管理沟通来讲，反馈更是不能在沟通中缺席。因为反馈是指接收者把收到并理解了的信息返送

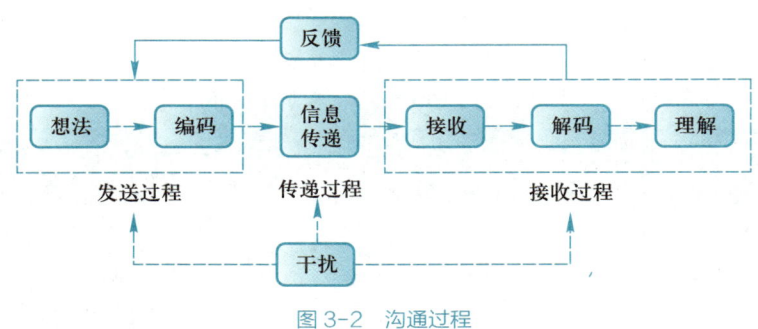

图 3-2　沟通过程

给发送者，以便发送者对接收者是否正确理解了信息进行核实。管理沟通因为事关管理的经济或政治效益，在有限的时间内确认信息接收者及时、正确理解了所传送的信息，如产品定位或定价的指令或意见，对于企业经营的成败具有决定性意义。另外，由于管理的行为就是确保各项活动如计划设想、没有偏离正常运行轨道的工作，因此，管理沟通中必须有反馈。在没有得到反馈以前，人们无法确认自己所发送的管理信息是否已经得到有效的编码、译码、理解和执行。只要反馈出现，无论它是正反馈，还是负反馈，都有助于人们实现管理；如果没有反馈，管理就存在失控的可能性。在管理沟通中，反馈必须发生，不可或缺。即管理沟通的信息发送者必须在信息发出之后，立即采取适当的方式进行跟进，并明确要求管理信息接收者必须在指定的时间和方式内对信息进行清晰、准确的反馈。只有这样，具有一定时效性和经济效益性质的管理信息才能正确发挥其应有的经济作用。可以说，管理沟通的效率和效益就是管理的效益与企业经营的效率和效益。

三、沟通类型

一句话管理

沟通不是你在说什么，而是别人怎么理解你说的是什么。

（一）按照是否进行反馈划分，沟通可分为单向沟通和双向沟通

单向沟通是指没有反馈的信息传递。单向沟通比较适合下列几种情况：① 问题较简单，但时间较紧；② 下属易于接受解决问题的方案；③ 下属没有了解问题的足够信息，在这种情况下，反馈不仅无助于澄清事实反而容易混淆视听；④ 上级缺乏处理反馈的能力，容易感情用事（见表 3-1）。

表 3-1　单向沟通与双向沟通

类型	速度	正确性	反馈	传播情况	准备	发送人	接收人
单向沟通	快	差	少	安静	充分	压力小	较少信心
双向沟通	慢	好	多	吵闹	随机应变	压力大	较有信心

双向沟通是指有反馈的信息传递,是发送者和接收者相互之间进行信息交流的沟通。它比较适合于下列几种情况:① 时间比较充裕,但问题比较棘手;② 下属对解决方案的接受程度至关重要;③ 下属能对解决问题提供有价值的信息和建议;④ 上级习惯于双向沟通,并能够有建设性地处理负反馈。

（二）按照沟通的表现形式来分,沟通可分为口头沟通、书面沟通和非语言沟通

沟通类型比较如表 3-2 所示

表 3-2　沟通类型比较

沟通方式	举例	优点	缺点
口头沟通	交谈、讲座、讨论会、电话	传媒反馈快、信息量大、弹性大、亲切、双向、效果好	不易保存,事后难查证,传递层次越多则信息失真越严重
书面沟通	报告、备忘录、信函、文件、内部期刊、公告等	正规、准确、权威、持久、有形、可核实,易于远距离传递,易于储存	效率低,费用较高,缺乏反馈,保密性差
非语言沟通	声、光信号、体态、语调	内涵丰富,含义隐含灵活,信息意义十分明确	传递距离有限,界限含糊;只可意会,不可言传

1. 口头沟通

小笑话

不 得 要 领

"救火!救火!"电话里传来了紧急而恐慌的呼救声。

"在哪里?"消防队的接线员问。

"在我家!"

"我是说失火的地点在哪里?"

"在厨房!"

"我知道,可是我们该怎样去你家嘛?"

"你们不是有救火车吗?"

人们最经常采用的信息传递方式就是通过口头交谈。包括开会、面谈、电话、讨论等形式。它的优点是用途广泛、交流迅速,有什么问题可直接得到反馈。缺点是事后无

据，也容易忘记，当一个信息要经过多人传递时，由于每一个人以自己的方式传递信息，到最后信息会发生歪曲。

语 言 沟 通

讲话要有重点；

清楚；

有力的说话方式；

生动；

明智、恰当地选择词语；

根据交谈对象的情况进行调整。

2. 书面沟通

书面文字形式沟通信息的优点是有文字为据，信息可长久地被保存；若有关此信息的问题发生，则可以进行检查、核实；可以更准确地表达信息内容；可使许多人同时了解到信息，提高了信息传递速度和扩大了信息传递范围。它的缺点是需要花一定的时间来形成文字，用10分钟可讲完的事可能要花半小时才能写好；写得不好会词不达意，影响信息的理解；由于缺乏反馈机制，书面传递难以确知信息是否送达，接收者能否正确理解。

书面沟通 4C

correct（准确）

clear（清晰）

complete（完整）

concise（简洁）

3. 非语言沟通

 小资料

语言的温度

生活中，我们常发现这样的一种情况：同样的一句话，两个人说的一字不差，但是效果往往有着很大的差别。有的人被喜欢，有的人则被嫌弃。

为什么会这样？其实，就是我们在沟通时语言的温度不一样的结果。那么，这个所谓的温度到底指的是什么呢？

这个温度其实指的就是我们沟通时的身体语言。包括目光与面部表情、身体运动与触摸、姿势与外貌、身体间的空间距离等。我们在与人交流和沟通时，即使不说话，也可以通过对方的身体语言来探索他内心的秘密，对方也同样可以通过身体语言了解到我们的真实想法。

心理学研究发现，在沟通中身体语言占55%，讲话方式（音调、音量、音高等）占38%，剩下的只有7%是实际所说的内容。由此可见非语言信息的重要性。而这些身体语言等非语言信息，在沟通中呈现出来的，就是说话时的温度和感受。同样的一句话，有的人说出来给人的感觉很舒服，有亲和力，而有的人就很生硬，甚至让人感觉很难受。

也就是说，即使我们不说话时，我们也会像无声的传话筒，通过肢体动作、表情传递等表达各种信息。因此，沟通不是从我们说话开始的，而是从我们和对方碰面那一刻就开始了，而我们说话前传达的非语言的信息，会影响到之后语言沟通的效果。

（资料来源：根据网络资料整理。）

非语言沟通是不使用任何词语的信息沟通。高达93%的沟通是非语言的，其中55%是通过面部表情、形体姿势和手势传递的，38%通过音调。这么多的沟通是非语言的，因此我们理解它如何发挥作用、如何更好地利用它去沟通是非常必要的。非语言沟通具有四种功能：非语言暗示通过增添语言信息的含义来补充语言信息；非语言信息调整语言沟通；非语言信息能代替语言信息；非语言信息能强调我们所说内容。如表3-3所示。

表3-3 非语言沟通类型比较

基本类型	说明、解释和举例
身体动作	手指动作、面部表情、眼神、触觉接触等
形体特征	体形、体格、姿态、身体或呼吸的气味、身高、体重、头发颜色和肤色
副语言	音质、音量、语速、音调、叹词（如"啊""嗯"或"哈"）、笑、叹息等
生存空间	人们使用和感知空间的方法，包括座位的安排、谈话的距离以及人们界定出个人空间的"领地"倾向
环境	建筑和房间设计、家具和其他物件的摆放、内部装饰、清洁、光线和噪音
时间	早到或迟到、让别人久等、对时代感受的文化差异以及时间和地位的关系

（三）按照信息接收者和信息发送者的不同，沟通可分为人际沟通和组织沟通

1. 人际沟通

人际沟通一般指人与人之间的信息交流过程。其过程就是人们采用言语、书信、表情、通信等方式彼此进行的事实、思想、意见、情感等方面的交流，以达到人与人之间对信息的共同理解和认识，取得相互之间的了解、信任，形成良好的人际关系，从而实现对行为的调节。

人际沟通具有心理上、社会性和决策上的功能，与我们生活的层面息息相关。心理上人们为了满足社会性需求和维持自我感觉而沟通；人们也为了发展和维持关系而沟通；在决策中，人们为了分享资讯和影响他人而沟通。

人与人沟通时，有其目的性存在。例如，你在一个城镇中迷路了，想开口问路，并希望能够因此而获得帮助，不论你问的是什么对象，一名警察或是小孩，不论你的语气是和缓或着急，均有一个你所要设法求得的目的性存在，就是你想知道你身处何方，如何找到你要走的路。或者与人借东西，沟通中的许多文字也许是多余的，也许不好意思开口，而拐弯抹角地说，但其目的仍是要向别人借东西而做的沟通。所以沟通是具有目的性。在人际沟通中，沟通双方都有各自的动机、目的和立场，都设想和判定自己发出的信息会得到什么样的回答。而双方的动机、目的和立场可能相同也可能不相同，因此，沟通的双方在沟通过程中发生的不是简单的信息运动，而是信息的积极交流和理解。

2. 组织沟通

组织沟通是组织内信息的交流与传递。这些信息包括很广，例如消息、情报、资料、知识、经验、情感、观点、态度等。一般由沟通来源、沟通传译、沟通信息、沟通渠道、沟通接受、沟通反馈六个要素连接而成。良好的组织沟通是协调组织与其成员之间、成员与成员之间及组织与组织之间的相互关系、完成组织目标的重要条件之一。领导者通过有效的组织沟通，可以使组织内部分工合作更为协调一致，使组织更好地适应外部环境，增强应变能力，也可以使组织成员之间、组织之间相互加深了解，融洽感情，增进友谊，激发斗志，使组织更加充满活力。

任何组织的沟通总是在一定背景下进行的，受到组织文化类型的影响。企业的行为文化直接决定着员工的行为特征、沟通方式、沟通风格，而企业的物质文化则决定着企业的沟通技术状况、沟通媒介和沟通渠道。

正如世界著名的 GE 公司，它的企业文化突出"以人为本"的经营哲学，鼓励个人创造力的展现，并充分重视和强调个人，尊重个体差异。因此 GE 的沟通风格是个体取向的，并直言不讳。企业内部的员工在任何时候都会将自己的新思想和意见毫无掩饰和过

滤地反映给上层管理者。而对于公司的管理协调，GE 员工习惯于使用备忘录、布告等正式沟通渠道来表明自己的看法和观点。与此同时，前通用 CEO 杰克·韦尔奇在公司管理沟通领域提出了"无边界理念"。GE 公司"将各个职能部门之间的障碍全部清除，工程、生产、营销以及其他部门之间的信息能够自由流通，完全透明。"在这样一个沟通理念的指引下，GE 更为有效地使公司内部信息最大程度上实现了共享。实践证明，良好的企业必然具有良好的沟通，而良好的组织沟通必然由其良好的企业文化所决定。

第二节　组　织　沟　通

一句话管理

> 一个人必须知道该说什么，一个人必须知道什么时候说，一个人必须知道对谁说，一个人必须知道怎么说。

组织沟通是沟通管理中最为基础和核心的环节，它关系到组织目标的实现和组织文化的塑造。只有有效的组织沟通，组织成员的意见、建议才能得到充分的重视；只有有效的组织沟通，组织成员的工作成绩才能得到应有的评价和认可；只有有效的组织沟通，组织的最终目标才得以实现。所以说，沟通是企业组织管理的灵魂。在信息成为企业第一生产要素的今天，组织沟通越来越受到管理者的重视。但同时我们必须清楚地认识到，在管理者充分重视组织沟通的同时，企业的组织沟通也存在着较多的问题。因此，管理者必须要正确地认识、理解和展开组织沟通。

一、上行沟通、下行沟通和平等沟通

小资料

位差效应

美国加利福尼亚州立大学提出：来自领导层的信息只有 20%~25% 被下级知道并正确理解，从下到上反馈的信息不超过 10%，平行交流的效率则可达到 90% 以上（见图 3-3）。

图 3-3 位差效应

（一）上行沟通

上行沟通主要是指团体成员和基层管理人员通过一定的渠道与管理决策层所进行的信息交流。它有两种表达形式：一是层层传递，即依据一定的组织原则和组织程序逐级向上反映。二是越级反映。这指的是减少中间层次，让决策者和团体成员直接对话。

上行沟通的优点是：员工可以直接把自己的意见向领导反映，获得一定程度的心理满足；管理者可以利用这种方式了解企业的经营状况，与下属形成良好的关系，提高管理水平。

其缺点是：在沟通过程中，下属因级别不同造成心理距离，形成一些心理障碍；害怕"穿小鞋"，受打击报复，不愿反映意见。同时，上行沟通常常效率不佳。有时，由于特殊的心理因素，经过层层过滤，导致信息曲解，出现适得其反的结局。

动画：
老虎的孤独

 职场小贴士

上行沟通具体应用四法

请示工作谈方案；

汇报工作谈结果；

总结工作谈过程；

回忆工作谈感想。

（二）下行沟通

管理者通过下行沟通的方式传送各种指令及政策给组织的下层，其中的信息一般包括：有关工作的指示；工作内容的描述；员工应该遵循的政策、程序、规章等；有关员

工绩效的反馈；希望员工自愿参加的各种活动等。

下行沟通的优点是，它可以使下级主管部门和团体成员及时了解组织的目标和领导意图，增加员工对所在团体的向心力与归属感。它也可以协调组织内部各个层次的活动，加强组织原则和纪律性，使组织机器正常地运转下去。

下行沟通的缺点是，如果这种方式使用过多，就会在下属中形成高高在上、独裁专横的印象，使下属产生心理抵触情绪，影响团体的士气。此外，由于来自最高决策层的信息需要经过层层传递，容易被耽误、搁置，有可能出现事后信息曲解、失真的情况。

比较而言，下行沟通比较容易，居高临下，甚至可以利用广播、电视等通信设施；上行沟通则困难一些，它要求基层领导深入实际，及时反映情况，做细致的工作。一般来说，传统的管理方式偏重于下行沟通，管理风格趋于专制；现代管理方式则是下行沟通与上行沟通并用，强调信息反馈，增加员工参与管理的机会。

视频：
拒绝与接受

（三）平等沟通

平等沟通指的是在组织系统中层次相当的个人及团体之间所进行的信息传送和交流。在企业管理中，平等沟通又可具体地划分为四种类型：一是企业决策阶层与工会系统之间的信息沟通；二是高层管理人员之间的信息沟通；三是企业内各部门之间的信息沟通与中层管理人员之间的信息沟通；四是一般员工在工作和思想上的信息沟通。平等沟通可以采取正式沟通的形式，也可以采取非正式沟通的形式。通常是以后一种方式居多，尤其是在正式的或事先拟定的信息沟通计划难以实现时，非正式沟通往往是一种极有效的补救方式。

平等沟通具有很多优点：第一，它可以使办事程序、手续简化，节省时间，提高工作效率。第二，它可以使企业各个部门之间相互了解，有助于培养整体观念和合作精神，克服本位主义倾向。第三，它可以增加职工之间的互谅互让，培养员工之间的友谊，满足职工的社会需要，使职工提高工作兴趣，改善工作态度。

其缺点表现在，平等沟通头绪过多，信息量大，易于造成混乱。此外，平等沟通尤其是个体之间的沟通也可能成为职工发牢骚、传播小道消息的一条途径，造成涣散团体士气的消极影响。

二、正式沟通和非正式沟通

正式沟通与非正式沟通的优缺点比较如表 3-4 所示。

表 3-4　正式沟通与非正式沟通

沟通方式	优点	缺点
正式沟通	沟通效果好，比较严肃、慎重，约束力强，易于保密，可以使信息沟通保持权威性	依靠组织层层传递，较刻板，沟通速度慢，存在信息失真和扭曲的可能
非正式沟通	沟通形式灵活多样，直接明了，沟通速度快，效率高，容易及时了解到正式沟通难以提供的"内幕消息"，可以满足组织成员的心理需要	难控制，传递的信息不确切，容易失真，可能导致小集团、小圈子，影响组织的凝聚力和稳定

（一）正式沟通

正式沟通指在组织系统内，依据一定的组织原则所进行的信息传递与交流。例如，组织与组织之间的公函来往，组织内部的文件传达、召开会议，上下级之间的定期的情报交换等。另外，团体所组织的参观访问、技术交流、市场调查等也在此列。

1. 正式沟通的类型

组织和群体中正式的沟通网络存有五种基本形式，它分别是：链式沟通、环式沟通、Y 式沟通、轮式沟通、全通道式沟通。这五种正式沟通形态如图 3-4 所示。

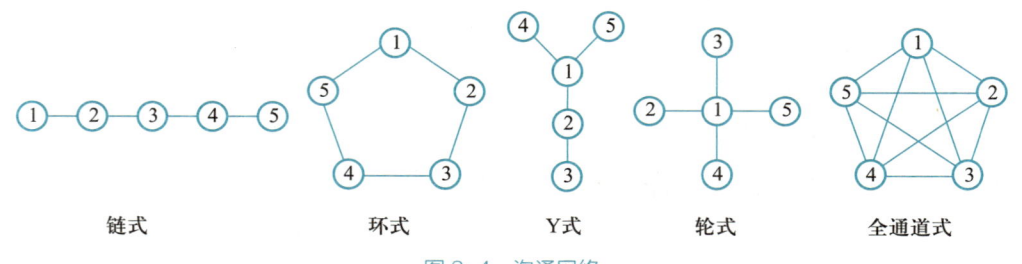

图 3-4　沟通网络

（1）链式沟通：信息在组织成员间只进行单线、顺序传递的犹如链条状的沟通网络形态。链式沟通更加突出了沟通的层次性。因此，它除了强调沟通过程中的权力特性外，几乎没有什么益处。

（2）环式沟通：把链式形态的两头沟通环节相连贯而形成的一种封闭式结构，表示组织所有成员间都不分彼此地依次联络和传递信息。环式沟通的最大特点是沟通网络中成员的平等属性。

（3）Y 式沟通：有一个成员位于沟通的中心位置，成为因拥有信息而具有权威感和满足感的人。Y 式沟通增加了沟通的层次，它集中表现了组织的结构特征。

（4）轮式沟通：经由中心人物向周围多线传递信息。轮式沟通表现出沟通的层次较少，并形成一个沟通网络的中心。因此，位于沟通中心的人物表现出较强的权力特征，通常是组织和群体的领导或管理者。

（5）全通道式沟通：开放式沟通网络。所有成员之间均可以没有限制和障碍地进行信息交流。全通道式沟通是最民主、最畅通的沟通方式。

全通道沟通的沟通速度快，由于能获得大量的信息，在处理复杂问题时比其他形式沟通快且失误少；环式沟通速度较慢，信息易于分散，往往难以形成中心，但是组织内民主气氛较浓，团体的成员具有一定的满意度，横向沟通一般使团体士气高昂；链式、Y式和轮式沟通一般沟通准确性比较好，在处理简单的问题时速度快且失误少；轮式沟通有利于管理者控制各项活动，环式沟通和全通道式沟通则能较好地满足成员的社交需求（见表3-5）。

表3-5 沟通类型比较

标准\类型	链式	环式	Y式	轮式	全通道式
集中性	适中	低	较高	高	很低
解决问题速度	适中	慢	较快	快（任务简）慢（任务繁）	快
信息准确度	高	低	高	高（任务简）低（任务繁）	适中
领导能力	适中	低	高	很高	很低
成员满意度	适中	高	不一定	低	很高

2. 正式沟通的优缺点

正式沟通的优点是，沟通效果好，比较严肃，约束力强，易于保密，可以使信息沟通保持权威性。重要的信息和文件的传达、组织的决策等，一般都采取这种方式。其缺点是由于依靠组织系统层层传递，所以较刻板，沟通速度慢。

（二）非正式沟通

非正式沟通指的是正式沟通渠道以外的信息交流和传递，它不受组织监督，自由选择沟通渠道。例如，团体成员私下交换看法、朋友聚会、传播谣言和小道消息等都属于非正式沟通。非正式沟通是正式沟通的有机补充。在许多组织中，决策时利用的情报大部分是由非正式信息系统传递的。同正式沟通相比，非正式沟通往往能更灵活迅速地适应事态的变化，省略许多烦琐的程序，并且常常能提供大量的通过正式沟通渠道难以获得的信息，真实地反映员工的思想、态度和动机。因此，这种动机往往对管理决策起重要作用。

1. 非正式沟通的传递形式

非正式沟通有四种不同的传递形式：

（1）单线式，一个人传递给另一个人，通过一长串的人际关系来传递信息，而这一长串的人之间并不一定存在正规的组织关系。

（2）偶然式，每一个人都是随机地传递给其他人。信息通过一种随机的方式传播。道听途说就是其中的一种形式。

（3）流言式，是指信息发送者主动寻找机会，通过闲聊等方式向其他人散布信息。

（4）集束式，是指信息发送者有选择地寻找一批对象传播信息，这些对象大多是一些与其亲近的人，而这些对象在获得信息后又传递给自己的亲近者。

这四种非正式沟通形态如图 3-5 所示。

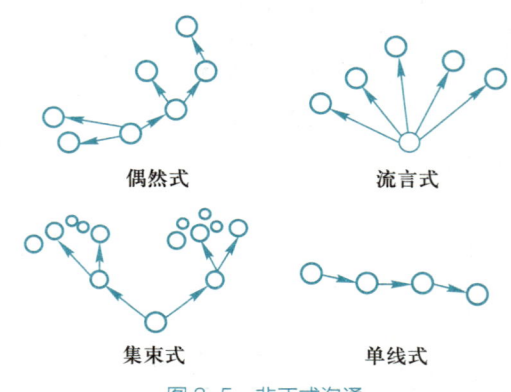

图 3-5　非正式沟通

2. 非正式沟通的优缺点

非正式沟通的优点是，沟通形式不拘，直接明了，速度很快，容易及时了解到正式沟通难以提供的"内幕消息"。非正式沟通能够发挥作用的基础，是团体中良好的人际关系。其缺点表现在，非正式沟通难以控制，传递的信息不确切，易于失真、曲解，而且它可能导致小集团、小圈子，影响人心稳定和团体的凝聚力。

此外，非正式沟通还有一种可以事先预知的模型。心理学研究表明，非正式沟通的内容和形式往往是能够事先被人知道的。它具有以下几个特点：第一，消息越新鲜，人们谈论的就越多；第二，对人们工作有影响者，最容易招致人们谈论；第三，最为人们所熟悉者，最多为人们谈论；第四，在工作中有关系的人，往往容易被牵扯到同一传闻中去；第五，在工作上接触多的人，最可能被牵扯到同一传闻中去。对于非正式沟通这些规律，管理者应该予以充分注意，以杜绝起消极作用的小道消息，利用非正式沟通为组织目标服务。

动画：
咋被干掉了

现代管理理论还提出了一个新概念，称为"高度的非正式沟通"。它指的是利用各种场合，通过各种方式排除各种干扰，来保持他们之间经常不断的信息交流，从而在一个团体、一个企业中形成一个巨大的、不拘形式的、开放的信息沟通系统。实践证明，高度的非正式沟通可以节省很多时间，避免正式场合的拘束感和谨慎感，使许多长年累月难以解决的问题在轻松的气氛下得到解决，减少了团体内人际关系的摩擦。

非正式沟通是非正式组织的副产品，它一方面满足了员工的需求，另一方面补充了正式沟通系统的不足。非正式沟通带有一种随意性与灵活性，并没有一个固定的模式或方法，要靠管理者在处理日常人际关系时灵活运用。

第三节　有　效　沟　通

一、有效沟通的障碍

（一）过滤

过滤指故意操纵信息，使信息显得更易被接受。比如，有人向上级管理者陈述的都是该管理者想听到的东西时，这个人就是在过滤信息。当沿着组织层次向上传递信息时，为避免市场人员信息超载，发送者需要对信息加以浓缩和综合。而浓缩信息的过程受到信息发送者个人兴趣和对哪些信息更重要的认识的影响，因而也就造成了信息沟通中的过滤现象。

管理故事

老板的要求

老板对秘书说："你帮我查一查我们有多少人在华盛顿工作，星期四的会议上董事长将会问到这一情况，我希望准备得详细一点。"秘书收到指令后，立即打电话

视频：
倒鸭子

给华盛顿分公司的秘书:"董事长需要一份你们公司所有工作人员的名单和档案,请准备一下,我们在两天内需要。"分公司的秘书又向其经理汇报:"董事长需要一份我们公司所有工作人员的名单和档案,可能还有其他材料,文件要尽快送到。"

第二天早晨,四大箱航空邮件送达了总公司大楼。

过滤的程度与组织的层级数目和文化两因素有关。在组织中,纵向层次越多,过滤的可能性越大。当组织更强调合作时,那么信息过滤的问题就会减弱。当组织中越来越多地使用电子邮件沟通方式,使沟通更加直接,也减少了过滤。组织文化通过奖励系统,对这类过滤行为起到或鼓励或抑制的作用。组织中的奖励越是注重形式与外表,管理者就越是有意识地按对方的品位调整和改变信息。

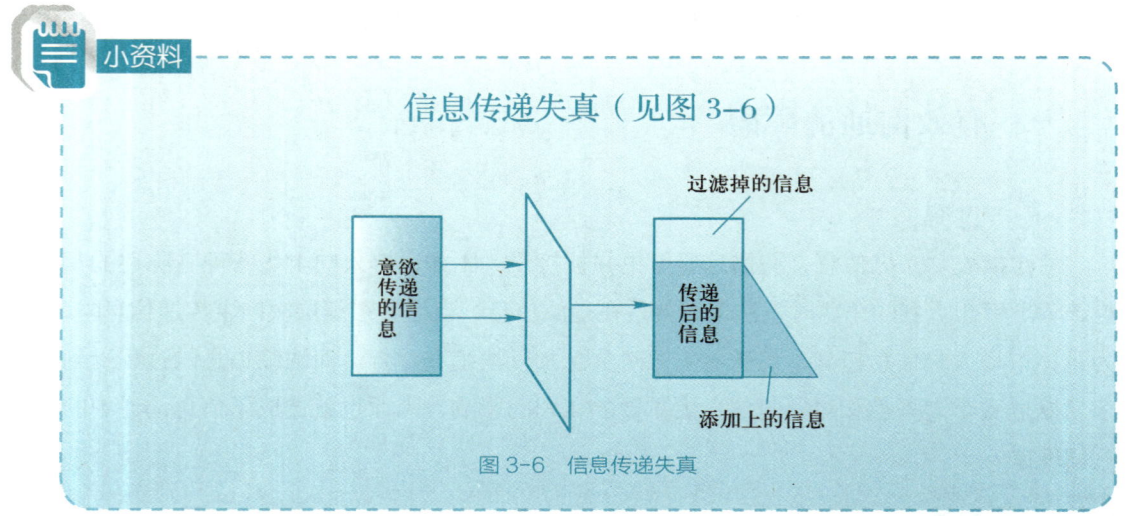

图3-6 信息传递失真

(二)选择性知觉

选择性知觉是指人们根据自己的兴趣、经验和态度而有选择地去解释所看或所听信息。沟通的过程中,接收者会根据自己的需要、经验、背景及其他个人特质而选择性地去看或听所传递给他的信息。解码的时候,还会把自己的兴趣和期望带到信息之中。例如,面试过程中主试如果觉得被试适合,就会"看出"这种情况。如果我们喜欢哪一个人,就会从他的言谈举止中找出我们喜欢的根据;如果我们讨厌哪一个人,也会从他的言谈举止中找出我们讨厌的证据。

(三)情绪

在接收信息时,接收者的感觉也会影响他对信息的解释。一个人在高兴或痛苦的时候，对同一信息可能作出完全不同的解释。极端的情绪更可能阻碍有效的沟通。这种状态常常使我们无法进行客观而理性的思维活动，而让一种情绪性的判断取而代之。因此，最好避免沮丧时候对信息作出反应，因为此时已经无法清晰地思考了。

（四）信息超载

信息超载指的是一个人面对的信息超过了他的处理能力（见图3-7）。管理者往往面临着此类问题，这时，他们倾向于筛掉、轻视、忽略或遗忘某些信息，或干脆放弃进一步处理的努力，直到超载问题得以解决，这会导致信息缺失和沟通效果受到影响。

图 3-7　信息超载

（五）防卫

人们感到受到威胁时，会以一种防卫的方式作出反应，这降低了相互理解的可能。这种防卫心理往往表现在对对方的言语进行攻击、讽刺挖苦、品头论足，以及怀疑对方的动机等行为上。当一方将另一方的意思理解为威胁的时候，他就经常会以阻碍有效沟通的方式做出反应。

（六）语言

同样的语汇，对不同的人来说，含义不一样。年龄、受教育程度和文化背景是三个最明显的因素，它们影响着一个人的语言风格以及他对词汇的界定。

在一个组织中，员工常有不同的背景和语言习惯。在同一组织不同部门中工作的人员，甚至还会有各自的行话——一组人员内部沟通中所用专业术语或技术语言。

而且，员工可能说同一种语言，但在语言的使用上却并不一致。信息发送者常常认为自己所用词汇和语言在接收该信息的人心中也有同样的含义，这当然是不正确的，常常会造成沟通障碍。了解每个人怎么可能使同一用语的含义发生变化，有助于减少沟通障碍。

除此之外，在每种文化和语言中，男人和女人的语言风格也是有差别的。由于对各自的语言风格习以为常，所以在与异性进行交谈时，语言风格的差异可能导致无效的沟通。管理者在沟通中，应准确把握这种性别差异，避免无效沟通。

（七）文化差异

文化背景很大程度上会影响人们如何将信息进行编码，如何将信息发出，以及如何接受和解释信息。如果沟通的双方来自两种文化背景，就意味着要在一种文化中编码，在另一种文化中解码。

文化因素的介入会增加沟通的复杂性和困难程度。沟通会存在于一定的情景中，在不同的文化中这种情景可能有不同的含义，如在有的文化中宴请往往被看成一种可以进行商务交流的理想场合，但在其他的文化中，进餐过程可能不适合进行商务交流。不同的文化背景也会影响沟通行为的具体表现。如某种文化背景下的人喜欢先说原因再给出结论，有些文化背景中的人则反之，这些体现在一些书面沟通中；某种文化背景下的人在正式场合做演讲和报告时比较认真严肃，但也存在其他文化背景下的人会选择相对夸张或幽默的表述等情形。

由于跨文化差异的复杂性，所以对于文化差异的解决不能一蹴而就，可能需要面对发现差异—调整—发现新差异—再调整等不断协调的过程。

管理案例

问候语

在中国，打招呼的方式是多种多样的，如和亲朋好友之间可以说"你最近在忙什么""你刚下班吗""你吃过了吗"等。如果不熟悉另一方，则可能只点头示意。但对西方人来说，这种打招呼的方式可能会让对方感到尴尬，因为他们觉得对方在询问自己的私生活，或者可能误解为对方想要邀请自己吃饭等，因此不能把中文问候语直接翻译成英文问候语。在西方，只是打个招呼或说"早上好""下午好""晚上好"就相当于中国的礼貌问候。

为什么会出现这种差异呢？有学者认为这是由于中国传统文化对于国人价值观的影响。中国人强调"善与仁"，尊老爱幼，注重和谐，非常重视道德伦理。所以在中国社会的人际交往中，人们会适度互相询问有关家庭、生活、学习、工作、健康等方面的问题，来体现一种关心或关怀。

启示：文化差异是沟通中必须认真对待的重要因素，认识不足或者处理不当都可能会成为沟通的障碍。

（八）组织机构设置不合理

在管理中，合理的组织机构有利于信息沟通。但是，如果组织机构过于庞大，中间层次太多，那么，信息从最高决策传递到下属单位不仅容易产生信息失真，而且会浪费大量时间，影响信息的及时性。有学者统计，如果一个信息在高层管理者那里的正确性是100%，到了信息的接收者手里可能只剩下20%的正确性。

同时，自下而上的信息沟通，如果中间层次过多，同样也浪费时间，影响效率。这是因为，在进行这种信息沟通时，各级主管部门都会花时间把接收到的信息进行甄别，一层一层地过滤，然后有可能将断章取义的信息上报。

此外，在甄选过程中，还掺杂了大量的主观因素，尤其是当发送的信息涉及传递者本身时，往往会由于心理方面的原因造成信息失真。这种情况也会使信息的提供者望而却步，不愿提供关键的信息。

因此，如果组织机构臃肿，机构设置不合理，各部门之间职责不清、分工不明，形成多头领导，或因人设事，人浮于事，就会给沟通双方造成一定的心理压力，影响沟通的进行。

二、有效沟通的技巧

 管理案例

微软公司的副总裁训练

微软公司的副总裁训练有很多项目，其中一项是：口才教练要求10位副总裁坐在一起，"随便聊些什么，但是不要谈公司的事情"。一个小时后，教练要求每个人对另外9个人进行评估和排序，从最优秀的领导排到最差的领导，并且要求他们不考虑过去的经验，只根据一个小时的交流来做出判断。

视频：
精彩提问

在对训练结果进行评估时，在这一个小时中不大说话的人总被排在最后——这又一次证明了"沉默不是金"的道理。而排在倒数第二位的总是那个老抢着说话，但所说内容又没有太多意义的人——这说明，虽然积极但说话缺乏针对性和目的性，其效果和不说话也差不了多少，也就是人们常说的"言多必失"。

启示：这个结果表明，有效的交流不只在于打破沉默，还在于说什么以及怎样说。

前文中我们提到有效信息沟通的障碍主要来自组织和个人，但归根结底，沟通成功与否关键还在于信息发送者与信息接收者。从本质上说，沟通是一个双向信息传递的过程，参与沟通的双方在沟通过程中都既扮演信息发送者的角色，又扮演信息接收者的角色，二者之间的信息发送和接收是一个循环往复的过程，沟通的每一方都在不断重复着接收、解码、理解、编码、发送、再接收的动作。因此，对参与沟通的每一方来说，有效沟通都包含了两个最重要的因素：有效倾听和有效表达。也就是说：

有效沟通 = 有效倾听 + 有效表达

此外，有效沟通的技巧还包括了解语言风格。

动画：
不会听的猴子

（一）有效倾听

管理案例

你会听吗？

美国知名主持人林克莱特在主持一个节目时问一名小朋友："你长大后想要当什么呀？"小朋友天真地回答："嗯，我要当飞机驾驶员！"林克莱特接着问："如果有一天，你的飞机飞到太平洋上空，所有引擎都熄火了，你会怎么办？"小朋友想了想："我会先告诉坐在飞机上的人绑好安全带，然后我挂上我的降落伞先跳出去。"当现场的观众笑得东倒西歪时，林克莱特继续注视着这孩子，问他："为什么要这么做？"没想到，接着孩子的两行热泪夺眶而出，说："我要去拿燃料，我还要回来！我还要回来！！"

启示：你听到别人说话时……你真的听懂他说的意思吗？你懂吗？

当发出信息时，管理者也会收到许多信息。所以，管理者必须拥有和培养使自己成为有效沟通者的沟通技巧。

1. 集中注意力

因为充当多种角色和承担多种任务，管理者经常超负荷和被迫同时思考多个事情；因为要应付不同的事情，管理者有时对接收到的信息没有足够的注意。这样，往往造成沟通障碍。因此，注意力集中是管理者作为信息接收者时必须要重视的。

2. 积极倾听

倾听是接受口头及非语言信息、确定其含义和对此作出反应的过程，是对含义的一种积极主动的搜寻，而单纯地听则是被动的。在倾听时，接收者和发送者都在进行着思索。我们中的不少人并不是好听众。因为做到这一点很困难，我们大多数人都宁愿说话而不愿倾听。事实上，听的一方比说的一方更疲劳。与单纯地听不同，积极倾听指不带先入为主的判断或解释的对信息完整意义的接受，它要求全神贯注。积极倾听的行为如图3-8所示。

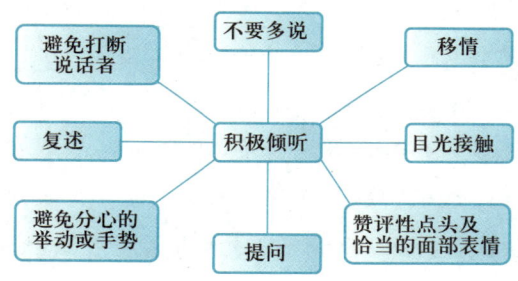

图3-8　积极倾听的行为

3. 移情

所谓移情，也就是我们经常所说换位思考。当试图从信息发送者的感觉和描述中理解信息，而不是只从自己的观点理解信息时，作为接收者的管理者便做到了移情。移情是成功沟通中一个非常重要的因素，因此，管理者在与人的沟通过程中应该投入更多的感情，要能站在对方的立场进行思考。

视频：
同理心

小资料

倾　　听

获取信息式倾听：（主动倾听）识别、组织所接收到的信息并能提出问题的倾听。

批判式倾听：识别、组织所接收到的信息并能进行语言、评价和质疑的倾听。

情感移入式倾听：承认和识别说话者的情感，即设法从他人的观点来理解他（或她）的感受，并把这些情感反馈过去的倾听。

（二）有效表达

一句话管理

词语的选择就是对世界的选择。

管理案例

乔布斯的魔力演讲

乔布斯除了是一个产品大师之外，还是一个天才的营销大师与演说家。

乔布斯的公众演讲有五个技巧特别重要，分别是：传达一个核心信息；建立与听众的共鸣；把数字形象化；提供口头路线图；赋予宏大的意义。

1. 传达一个核心信息

首先一定要有一个核心信息。

当年发布Macbook Air笔记本电脑的时候，乔布斯在发布会和后面接受的采访里，都反复提及了一个概念，叫做"世界上最轻薄的笔记本电脑"（The world's thinnest notebook）。他不厌其烦地重复了几十遍这个信息，用过的说法有好几种：

比如在发布会演讲的时候他说："Macbook Air是什么？一句话概括——世界上最轻薄的笔记本电脑。"之后接受电视台采访的时候他说："这就是Macbook Air，它是世界上最轻薄的笔记本电脑。"然后苹果官方主页大图上面的宣传语是："Macbook Air，世界上最轻薄的笔记本电脑。"苹果公司官方新闻稿里写的是："我们已经制造出了世界上最轻薄的笔记本电脑。"

一个核心的信息，不断重复，就非常有效果了。

其次，归纳这个核心信息。找到想表达的东西，或者想售卖的产品的最关键的一句话是什么，然后传达给用户和受众。乔布斯在这方面绝对是大师。2007年苹果发布iPhone时，乔布斯说：今天，苹果重新发明了手机。

2. 建立与听众的共鸣

不管是工作，还是生活中，我们其实常犯一个错误，就是在宣扬一个概念的时候，总是从自己出发，而没有从接收方的角度出发。

比较下面两段话：

第一段是：全新的iPod Nano，采用了Cirrus Logic的芯片和最新的电池技术。

拥有32G超大内存,我们还配上了非常美观的铝制外壳。售价199美元起。

第二段是:全新的iPod Nano,价格不变,容量翻倍。我们还把续航时间增加到24小时,让你可以全日无休地享受音乐。另外,由于采用了最新的铝制外壳技术,现在你有五种不同颜色可以选择了。售价199美元起。

同样是宣传语,效果大不一样了。这就是从用户的角度出发思考问题的力量,道理虽然简单,但我们常常忘记。

3. 把数字形象化

人的大脑,其实对直白的数字是没有太多概念的,比如我说一个东西价值385元钱,或者说,这个东西很耐用,可以反复启动10万次不坏,可能你还是不太明白它的含义是什么。那乔布斯是怎么解决这个问题的呢?

2003年,有一个记者问乔布斯说,现在苹果电脑的市场份额只有5%,你怎么看这件事?

乔布斯说:"如果你比较一下,你会发现苹果在个人计算机行业的市场份额,比起奔驰和宝马在汽车行业的市场份额,要大得多。但是没人会担心奔驰或者宝马突然有一天就消失了,是吧?反而它们的产品大家都非常喜欢,希望拥有。"

乔布斯一下子把5%这个市场份额形象化了,让大家觉得5%可能还挺多的。而且他还把自己的产品和其他行业的高端品牌建立起了一种联系,也瞬间提升了苹果的品牌形象。

还有一次也很经典,他说:"我们今天推出用于手机的首款12GB的存储卡。它拥有500亿个晶体管。如果把每个晶体管想象成一个蚂蚁,那把它们头尾相连起来,可以绕地球两圈。这个存储卡对你来说意味着什么呢?可以存6个小时播放时长的电影。而如果存音乐的话,这个容量足够你听着音乐去一趟月球再回来。"

4. 提供口头路线图

在本文开头,有五个演讲的小技巧,第一,第二……这就是一个口头的路线图。因为大家在听东西的时候,比起文字来更难定位,可能听着听着就会走神,不知道讲到哪儿了。所以提供一个口头路线图,或者说像导游一样告诉你的听众,现在我们走到哪儿了,就很关键。

最经典的iPhone发布会,乔布斯是这么说的:

"今天我们要发布三款革命性的产品。第一款是一个触控式的宽屏幕的iPod。"这句话说完,现场观众席上只有很零星的掌声。

"第二款是一个革命性的手机",听到这儿现场观众开始兴奋了。

"第三款是一个突破性的上网设备",听到这儿现场观众更激动了,期待着乔布斯——做介绍。

然后乔布斯说:"一个触控式的宽屏 iPod,一个革命性的手机,一个突破性的上网设备;一个 iPod,一个手机和一个上网设备——你们懂了吗?这不是三个独立的产品,而是一款产品,我们叫它:iPhone!……"这时候,全场观众都疯狂了。

接下来,乔布斯就按照这三个大的功能模块,来给所有观众介绍 iPhone。这时候观众就非常清楚地了解了 iPhone 的功能,以及这场发布会的整体规划了。

5. 赋予宏大的意义

在 2003 年乔布斯接受《滚石》杂志采访的时候,谈起 iPod 这个产品,乔布斯说:

"iPod 不只是一款音乐播放器,它还有着宏大的意义。在当今的数字时代,音乐正发生革命性的变化,音乐在重新回到人们的生活中。这是一件非常美好的事,我们正在用自己的方式让世界变得更加美好。"

这就是给自己做的事赋予一种宏大的意义。iPod 不只是个随身听产品,本质上,它的作用是让美妙的音乐回到人们的生活里。在实践中,如果你对自己做的事情、卖的产品怀有很大热情的话,你的用户就会更加被你感染。

(资料来源:根据网络资料整理。)

启示:有效表达、信息明确、同理心、形象化、条理化、意义化,这就是乔布斯魔力演讲的奥秘:传达一个核心信息、建立听众的共鸣、把数字形象化、提供口头路线图、赋予更宏大的意义。值得我们在学习生活中悉心体会、反复练习。

有效的信息沟通依赖于信息发送者有效地向组织内外的人发出信息。下面我们来逐一学习七种有助于信息发送者有效发出信息的技巧。

1. 发出清晰和完整的信息

当发出的信息容易被接收者理解和领会时,信息是清楚的。当它包含了发送者和接收者达成共识所需的全部信息时,信息是完整的。因此,信息的发送者必须考虑接收者如何理解信息,并对信息进行修正以消除误会和混淆。

2. 将信息编译接收者易于理解的传输符号

发送者在将信息进行编码时,必须使用接收者能够理解的符号或语言。例如,当用英语给母语非英语的接收者发送信息时,应尽量使用常用词汇,避免用冷僻词汇;在向非同一职业、群体、组织的成员发送信息时,应避免使用行话。

动画:
公主的月亮

3. 选择适当的传输媒介

当使用语言沟通时，信息发送者可以从许多沟通媒介中选择，包括面对面沟通、书面信函、电话、电子邮件和电视会议等。在选择这些媒介时，信息发送者要考虑所需信息的充裕程度、时间限制、书面或电子记录。在选择沟通媒介时主要考虑的是信息的性质：是否私人性的、是否重要、是否非常规、是否会引起误解、是否需要作进一步澄清。如果是，则面对面沟通可能是最好的。

4. 选择接收者能监控的媒介

在选择媒介时，信息的发送者要考虑的一个因素是，这个媒介是否受到接收者的关注，不同的人对他们所关注的媒介是不同的。有些人喜欢用电子邮件，几乎每几小时关注一次，有些人则喜欢面对面交流，从不或很少打电话或查看邮件，因此，信息发送者一定要注意接收者是否对你选择的媒介关注。另外一个要考虑的因素是接收者是否存在某些方面的缺陷，从而限制其对一些信息的解码能力。例如，盲人是无法阅读书面信息的。

5. 避免信息被过滤和曲解

当信息的发送者错误地认为接收者不需要该信息或不想接收该信息时，发送者会保留部分信息，这样就导致了信息过滤。信息过滤会发生在组织的每个层次，以及垂直和水平沟通中。当信息在经过一系列的发送者和接收者后，产生了意思的改变，信息曲解就发生了。一些信息的曲解是偶然的，一些信息的曲解却是故意的。怎样才能避免信息过滤和信息曲解呢？应该在组织中建立信任，在信任和得到公平对待的环境中，信息发送者会尽可能减少信息过滤和曲解。

6. 信息中应包含反馈机制

反馈对于有效的沟通是必要的。当发出信息时，发送者既可以在信息中提出反馈的要求，也可以表明何时或通过何种方式知道信息已收到或理解。总之，只有信息中包含这些反馈机制，发送者才能确保自己的信息被收到和被理解。

7. 提供准确信息

小道消息，又叫传闻，是组织成员感兴趣的、无确切来源的非官方信息。一旦出现，传闻传播得很快，而且其涉及的话题往往是组织成员认为最重要的、有趣的。然而，当传闻是虚假的、恶意的或者缺乏根据时，会误导或构成对个别员工或组织的伤害。这时，管理者就要作为信息发送者将准确信息发布，以制止误导性传闻的传播。

（三）组织沟通中的要点

我好喜欢她

正着说、反着说、托人说、自己说、抢着说、闪着说、缓缓说、快快说、换句话说、忍着不说……

对于管理者而言，掌握沟通技巧是十分重要的。特别是在组织中，以下技巧可以帮助管理者更好地传递信息，提高沟通的效率。

（1）加强对语言、文字的理解和运用能力，提高沟通技能。沟通主要是通过语言、文字方式进行的，只有具有较强的理解和运用语言（包括肢体语言）、文字的能力，提高自己的沟通技能才能正确地理解所获得相关信息，并做出相应的决策，采取恰当的方式准确地对信息进行加工处理。

把话说到心窝里

坏话好说	急话缓说
狠话柔说	长话短说
大话小说	虚话实说
笑话冷说	废话少说
重话轻说	……

（2）减少沟通环节，优化沟通渠道。沟通环节过多，沟通渠道过长，一方面会影响沟通的及时性，另一方面，由于沟通过程中存在"噪音"干扰。沟通环节越多，则可能的干扰越多，从而越可能影响信息的准确传递。因此，在实际工作中应注意减少沟通的环节。

（3）创造一个相互信任，有利于沟通的小环境。要提高沟通效率，必须诚心诚意地去倾听别人的意见，在组织的上下级以及同级之间建立相互信任的良好氛围。

（4）加强平行沟通，促进横向交流。一般说来，企业内部的沟通以与命令链相符的垂直沟通居多，横向交流较少，而平行沟通却能加强横向的合作。具体说来，可以定期举行各部门之间的工作会议，目的是加强相互间的交流，以便强化横向合作。

（5）设计固定沟通渠道，形成沟通常规。这种方法的形式很多，如采取定期会议、报表、情况报告、相互交换信息的内容等。

（6）发挥非正式组织、非正式沟通渠道的积极作用。组织内部不可避免地存在非正式组织。组织成员往往会通过非正式渠道获取和反馈大量信息。领导者要对非正式组织和非正式沟通渠道加以合理利用和引导，帮助组织成员获得相关信息，在达成理解的同时解决潜在的问题，从而最大限度地提升组织凝聚力、发挥整体效应。管理者要允许甚至鼓励非正式组织的存在，引导其向良性发展。

小资料

周总理的沟通技巧

周恩来（1898年3月5日—1976年1月8日），字翔宇，是我国伟大的马克思列宁主义者，中国无产阶级革命家、政治家、军事家、外交家，中国共产党、中华人民共和国和中国人民解放军的主要缔造者和领导人之一。

1949—1958年，周总理还兼任我国外交部部长。这一阶段正处于冷战期间，西方强国并不愿意看到中国强大起来。很多外国记者提问咄咄逼人，恨不得抓住发言人的错处大做文章。而周总理面对记者提问却十分沉稳，反应迅速，回答用语风趣幽默而不失风度，展现出了高超的沟通技巧，往往令某些记者有意为难的提问成了砸自己脚的石头。

有一次，一位美国记者在采访周总理的过程中，无意看到总理桌子上有一支美国产的派克钢笔。那记者便以带有几分讥讽的口吻问道："请问总理阁下，你们堂堂的中国人，为什么还要用我们美国产的钢笔呢？"周总理听后，风趣地说："谈起这支钢笔，说来话长，这是一位朝鲜朋友的抗美战利品，作为礼物赠送给我的。我无功受禄，就拒收。朝鲜朋友说，留下做个纪念吧。我觉得很有意义，就留下了这支贵国的钢笔。"美国记者一听，顿时哑口无言。

还有一次，美国代表团访华时，曾有随同的一名官员当着周总理的面说："中国人很喜欢低着头走路，而我们美国人却总是抬着头走路。"此话一出，语惊四座。周总理不慌不忙，脸带微笑地说："这并不奇怪。因为我们中国人喜欢走上坡路，而你们美国人喜欢走下坡路。"

（资料来源：根据网络资料整理。）

启示：谈话是一门艺术。周总理高超的沟通技巧，不仅需要极高的智商和情商，说话分寸的掌握及随机应变的能力也是十分重要的。

通过本章的学习，希望你也能熟练掌握沟通的原理和技巧，早日成为沟通高手。

本章小结

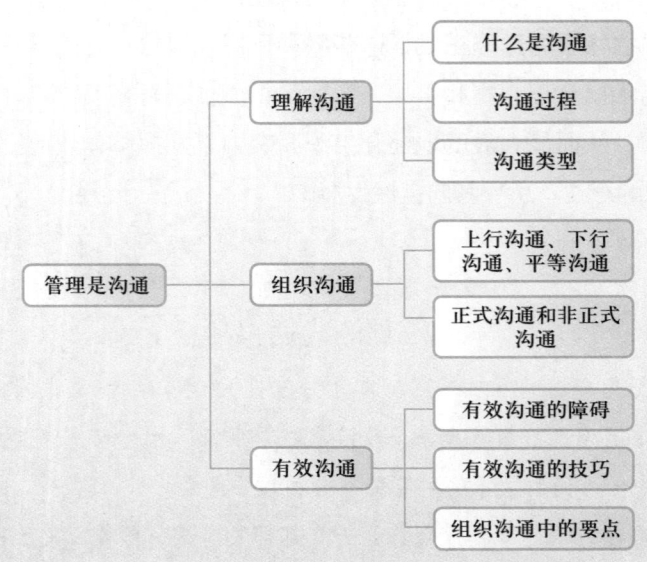

思考与练习

1. 沟通过程的第一个步骤是（　　）
A. 反馈　　　　　　　　　　B. 编码
C. 传递　　　　　　　　　　D. 接受

2. 书面沟通存在的最主要的缺点是（　　）
A. 耗时较多，缺乏灵活性
B. 效率低，缺乏及时的反馈
C. 传递中经过层次越多，信息越严重，核实越困难
D. 传递距离有限，只能意会，不能言传

3. 口头沟通存在的最主要缺点是（　　）
A. 反馈迅速　　　　　　　　B. 书面沟通技巧缺乏
C. 没有长久的沟通记录　　　D. 沟通简单

4. 比较链式与全通道式两种信息沟通网络的各自特点可以得出的结论是（　　）
A. 链式网络采取一对一的信息传递方式，传递过程中不易出现信息失真情况
B. 全通道式网络由于采取全面开放的信息传递方式，具有较高的管理效率
C. 全通道式网络比链式更能激发士气，增强组织的合作精神

D. 链式网络比全通道网络更能激发士气,增强组织的合作精神

5. 人际沟通中会受到各种"噪声干扰"的影响,这里所指的"噪声干扰"可能来自(　　)

　　A. 沟通的全过程　　　　　　　　B. 信息传递过程
　　C. 信息编码过程　　　　　　　　D. 信息解码过程

6. 设置意见箱属于正式沟通中的(　　)

　　A. 下行沟通　　　　　　　　　　B. 上行沟通
　　C. 平行沟通　　　　　　　　　　D. 辐射沟通

7. 在一个沟通群体内,存在一个沟通中心,沟通中心和其他每个人之间都有双向的沟通渠道,但非沟通中心的每个人之间没有直接沟通渠道,必须通过将信息传递给沟通中心,再沟通中心将信息传递给沟通目标,才能进行互相沟通。这种沟通网络是(　　)

　　A. 链式沟通　　　　　　　　　　B. 环式沟通
　　C. 轮式沟通　　　　　　　　　　D. Y式沟通

8. 下述关于信息沟通的认识中,论述正确的有(　　)

A. 信息传递过程中所经过的层次越多,信息的失真度就越大
B. 信息量越多,就越有利于进行有效的沟通
C. 善于倾听能够有效改善沟通的效果
D. 信息的发送者和接受者在地位上的差异也是一种沟通障碍
E. 信息沟通的质量是由发送者单方面决定的。

9. 非正式沟通有何特点?管理者如何对待组织中的非正式沟通?

10. 如何理解有效沟通＝有效倾听＋有效表达?

 自我评估

你的语言沟通有多有效呢?

选择最代表你语言沟通的分值。7分＝显著;6分＝极好;5分＝非常好;4分＝平均好;3分＝比较好;2分＝不足;1分＝较低能力;0分＝没有能力。

1. 你使用扩展的会话吗?(不是用非常正式的,而是用自己易于使用的语言,似乎像一般的谈话那样,显得自然、轻松、不拘束)

2. 你选的词语清楚吗?(词语的含义具体、明确,没有出现含糊或混淆的现象)

3. 你选的词语简单吗？（词汇能使人立即明白）

4. 你选的词语确切吗？（词语确切地传达了意思，给了听众足够而不是太多的信息；使用不常用词汇时，为听者进行了确切的定义）

5. 你的语言沟通恰当吗？（选的词语、所有的事实、例子、说明、观点、统计数据等与听众有直接联系；使用像"你""我们"这样的人称代词；向听众提问或使用不需要回答但会使听众直接联系的带修辞色彩的提问）

6. 你选的词语有活力吗？（语言生动，语言显得有计划和有准备——赋予了某种特定的思想，语言显示了你的个人特征）

总分：_____

你意识到非语言沟通了吗？

◆选择最适合你情况的分值。7分＝显著；6分＝优秀；5分＝很好；4分＝平均好；3分＝一般；2分＝不好；1分＝较低能力；0分＝没有能力。

1. 在与他人沟通时，我直视对方的眼睛。

2. 沟通时我利用手和胳膊作出手势。

3. 我转过身正对着跟我说话的人。

4. 跟其他人说话时，我尽量用愉快和合适的声调。

5. 跟其他人说话时，我用合适的音量。

6. 听其他人说话时，我注意到他们传递的非语言信号并作出回应——他们的音调、眼神接触、面部表情、姿势、手势和形体修饰。

7. 听其他人说话时，我保持安静，他们表达自己的观点时不打断他们。

8. 听其他人说话时，如果他们很幽默我会微笑，并在适当的时候点点头。

9. 听其他人说话时，我通过非语言暗示表示我的支持和关注。

10. 在我说话或对其他人的话做出反应时，我用非语言暗示表示我作为有效沟通者的舒适、镇定和信心。

总分：_____

管理实战

王艳是一个典型的北方姑娘，在她身上可以明显地感受到北方人的热情和直率。她喜欢坦诚，有什么说什么，总是愿意把自己的想法说出来和大家一起讨论。正是因为这个特点，她在上学期间很受老师和同学的欢迎。今年，王艳从西安某大学的人力资源管理专业毕业，她认为，经过四年的学习，自己不但掌握了扎实的人力资源管理专业知识，而且具备了较强的人际沟通技能，因此她对自己的未来期望很高。为了实现自己的梦想，她毅然只身去广州求职。

经过将近一个月的反复投简历和面试，在权衡了多种因素的情况下，王艳最终选定了上海市的一家研究生产食品添加剂的公司。她之所以选择这家公司是因为该公司规模适中、发展速度很快，最重要的是该公司的人力资源管理工作还处于尝试阶段，如果加入她将是人力资源部的第一个人，因此她认为自己施展能力的空间很大。

但是到公司实习一个星期后，王艳就陷入了困境。原来该公司是一个典型的小型家族企业，企业中的关键职位基本上都由老板的亲属担任，其中充满了各种裙带关系。尤其是老板安排了他的大儿子做王艳的临时上级，而这个人主要负责公司研发工作，根本没有管理理念，更不用说人力资源管理理念，在他的眼里，只有技术最重要，公司只要能赚钱，其他的一切都无所谓。但是王艳认为越是这样就越有自己发挥能力的空间，因此在到公司的第五天，王艳拿着自己的建议书走进了直接上级的办公室。

"王经理，我到公司已经快一个星期了，我有一些想法想和您谈谈，您有时间吗？"王艳走到经理办公桌前说。

"来来来，小王，本来早就应该和你谈谈了，只是最近一直扎在实验室里，就把这件事忘了。"

"王经理，对于一个企业尤其是处于上升阶段的企业来说，要持续企业的发展必须在管理上狠下工夫。我来公司已经快一个星期了，据我目前对公司的了解，我认为公司主要的问题在于职责界定不清；雇员的自主权力太小致使员工觉得公司对他们缺乏信任；员工薪酬结构和水平的制定随意性较强，缺乏科学合理的基础，因此薪酬的公平性和激励性都较低。"王艳按照自己事先所列的提纲开始逐条向王经理叙述。

王经理微微皱了一下眉头说："你说的这些问题我们公司也确实存在，但是你必须承认一个事实：我们公司在赢利。这就说明我们公司目前实行的体制有它的合理性。"

"可是，眼前的发展并不等于将来也可以发展，许多家族企业都是败在管理上。"

"好了，那你有具体方案吗？"

"目前还没有，这些还只是我的一点想法而已，但是如果得到了您的支持，我想方案只是时间问题。"

"那你先回去做方案，把你的材料放这儿，我先看看，然后给你答复。"说完，王经理的注意力又回到了研究报告上。

王艳此时真切地感受到了不被认可的失落，她似乎已经预测到了自己第一次提建议的结局。

果然,王艳的建议书石沉大海,王经理好像完全不记得建议书的事。王艳陷入了困惑之中,她不知道自己是应该继续和上级沟通还是干脆放弃这份工作,另找一个发展空间。

思考:

1. 本案例中沟通失败的原因是什么?
2. 如果你是王艳,你打算怎么做才会使结果更好?

 综合实训

[实训名称]

校园交流。

[实训目标]

1. 培养与陌生人交际的能力;
2. 培养与别人沟通的能力。

[实训内容与要求]

1. 主动同一位相关专业的陌生人士交往,交流某个专业问题;或者同一位认识的人,通过沟通解决一个难题。
2. 运用交际与沟通理论,讲究交际与沟通的艺术。
3. 事先要有精心的策划,必要时候要进行简要的小结。

[成果与检测]

1. 完成沟通实录卡(见表3-6);
2. 课上组织一次交流,每个"公司"推荐2人介绍交际与沟通过程及体会;
3. 由教师与学生进行评估与打分。

表3-6 沟通实录卡

沟通主体		沟通对象		单位及职务	
沟通目标		时间		地点	
沟通前计划					
沟通过程实录					
沟通后体会					
教师评估					

第四章 计划

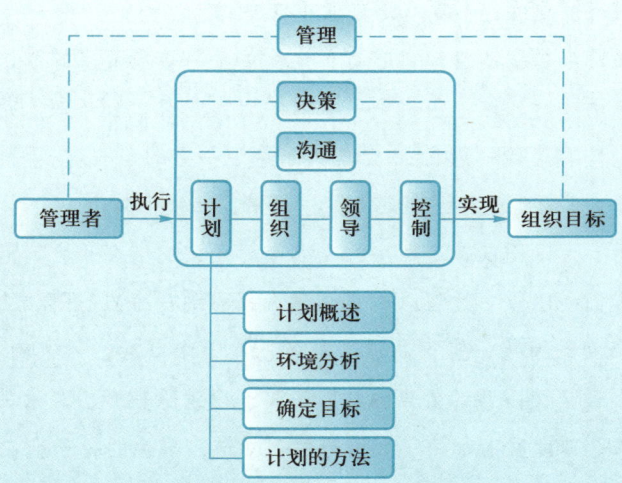

【学习目标】

★ 知识目标

- 掌握计划职能的含义,熟悉计划的内容及其分类。
- 理解计划工作的实质和作用。
- 掌握计划编制的基本程序。
- 掌握环境分析的方法。
- 熟悉制订计划的技术和方法。

★ 能力目标

- 能够运用 SWOT 工具分析内外部环境。
- 能运用滚动计划法、甘特图、网络图编制计划。

★ 关键词

计划、环境分析、目标、滚动计划法、甘特图、网络计划法。

 **管理案例**

步 行 实 验

曾经有人做过这样一个实验：组织甲、乙、丙三组人，让他们沿着公路步行，分别向10千米外的三个村子行进。

甲组不知道去的村庄叫什么名字，也不知道它有多远，只知道跟着向导走就是了。这个组刚走了两三千米时就有人叫苦了，走到一半时，有些人几乎愤怒了，他们抱怨为什么要大家走这么远，何时才能走到。有的人甚至坐在路边，不愿再走了。越往后人的情绪越低，七零八落，溃不成军。

乙组知道去哪个村庄，也知道它有多远，但是路边没有里程碑，人们只能凭经验估计大致要走两小时。这个组走到一半时才有人叫苦，大多数人想知道他们已经走了多远了，比较有经验的人说："大概刚刚走了一半的路程。"于是大家又簇拥着向前走。当走到3/4的路程时，大家又振作起来，加快了脚步。

丙组最幸运。大家不仅知道所去的是哪个村子，它有多远，而且路边每千米有一块里程碑。人们一边走一边留心看里程碑。每看到一个里程碑，大家便有一阵小小的快乐。这个组的情绪一直很高涨。走了七八千米以后，大家确实都有些累了，但他们不仅不叫苦，反而开始大声唱歌、说笑，以消除疲劳。最后的两三千米，他们越走情绪越高，速度反而加快了。因为他们知道，要去的村子就在眼前了。

启示：要想带领大家共同完成某项工作，首先让大家知道要做什么，即要有明确的目标（走向哪个村庄）；其次要指明行动的路线，这条路线应该是清楚的、快捷的（如路标），也就是说，要提出实现目标的可行途径，即计划方案。这些是有效开展工作的前提。确定目标及计划行动方案是计划职能的核心任务。

 **管理案例**

把100万人送上火星生活？

埃隆·马斯克旗下有特斯拉，有发射火箭的SpaceX公司，有做太阳能的公司，有做人脑和计算机连接的公司，还有做地下轨道交通的公司。他跨界，而且跨的还是世界上最高科技、最困难、最底层、最异想天开的一些行业——比如电动汽车、太空探索、卫星发射、太阳能应用、可持续能源的存储、人工智能、超高速运输……埃隆·马斯克到底要做什么？

把100万人送上火星生活！让人类成为一个多星球物种！——天方夜谭？但是

埃隆·马斯克一步步把它变成现实。

2006年，马斯克就把特斯拉发展的路线图公布在了公司的网站上，叫《特斯拉的秘密宏图》。他说：我们的长远计划是生产一系列各种型号的汽车，包括价格亲民的家庭用车。在2016年7月21日，埃隆·马斯克在特斯拉的官方网站上登出了一封公开信——《特斯拉宏图：第二篇章》，它的开头是这么写的：

10年前，我发布了特斯拉秘密宏图的第一篇章，如今已进入最后的完成阶段。这一规划并不复杂，基本内容如下：

第一步，打造一款产量很小的车型，该车型价格肯定是比较昂贵的；

第二步，用赚到的钱，开发一款产量适中的、价格相对低一些的车型；

第三步，再用赚到的钱，创造一款量产的、价格更加亲民的车型；

然后……

第四步，提供太阳能电力。

为了把100万人送上火星生活，埃隆·马斯克做了哪些事？

第一步，创新核算成本。美国政府曾经算过一笔账，如果要把一个人送上火星，现在技术上是有可能实现的，大概要花100亿美元。送100万人上去生活，1万万亿美元，大概相当于美国500年的GDP。马斯克把这笔钱降到50万美元。也就是一个想移民火星的人，把地球上的房子卖了，很多人能凑得出来的数目。马斯克的目标就变成了把成本降低2万倍。

第二步，把这个2万拆分成20×10×100，一道简单的算术题。

20——现在的火星飞船，一次只能装5个人，马斯克说，可以造大一点的火箭，一次装100人，这不就等于是把成本降低了20倍吗？关注新闻的话，SpaceX确实在试验这样的火箭。

10——马斯克说，我是私营公司，效率高，有可能把火箭本身的成本降到1/10。事实上，2018年，SpaceX的成本就已经降到了同行的1/5。

100——就是可重复使用，可回收的火箭。如果这个能实现，那发射火箭的成本，其实就只是燃料成本了。2017年8月，SpaceX成功回收了自己的火箭，这已经是第14次回收，陆地上6次，海上8次。这事已经是常态。

第三步，让100万人到火星上"生活"。是生活，不是旅行。火星上，有一点点水，极其寒冷，几乎没有氧气。马斯克其他几家公司就派上用场了。最著名的特斯拉，是电动车公司。特斯拉还有一个做太阳能的子公司Solarcity。为什么要做太阳能，为什么要做电动车？因为火星上没有氧气，能源只能是来自太阳能，开车也只能是电动车。马斯克还有一家做地下高速轨道交通的公司。已经在美国好几个

地方开挖它的轨道了——那就是未来火星上的交通工具。有了能源,就有了吃穿,还有了交通,通信呢?没有 Wi-Fi 怎么活?2015 年,马斯克宣布了一个星链计划,要发射 1.2 万颗通信卫星,布满地球轨道,为地球上用户提供至少 1G 每秒的通信服务。2018 年 2 月,第一批测试卫星已经发射了。将来如果 100 万人真上了火星,马斯克就准备让他们用卫星通信了。

(资料来源:根据网络资料整理。)

启示:貌似疯狂的想法是一张宏图,把一个不可能的大目标分拆成可执行的小目标,特斯拉的发展完全是按照这个步骤进行的。时间上的计划虽时而有延误,但是发展步骤一点也没走样。

第一节 计划概述

动画:
挑水与挖井

计划是管理的基本职能之一,与其他职能有着密切的关系。在管理实践中,计划被视作管理的一项重要职能,各项管理活动几乎都离不开计划。计划要确定组织的目标及实现目标的途径和方法,管理人员围绕计划规定的目标,从事组织、领导、控制工作,从而达到预定的目标。为使组织中各项工作有条不紊地进行,必须有良好的计划。

 一句话管理

计划工作是一座桥梁,它把我们所处的此岸和我们要去的彼岸连接起来,以克服这一天堑。

一、计划的含义、内容、分类

视频:
冒险与探险

计划是管理的首要职能。在现实生活中,无论是组织还是个人,无论是工作还是生活,计划无处不在。那么,什么是计划呢?

(一)计划的含义

计划,从词性上理解,有名词和动词之分。

名词意义上的计划,是指组织在未来一定时期内,关于行动方向、内容和方式安排的管理文件。通常也称狭义的计划。它是计划工作中计划编制的结果，这些结果包括各种明确的书面化的使命、目标、战略、政策、预算书等。

动词意义上的计划，是为了实现管理者所确定的目标，预先进行的行动设计和安排。它包括对组织各种目标的分析、制定和调整，以及对实现组织目标的各种可行性方案的设计等一系列相关联的活动。通常也称广义的计划。

管理学上，计划是组织依据其外部环境和内部条件的现实要求，确定未来一定时期的目标，并通过计划的编制、执行和监督来协调各类资源以实现预期目标的过程。

（二）计划的内容

一项完整的计划，其内容都包括下述 6 个方面的内容，西方管理学把它们概括为 5W1H。

1. 做什么（what）——明确所要进行活动的目标和内容

明确一个时期的中心任务和工作重点。例如，企业在未来 3 年至 5 年要达到什么样的目标，围绕这个目标的工作内容是什么等；企业年度生产计划的任务主要是确定生产哪些产品、生产多少，如何合理安排产品投入和产出的数量和进度，在保证按期、按质、按量完成订货合同的前提下，使生产能力得到尽可能充分的利用。

2. 为什么做（why）——明确计划工作的原因和目的

明确组织目标的可能性和可行性，为制订计划提供依据

3. 何时做（when）——规定计划中各项工作开始和完成的时间安排及具体的工作进度

这样，可便于进行有效的控制，并便于对能力以及资源进行平衡。

4. 何地做（where）——规定计划实施的地点或场所

了解计划实施的环境条件，以便合理安排计划实施的空间组织和布局。

5. 谁去做（who）——明确规定计划实施和监督的部门、人员

做到人人有事做，事事有人做。

6. 怎样做（how）——规定计划实施的方式方法以及实行计划目标的措施

这样，可便于对人力、物力、财力、信息等资源进行合理分配、综合平衡和调配使用。

（三）计划的分类

计划的种类很多，按照不同的分类方法，可将计划分为不同的类型。常见的计划类型如表 4-1 所示。

表 4-1　计划的分类

分类标准	计划类型
时间	长期计划、中期计划、短期计划
职能	生产计划、销售计划、财务计划、人力资源计划
制订者层次	战略计划、战术计划、作业计划
明确程度	指导性计划、指令性计划
内容	综合性计划、专业性计划
计划的表现形式	宗旨、目标、战略、政策、程序、规则、规划、预算

以下重点介绍其中的几种计划。

1. 长期计划、中期计划和短期计划

长期计划，是为实现组织的长远目标服务的。一般来说，其计划期限为5年或者5年以上。随着企业经营环境的日益不确定，长期计划更加集中于核心战略问题。无数成功企业的实践表明，长期计划应该更侧重于目标的"质"，而非侧重于目标的"量化"。

中期计划是根据长期计划提出的战略目标和要求，并结合计划期内的实际情况制订的计划。一般来说，其计划期限为1年以上、5年以下。中期计划比长期计划更为具体和详细，主要起到协调长期计划和短期计划之间关系的作用。

短期计划是指导组织具体活动的行动计划。一般来说，其计划期限为1年以下。短期计划是中期计划更进一步的细化、分解与落实。短期计划更侧重于目标的"量化"，而非侧重于目标的"质"。一般而言，短期计划的完成是为长期计划服务的。中期计划是介于长期、短期计划之间，衔接长期计划和短期计划的。一个组织应该将长期、中期、短期计划有机地结合起来，形成科学、合理的计划体系，以保证组织目标的实现。

2. 战略计划、战术计划和作业计划

战略计划一般是由组织中的高层管理者制订的，有关组织在较长时期的全局性、整体性目标，以及进行重大的战略性部署的综合性计划。战略计划的时间跨度大，涉及范围广，内容抽象、概括，相关因素多而复杂。

战术计划一般是由中层管理者根据战略计划的内容和要求，制订落实到各部门如何分步实施战略计划的具体行动计划。战术计划服从于战略计划，是实施战略计划的步骤和方法，是为实现战略目标服务的。战术计划一般是局部的、阶段性的，时间跨度较短，内容较具体。

作业计划一般是由基层管理者根据战略计划和战术计划而制订的执行性计划。主要

是实施战略及战术计划规定的任务，时间跨度短且非常具体。

3. 宗旨、目标、战略、政策、程序、规则、规划，预算

在一个组织中，不同形式的计划可以组成一组相互关联的多层次体系，如图4-1所示。

（1）宗旨。宗旨是组织最基本的目标。它描述了组织的愿景、共享的价值观、信念和存在的理由，对组织有强有力的影响。宗旨即表明组织是干什么的、应该干什么。例如，学校的宗旨是教书育人；医院的宗旨是救死扶伤；工厂的宗旨是生产合格的产品；环保企业的宗旨是在人与自然的和谐社会中，每个人都能分享安全的资源和美好的环境，等等。宗旨说明了组织所从事的事业，一般来说比较抽象。

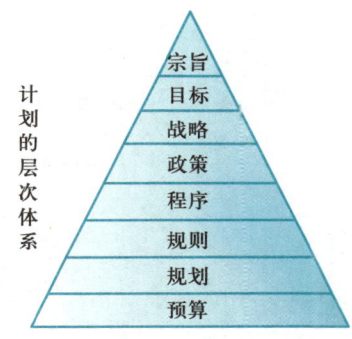

图4-1 计划的层次体系

（2）目标。目标是组织在未来一定时期内所要达到的预期成果，是宗旨的具体体现，相对宗旨来说比较具体。如环保企业的目标是：通过各种环境教育活动，倡导更多公众增强环境意识，选择绿色生活方式。

（3）战略。战略是为了达到组织总目标而采取的行动和利用总资源的总计划，是为实现组织的目标选择发展方向、行动方针及各类资源分配方案的总纲。

（4）政策。政策是组织指导行动方针与沟通思想的明文规定，是指导决策和处理问题的行动指南。政策允许对某些事情有酌情处理的自由，因此，政策的执行有一定的灵活性。也正因为如此，政策的执行过程中往往会遇到诸如控制的标准很难把握、对政策的理解容易出现偏差等困扰。

（5）程序。程序是对处理未来活动的例行方法和步骤的规定。它规定了事情办理的顺序，一般按照例行方法和步骤的时间顺序对必要的活动进行排列，没有酌情处理的余地。如某商场规定：在退还购物款前，营业员需要检查退回的货物，然后取得经理的批准。

（6）规则。规则是对未来在某种情况下应采取或不采取某种行动的具体的、明确的规定。它为组织的具体工作作出了一系列限制和规定，没有酌情处理的余地。但与程序不同的是，规则没有规定事情办理的顺序。

（7）规划。规划是综合性计划，可大可小，大到一项重要的投资规划，如某城市建设规划；小到一个部门的具体行动规划，如提高某公司销售部门销售人员士气的规划。

（8）预算。预算是用数字表示预期结果，是一种数字化的计划。由于它是以数字形式出现的，因此可以使计划变得更加清晰。

一项完整的计划应包含的要素（见表4–2）

表4–2　计　划　要　素

要素	内容	所要回答的问题
前提	预测、假设、实施条件	该计划在何种情况下有效
目标（任务）	最终结果、工作要求	做什么
目的	理由、意义、重要性	为什么要做
战略	途径、基本方法、主要要求	如何做
责任	人选、奖罚措施	谁做、做得好坏的结果
时间表	起止时间、进度安排	何时做
范围	组织层次或地理范围	涉及哪些部门或在何地
预算	费用、代价	需投入多少资源和代价
应变措施	最坏情况计划	实际与前提不相符时怎么办

二、计划的性质、作用

（一）计划工作的性质

动词意义上的计划，也称计划工作。作为管理的基本职能之一，计划工作的性质如下：

1. 目的性

计划的目的性是非常显而易见的。任何组织制订计划都是为了促进组织目标的实现，所以每一项计划都应围绕组织的目标来制订。

2. 首位性

常言道：计划在前，行动在后，计划是进行其他管理活动的前提和条件，在管理职能中处于首要地位，是进行组织、领导、控制等各项工作的基础，其他一切工作的开展都源于计划，也最终为计划服务。

3. 普遍性

计划工作的普遍性主要体现在两个方面：一是计划普遍存在于各项管理工作中，是一切行动的指南；二是计划普遍存在于各级管理人员的工作中。

4. 效率性

计划工作的任务，不仅要确保实现组织目标，而且要在众多方案中选择最优的资源配置方案，以合理利用资源和提高工作效率。所以在制订计划时，要时时考虑计划的效率，不但要考虑经济方面的利益，而且要考虑各方面的损耗。

5. 可行性

计划是未来工作的行动指南，必须切实可行，便于操作、执行。

6. 动态性

计划工作是对未来一定时期内的组织目标以及实现组织目标途径的策划与安排，所以计划是面向未来的。"计划赶不上变化""计划没有变化快"，计划在执行的过程中或多或少会受到各种因素的影响。这时，计划就必须做出及时的调整。

（二）计划的作用

计划为组织未来的发展提供了方向。一个科学、合理、可行的计划，对管理者实现组织目标具有事半功倍的作用。

 管理案例

价值 3.5 万美元的观念

曾经有一位管理专家李艾米去拜访伯利恒钢铁公司的总裁查尔斯·施瓦布先生，李艾米表示，让他与公司每位经理谈 15 分钟，既可改善公司的效率，又能增加公司的销售额，施瓦布问："这要花多少钱？"

李艾米说："你不用马上给钱，等认为有效果了，你觉得该值多少钱，寄张支票给我就行了。"

施瓦布同意了，于是李艾米与每位经理谈了 15 分钟，谈话的内容很简单，专家只要求他们在每日工作结束时，将次日需完成的 6 件最重要的工作写下来，并依重要性顺序编号。次日早晨从表上的第一件工作开始，每完成一项便将它从表上划去；若有当日未完成的工作，则必须列入次日的表中，每位经理须切实执行三个月。

三个月后，查尔斯·施瓦布寄了一张 3.5 万美元的支票给李艾米，这是他认为值得为此管理观念付出的代价。

（资料来源：根据网络资料整理。）

启示：这个观念对查尔斯·施瓦布价值 3.5 万美元，也值得你去试一试。

随着生产技术日新月异,生产力水平的提高,生产规模的不断扩大,分工与协作的程度空前提高,社会组织的活动不但受到内部环境的影响,还要受到外来许多因素的影响和制约。组织要不断地适应这种复杂的、变化的环境,只有科学地制订计划才能协调与平衡多方面的活动,求得本组织的生存和发展。一个好的计划即科学性、准确性很强的计划,对于我们的工作将起到事半功倍的作用;相反,若是一个科学性、准确性很差的计划,则会使我们的工作事倍功半,甚至一无所得。因此,制订计划的工作是十分重要的。具体地说,计划的作用主要表现在以下四个方面:

(1) 计划是管理者开展活动的有力依据,有利于各级管理人员和全体职工集中注意力实现整体目标。管理者开展活动要根据计划来进行。他们分派任务,根据任务确定下级的权力和责任,促使组织中全体人员的活动方向趋于一致而形成一种复合的、巨大的组织行为。正是由于周密、细致、全面的计划工作统一了部门之间的活动,才使主管人员从日常的事务中解脱出来,而将主要精力放在随时检查、修改,扩大计划以及组织整体目标的实现上。

(2) 计划是管理者降低风险的手段,有利于减少不肯定性因素和变化带来的不利影响。当今世界正处于剧烈变化的时代,社会在进步,组织在变革,科学技术日新月异,人们的价值观念在不断变化,国家的方针政策在不断调整。这些变化对管理而言,既可能是机会也可能是风险,管理者可以通过科学有效的计划来降低风险、掌握主动。管理者可以针对未来的变化进行预测,根据过去的和现在的信息来推测将来可能出现哪种变化、这些变化将对达成组织目标产生何种影响、在变化确定发生的时候应该采取什么对策,并制定出一系列的备选方案,一旦出现变化,就可以及时采取措施,不至于无所适从。通过计划工作,进行科学的预测可以把将来的风险降到最低程度,抓住机会,保持主动,减少不肯定性因素和变化带来的不利影响。

(3) 计划是管理者提高效益的重要方法,有利于更经济地进行管理。有了计划,就可以用共同的目标、明确的方向来代替不协调的、分散的活动,用均匀的工作流程代替不均匀的工作流程,以及用深思熟虑的决策代替仓促草率的判断,从而实现对各种生产要素的合理分配,使人力、物力、财力紧密结合,取得更大的经济效益。计划工作有利于用最短的时间完成工作,减少迟滞和等待时间,减少盲目性所造成的浪费,促使各项工作均衡稳定的发展。计划将组织活动从时空角度进行分解来对现有资源的使用进行合理的分配,通过规定组织的不同部门在不同时间从事何种活动、告诉人们何地需要多少数量的资源,从而为组织筹集资源提供依据,使组织的可用资源充分发挥作用,并降低成本,有利于更经济地进行管理。

(4) 计划为管理者进行控制提供标准,有利于控制。计划和控制是一个事物的两个方面，它们是管理的一对孪生子。未经计划的活动是无法控制的，因为控制就是纠正活动脱离计划的偏差，以保持活动的既定方向。主管人员如果没有计划规定的目标作为测定的标准，就无法检查其下级完成工作的情况；如果没有计划作为标准，就无法测定控制活动。计划为控制工作提供了标准，没有计划指导，控制就会变得毫无意义。

三、计划编制的权变因素和程序

（一）影响计划工作的权变因素

在有些情况下长期计划比中期计划与短期计划有效，而在其他情况下可能相反。类似地，具体性计划在有些情况下比指导性计划有效，而在另外情况下就未必如此。影响计划有效性的权变因素主要有组织层次、组织生命周期、环境的不确定性程度等。

1. 组织层次

在大多数情况下，基层管理者的计划活动主要是制订作业计划，当管理者在组织中的等级上升时，他的计划角色就更具战略导向。对于大型组织的最高管理者，他的计划任务基本上都是战略性的；在小企业中，所有者兼管理者的计划角色兼有这两方面的性质（见图4-2）。

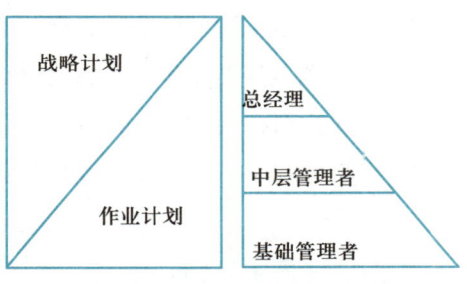

图 4-2　组织层次与计划类型关系

2. 组织生命周期

组织都要经历一个生命周期（life cycle），即开始于形成阶段，然后是成长、成熟，最后是衰退。在组织生命周期的各个阶段上，计划的类型并非都具有相同的性质，计划的时间长度和明确性应当在不同的阶段上作相应调整。如图4-3所示。

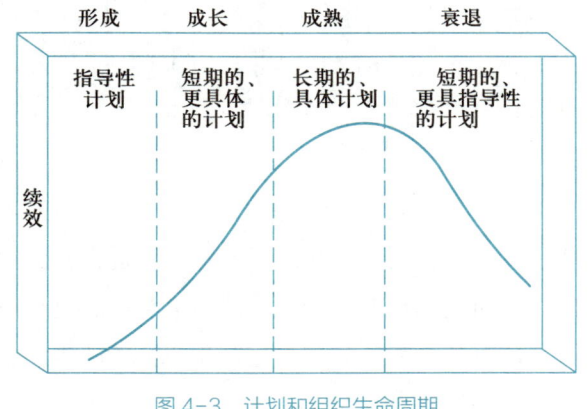

图 4-3　计划和组织生命周期

在组织形成期，管理者应当更多地依赖指导性计划，因为处于这一阶段要求组织具有很高的灵活性。在这个阶段上，目标是尝试性的，资源的获取具有很大的不确定性，辨认谁是顾客很难，而指导性计划使管理者可以随时按需要进行调整。在组织成长阶段，随着目标更确定、资源更容易获取和顾客忠诚度的提高，计划也更具有明确性，因此管理者应当制订短期的、更具体的计划。当组织进入成熟期，可预见性最大，从而也最适用于长期的具体计划。当组织从成熟期进入衰退期，计划也从具体性转入指导性，这时目标要重新考虑，资源要重新分配，此时管理者应制订短期的、更具指导性的计划。

3. 环境的不确定性程度

环境的不确定性越大，计划越应当是指导性的，计划期限也应越短。

如果正在发生迅速和重要的技术、社会、经济、法律或其他变化，而且环境变化越大，那么计划就越不需要精确，管理就越应当具有灵活性；否则，精确规定的计划实施路线反而会成为组织取得绩效的障碍。例如，同样是做零售，商家云集之地的大卖场，价格战、促销战等烽烟四起，计划就应当具有灵活性，指导性计划比具体计划更有效；而学校里的小卖部相对封闭，市场需求相对稳定，环境的不确定性较小，因而商品的品种、数量、价格等方面就可以采用具体计划。

（二）计划工作的程序

任何计划工作的程序，即编制计划工作步骤都是相似的，依次包括以下环节：环境分析；确定目标；确定前提条件；制订行动方案；落实人选，明确责任；制订进度表；分配资源；制定应变措施。如图 4-4 所示。

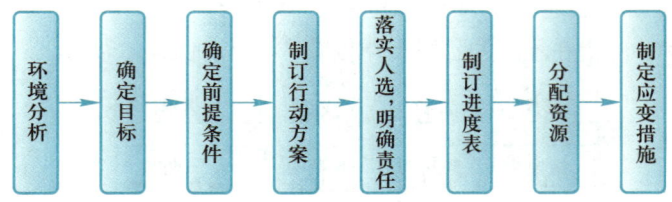

图 4-4　计划编制的程序

1. 环境分析

对环境的分析，要在实际的计划工作开始之前就着手进行，但它是计划工作的真正起点。其内容包括：对未来可能出现变化和预示的机会与威胁进行初步分析；分析自身的长处和短处，了解自身所处的地位；了解自己利用机会的能力。编制计划需要实事求是地对机会的各种情况进行判断。

2. 确定目标

计划工作的第二个步骤是要确定整个组织的目标，然后确定每个下属单位的目标，包括长期目标和短期目标。在这一步上，要说明基本的方针和要达到的目标，要强调目标应由哪个主体实现，以及如何通过战略、政策、程序、规则、规划和预算等去完成最终目标。

3. 确定前提条件

计划是为了指导行动，现实生活中各种不可能的条件不能作为计划的基础。因此，在明确目标以后，要积极与各方面沟通，收集各方面的信息，明确计划的前提或针对该计划的各种限制条件。

例如，在我们制订海外旅游计划时，不仅要收集有关目的地的气候、货币使用情况、当地的食宿情况等信息，而且要清楚可使用的时间、能够承受的费用额度等条件。只有将这些情况查清，才能够计划行程、路线等。

4. 制订行动方案

确定目标，明确前提条件后，就要从现实出发分析实现目标所需解决的问题或需要开展的工作。基于目标分解过程，确定所要进行的各项工作。在各项工作明确之后，通过对各项工作之间相互关系和先后次序的分析，制订行动方案。在制订行动方案时，应反复考虑和评价各种方法和程序，因为一个好的计划，不仅程序、方法清楚可行，而且所需要的人力和资金等各种资源支出越少越好。

5. 落实人选，明确责任

在所要进行的各项工作任务明确以后，就要落实每项工作由谁负责、由谁执行、由谁协调、由谁检查。同时，要明确规定工作标准、检验标准，制定相应的奖惩措施，使计划中的每一项工作落实到部门和个人，并有清楚的标准和切实的保障措施。

6. 制订进度表

各项活动所需时间的多少，取决于该项活动所需客观持续时间、所涉及资源的供应情况及其可以花费资金的多少。

活动的客观持续时间是指在正常情况下完成此项工作所需最少时间。例如，酿酒需要一定的发酵时间，从原材料投入到生产出成品需要一定的生产时间等。在一般情况下，工作计划时间不能少于客观持续时间。实际工作时间的多少还受工作所需资源的供应情况的影响，若所需资源能从市场随时获得，则工作计划时间约为客观持续时间加上一个余量；若所需资源的获得需要经过一段时间，则计划时间也要在客观持续时间上再加一个获得资源所需时间。另外，同样的一项工作，如不计成本，则可通过采用先进的技术、增加人力等缩短工作时间；如资金不足，也会影响工作进展。所以，在一定条件下，计划时间与工作成本成反比。

根据以上几方面的情况，即可决定每项工作所需时间，前后相连的各项工作时间之和即为完成此项任务或实现此项目标所需总时间。

7. 分配资源

资源分配主要涉及需要哪些资源、各需要多少以及何时需要等问题。

一项计划所需要的资源及资源多少可根据该项计划所涉及的工作要求确定，不同的工作需要不同性质和流量不等的资源。根据各项工作对资源的需求、各项工作的轻重缓急和组织可供资源的多少，就可确定资源分配给哪些工作和各分配多少。每一项工作所需资源何时投入、各投入多少，则取决于该项工作的行动路线和进度表。

在配置资源时，计划工作人员要注意不能留有缺口，但要留有一定的余地，即必须保证工作所需各项资源，并且要视环境的不确定程度留有一定的余量，以保证计划的顺利实施。

8. 制定应变措施

制订计划时，最好事先备妥替代方案或制订2~3个计划。制订多个方案的目的，一是因为在一个组织中，计划必须经过各方面的审议才能获得批准，制订多个计划有助于早日获得各方面的认可；二是因为尽管我们按未来最有可能发生的情境制订计划，但未来的不确定性始终存在，为了应对未来可能的其他变化，保证在任何情况下都不会失控，就有必要在按最有可能的情况制订正式计划的同时，按最坏情况制订应急计划。

需要说明的是，应急计划可以是一个完整的、应对最可能发生最坏情况的计划，也可以只是简单地说明一旦出现最坏情况该如何做。如当我们按天气晴朗制订郊游计划时，最后要明确一下，一旦天气不好有雨该如何，这时可以制订一个具体的应急计划，也可以就是简单的一句"风雨无阻"。

制订计划的实际过程未必都要按上述顺序进行。不过需要强调的是：只要是完备的计划，上述计划过程的每一个环节都是必不可少的。

计划的好处

计划是行动的保护伞；计划节约你的成本和费用。

繁忙的工作、沉重的压力和责任让生活变得杂乱无章，没有头绪，一切都周而复始，单调枯燥，这样的生活永远没法儿精彩。你想改变吗？如果你稍微留出点时间作一下计划，你的生活将大为改观。

有计划的生活即使紧张，但却井然有序；有计划的工作即使繁忙，但也会变得充实而有效率;有计划的人生即使艰辛,但也能处之泰然。计划让你的思维清晰,能创造出事半功倍的效果。

计划对每个人来说都是必要的,别说没时间计划,如果你改变你的生活方式,留出时间作计划,你不仅会赢得工作的时间、与家人团聚的时间,还有休息娱乐的时间等这样的良性循环带来的功效,让你大吃一惊,不信试试看!

第二节 环境分析

 管理案例

共享单车在海外

硅谷共享单车创业公司Lime成立于2017年,按照公开报道,公司的估值已经超过了20亿美元。按照官方说法,这家公司在20多个国家的100多个城市运营,有2 000万左右的注册用户。

Lime的两位创始人孙维耀(Toby Sun)和鲍周佳(Brad Bao)都是华人。首先他们看到了商机,城市没有理由不接受共享单车。创始人没有生搬硬套过往的经验,而是综合分析内外部因素,进行了迭代,不只做共享单车,到了2018年,公司开始投放很受欢迎的电动自行车以及电动滑板车。利用中国在硬件制造上的供应链优势,Lime目前的全职员工有700人左右,其中有超过70个人都在中国,工作内容全部跟供应链相关。他们会跟工厂一起来研发产品,让产品更适合共享出行的场景,建立了成本优势。Lime在海外没有陷入国内共享单车公司的竞争窘境,原因有四:

第一,优先考虑政府和社区关系。先去跟政府沟通,取得政府的许可之后,再去投放自己的单车、电动自行车和滑板车。和政府建立信任关系,不仅要和市长达成一致,还要跟当地的议员、有影响力的非营利性组织和当地媒体做好沟通。坚持负责任的运营,也会考虑政府和社区关系。比如,政府和社区都讨厌乱停放单车和滑板车,Lime就在产品上做了一个小的提醒服务,提醒用户某个地方可以停放,某个地方不能停放。而监管者的介入也让共享单车的竞争不可能出现恶性竞争状况,比如,通过大量投放单车和低价来压倒对手。城市的监管者往往会设定一个投放总量,再分配给来申请投放的共享单车公司,从而避免了过度

竞争。

第二，Lime 能建立起一个健康的财务模型。因为没有发生过度竞争，单车和滑板车的投放数量受到限制，所以在城市里，出现的是相对供不应求的状况，也就不需要通过降低价格，用价格来撬动用户使用。在海外，Lime 产品的客单价在 3.5 美元到 4 美元，差不多 20 元人民币。这个价格，跟海外的公共交通价格差不多，但是体验显然要好过公共交通。因为没有过度竞争的驱动，Lime 也不需要靠投放广告等方式来唤醒用户的使用习惯。在 2018 年 2 月开始投放电动滑板车之后，用户甚至会主动在社交网络上晒自己使用电动滑板车的照片。这是很多创业公司梦寐以求的用户口碑传播和社交网络传播。

第三，关注运营效率。Lime 把运营效率放到一个很高的位置。在海外，在单个城市投放总量固定的情况下，不同公司之间竞争的，就只能是产品的好用与否，以及运营效率的高下。运营要做得很细，一开始不能只是专注增长，而且要专注营利性和未来的可持续的财务模型。他们会从三个维度来衡量运营效率。分别是：对用户来说，不能靠投放量来保证用户随时可以用车的情况下，怎样让用户在想用车时，更快拿到车。对于非用户来说，怎样让那些不骑车的人，不会抱怨共享单车和共享滑板车打扰了他们的生活，让他们感到不舒服。如果这种抱怨过多，共享单车公司就有可能被踢出城市。还有一个维度是维修保养。公司怎样把生命周期结束的单车淘汰掉，而不是让坏掉的车继续待在城市里，变成城市垃圾。这个问题，一方面涉及用户体验，另一方面涉及城市对共享单车公司的观感。

第四，市场互联网格局较为简单。共享单车创业公司 Lime 所处的市场，互联网巨头们对共享单车和滑板车的态度看起来并不是特别复杂，共享单车公司背后并没有出现针锋相对的互联网巨头。

对政府和社区关系的看重，让 Lime 主动地给整个行业设定了竞争规则。现在就算再有 10 家公司进来，可能钱是我们的 10 倍，车是我们的 10 倍，他们也没地方投。政府不会再让人投 10 倍的车。

（资料来源：根据网络资料整理。）

启示：号准市场的脉，专注机会，厘清优劣，扬长避短，建立良好的市场生态环境，企业方能健康发展。

任何组织都有一定的生存环境。对于管理者来说,环境是一把双刃剑,既为组织提供了发展机会,也对组织的发展构成了威胁。对组织所处的内外部环境进行分析,对组织的生存和发展有着重要的意义和作用。下面,介绍几种常用的分析环境的方法。

一、SWOT 法

(一)含义

SWOT 法是一种综合考虑企业内部条件和外部环境的各种因素,进行系统评价,从而选择最佳经营战略的方法。

其中,S 代表企业的优势(strength),W 代表企业的劣势(weakness),O 代表企业外部环境的机会(opportunity),T 代表企业外部环境的威胁(threat),其中,S、W 是内部因素,O、T 是外部因素。SWOT 法的核心思想是通过对企业外部环境(机会和威胁)与内部条件(优势和劣势)的分析,明确企业可利用的机会和可能面临的风险,并将这些机会和风险与企业的优势和劣势结合起来,形成企业成本控制的不同战略措施。

动画:
蜈蚣买汽水

(二)应用

从表现形式上看,SWOT 一般采用十字图结构,如图 4-5 所示。具体方法是建立一个十字象限,X 轴表示内部优势与劣势,Y 轴表示外部机会与威胁,然后将各类要素在 SWOT 分析图上具体定位,根据其所在象限,确定企业战略能力。根据所在象限不同,企业战略可以分为以下几种类型。

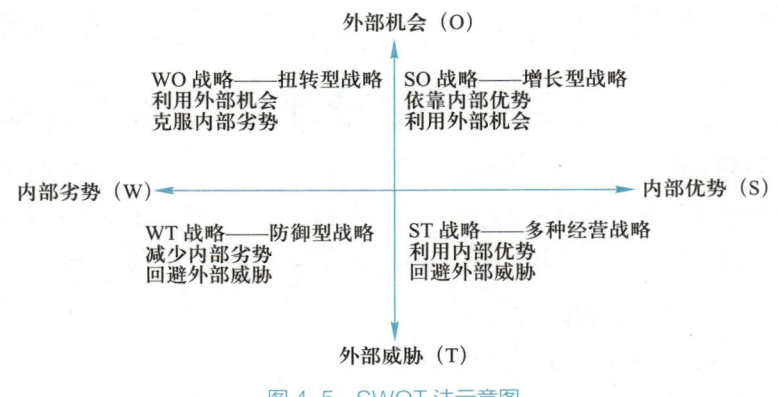

图 4-5 SWOT 法示意图

管理案例

零食公司 SWOT 分析

某零食公司通过"卖萌营销"成为中国十分著名的电商企业。基于环境分析的运作是其成功的重要因素之一。

优势（S）。第一，该零食公司初创时是一家电子商务公司，更易在移动互联环境的市场中融合互联网、大数据和科技到自己的品牌运营中。第二，该零食公司创办时恰逢互联网和电商发展的黄金时期，使用互联网较多的群体是年轻人，他们在消费满意后，就会利用社交软件或者社会化媒体帮助其品牌迅速传播。第三，该零食公司的拟人化品牌策略可以帮助其更加贴近消费者，赋予产品温度和情感。

劣势（W）。第一，该零食公司以电商起家，初创时没有实体店，在互联网上的营销受众多是经常上网的一些年轻人，覆盖面有限。第二，产品没有实体店直观的展示，不容易被消费者信任。第三，该零食公司没有自己的生产产品的部门，委托第三方生产，对产品的质量把控有一定的难度。第四，该零食公司不是实体店起家，电视广告等传统的广告宣传方式可以覆盖到更多年龄层次的消费者，但对于电商产品的宣传效果并不大，观众向顾客的转化率并不是很高。

机遇（O）。第一，该零食公司是在移动互联的时代大潮中创立的，恰逢电商发展的热浪，在移动互联时代抢占了先机。第二，它相比一些传统企业，更快地接触到最新的互联网技术，在网店方面也抢占了先机。第三，面临着整个市场的营销模式转型的趋势，基于自身建立于互联网的优势，要比别的传统企业更快、更容易转型，这样会使它已经拥有的互联网资源和年轻的工作群体发挥最大的效用。

挑战（T）。第一，作为一个电商品牌，相比拥有实体店，又开了网店的同类品牌，在抢占消费者的问题上，面临的威胁较大。第二，在电商领域中，优胜劣汰比实体店要快得多，如果消费者看不到企业推送的广告，如果有资金雄厚的对手，斥巨资在电商平台上做广告，该零食公司将陷入困境。第三，要精准营销，在多变的环境培养顾客忠诚，难度与日俱增。

（资料来源：根据网络资料整理。）

启示：SWOT 工具帮助组织全面认清局势，科学决策，合理谋划。审时度势，该零食公司充分利用自己的互联网、大数据等资源，利用网络优势持续传播品牌，利用大数据、算法精准分析消费者,方能为消费者提供契合的产品与服务,才成功打造了一个有情感、有温度,可以提供极致化体验的品牌。

1. 增长型战略

增长型战略(SO),是企业依靠内部优势去抓住外部机会的战略,是一种理想的战略模式。当企业具有特定方面的优势,而外部环境又为发挥这种优势提供了有利机会时,就可以采取该战略。例如,一个资源雄厚的企业(具有内部优势),发现某一国际市场尚未饱和(存在外部机会),那么它就应该采取 SO 战略去开拓这一市场。

管理案例

Facebook 进军制造业

Facebook 进军制造业,开始加工制造了……是不是让人匪夷所思?

2016 年 8 月,Facebook CEO 在其网络发布平台上说,"今天,我们开启了 Facebook 历史上最大、最先进的硬件实验室。未来十年,我们将建造各种东西,从 Oculus 头部设备,到太阳能飞机"。

这个大小如半个橄榄球场的实验室里,内含削铁如泥的五轴喷水器和九轴铣车床,电子显微镜和 CT 扫描仪则可以帮助工程师对部件进行故障分析。根据外媒的

介绍,这里的高端科技设备,如水流切割机,通过高速喷出水和石榴石矿物的混合物,能够切割几乎一切材料;九轴铣车床则够将实验样品倾斜和旋转,从而打造出非常精准的切口。

Facebook工程师斯宾塞·伯恩斯(Spencer Burns)表示,在过去,如果将硬件测试项目外包给外部的实验室,可能要花费好几周,现在有了自己的实验室,完成这些工作仅需几天。从中可见制造能力对研发与创新的重要性。

Facebook的综合新实验室可以让工程师们一起工作,加快连接世界的进程。实际上,由第四次工业革命智能化自动化这一核心特征来看,Facebook所做的,实际是跨界整合进而进军物联网领域。

物联网,万物互联。若以"云、管、端"三字概括物联网的全部环节论,正好对应Facebook从最初到现在的战略步伐:首先,Facebook是一个互联网社交平台;随后,布局管道(通信);最终,以研发为先导,进军终端领域。提升硬件发展,才是科技公司未来发展的正确途径。

(资料来源:根据网络资料整理。)

启示: 人无远虑必有近忧。Facebook从社交媒体进军制造业,是基于内在优势与外在机会的综合考量,立足现在谋划未来。物联网的发展离不开制造业,只有早日布局制造业才能在物联网领域占据优势地位。同时也是战略使然,Facebook希望成为一个紧密结合人与人之间关系的通道,而这个通道只有进军制造业,从互联网公司转型物联网公司才能做到。

2. 扭转型战略

扭转型战略(WO),是企业利用外部机会来弥补内部劣势,使企业改进劣势而获取优势的战略。如果企业存在外部机会,但由于企业存在一些内部弱点而妨碍其利用机会,则可采取措施先克服这些弱点。例如,当市场上对某项业务的需求快速增长的时候(外部机会),企业自身却缺乏这一方面的资源(内部劣势),企业就应该抓住时机采取扭转型战略,购买相关设备、技术,雇用技术人员或者兼并、购买一个相关企业,以抓住这个机会。

3. 多种经营战略

多种经营战略(ST),是利用企业的自身优势,回避或减轻外部威胁所造成的影响。如一个企业的销售渠道很多(内在优势),但由于种种限制又不允许它经营其他产品(外在威胁），那么企业就应该采取多种经营战略，在产品的多样化及其他方面多下点工夫。又如竞争对手利用新技术大幅度降低成本，给企业很大成本压力；材料供应紧张，其价格可能上涨；消费者要求大幅度提高产品质量；企业要支付高额环保成本等外在威胁。这些都会导致企业成本状况进一步恶化，使之在竞争中处于非常不利的地位。但若企业拥有充足的现金、熟练的技术工人和较强的产品开发能力（内部优势），便可利用这些优势开发新工艺，简化生产工艺过程，提高原材料利用率，从而降低材料消耗和生产成本，规避外部威胁的影响。

4. 防御型战略

防御型战略（WT），是一种旨在减少内部劣势，同时回避外部环境威胁的防御性技术。如一个资金不充裕（内在劣势），而市场对其产品的认知度又不高（外在威胁）的企业，应该采取防御型战略，强化企业管理，提高产品质量，稳定供应渠道，或者以联合、合并的方式谋求长期的生存和发展。

（三）评价

（1）SWOT法把内外部环境有机地结合起来，进而帮助人们认识和把握内外部环境之间的动态关系，及时地调整企业的经营策略，谋求更好的发展机会；

（2）把错综复杂的内外部环境关系用一个平面矩阵反映出来，简单、直观；

（3）促使人们辩证地思考问题；

（4）可以组成多种行动方案供人们选择，加上这些方案又是在认真对比分析的基础上产生的，因此可以提高决策的质量。

二、鱼骨图

（一）含义

企业在经营管理活动中，随着其生存环境、自身拥有的资源和技术水平的不断变化，目标与现状之间或多或少会产生一定的差距，这种差距就是问题。每一个特定时期所表现的问题不一样，有问题并不可怕，只要能发现问题，有针对性地提出解决问题的措施和办法，企业就有发展空间。那么，如何发现问题呢？1953年，日本管理大师石川馨先生提出一种把握结果（特性）与原因（影响特性的原因）的极其方便而且有效的方法，这就是"石川图"。因其形状很像鱼骨，所以又叫"鱼骨图"。它是一种发现问题"根本原因"的方法，是一种透过现象看本质的分析方法。

问题的特性总是受到一些因素的影响，我们通过头脑风暴法找出这些因素，并将它们与特性值一起，按相互关联性整理而成的层次分明、条理清楚，并标出重要因素的图形就叫特性要因图、因果图。

鱼骨图是一个非定量的工具，可以帮助我们找出引起问题潜在的根本原因，从而分析各种原因之间的关系，有针对性地采取改进措施。

（二）分类

鱼骨图分为以下三种类型：

1. 整理问题型鱼骨图

各要素与特性值间不存在原因关系，而是结构构成关系。

2. 原因型鱼骨图

鱼头在右，特性值通常以"为什么……"来写。

3. 对策型鱼骨图

鱼头在左，特性值通常以"如何提高／改善……"来写。

（三）鱼骨图绘制过程

鱼骨图的基本结构如图 4-6 所示。其中①表示问题的特性（现状）；②为主骨；③为大骨，表示大要因；④、⑤、⑥分别为中骨、小骨、孙骨，代表中小要因；⑦为关联事项。

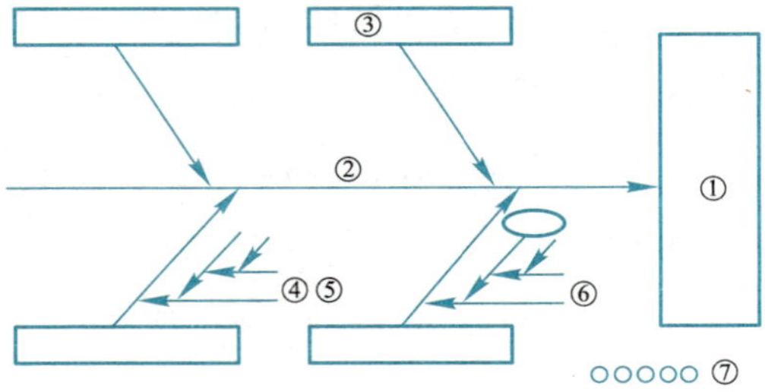

图 4-6　鱼骨图的基本结构

（1）填写鱼头①（按为什么不好的方式描述），画出主骨②。

（2）画出大骨③，填写大要因。

（3）画出中骨④、小骨⑤、孙骨⑥，填写中小要因。

（4）用特殊符号标识重要因素⑦。

注意要点：绘图时，应保证大骨与主骨成 45° 夹角，中骨与主骨平行。

（四）鱼骨图实战使用步骤和方法

（1）有丰富指导经验的工作组负责人（即进行企业诊断的专家），查找要解决的问题，召集与此问题相关的有经验人员，人数控制在 5~10 人。

（2）准备白板以及 2~3 种色笔，把问题写在鱼骨的头上（鱼骨图①）。

（3）召集同事共同讨论问题出现的可能原因，过程负责人尽可能为工作组成员创造友好、平等、宽松的讨论环境，尽可能多地找出问题，不可相互批评与质询。

（4）把同类的问题（原因）分组（人、事、时、地、物），在鱼骨上标出（鱼骨图③）。

（5）根据不同问题征求大家的意见，总结出正确的原因。

（6）拿出任何一个问题，研究为什么会产生这样的问题（鱼骨图④、⑤、⑥）。

（7）针对问题的答案再问为什么，这样至少深入 5 个层次（连续问 5 个问题，鱼骨图红色箭头部分）。

（8）当深入到第五个层次后，认为无法继续进行时，列出这些问题的原因，而后列出至少 20 个解决方法，时间宜掌握在 30 分钟至 1 小时。

（9）将所收集的原因，经过讨论加以排序，影响大的用红色圈加以标注。

（10）同类要素，有红色圈 2 个以上的，再讨论影响大小，重要的在红圈外再加一个红圈，最后去除未加红色圈的，同类要素最多留下 3 个，然后制作要因分析表（见表4–3），验证确认。

表 4–3 要 因 分 析

影响要因类别	主要因	子要因	影响排序	影响占比	验证确认

分析要点：

① 针对问题点，选择层别方法。确定大要因（大骨）时，现场作业一般从"人、机、料、法、环"着手，管理类问题一般从"人、事、时、地、物"区别，应视具体情况决定。

② 脑力激荡时，应尽可能多而全地找出所有可能原因，而不仅限于自己能完全掌控或正在执行的内容。负责人不对问题发表任何看法，也不能对工作组成员进行任何诱导，同时保证鱼骨图正确做出，即防止工作组成员将原因、现象、对策互相混淆，并保证鱼骨图层次清晰。

③ 将找出的各要素进行归类、整理，明确其从属关系。大要因必须用中性词描述（不说明好坏），中小要因必须使用价值判断（如……不良），对人的原因宜从行动而非思想态度面着手分析。

④ 分析选取重要因素。中要因与特性值、小要因与中要因间有直接的原因——问题关系，小要因应分析至可以直接下对策。

⑤ 如果某种原因可同时归属于两种或两种以上因素，请以关联性最强者为准（必要

时考虑三现主义：现时到现场看现物，通过相对条件的比较找出相关性最强的要因归类）。

⑥ 选取重要原因时，不要超过 7 项，且应标识在最末端原因。

第三节　确 定 目 标

正如百米运动员的目标是距离起跑点 100 米处一样，任何一个组织要有效地运用其有限的资源，首先必须明确其目标。目标能够为所有管理决策和行动提供方向和指导，并构成用以测量实际效果的标准。组织成员做的每一件事情都应该是为了实现组织目标。没有明确的目标，整个组织的活动就是杂乱无章的，更无从评价管理的效率与效果。因此，目标对各个组织而言都起着非常重要的作用。

一、目标的概念

 管理故事

每天种下 100 粒橡树种子

《天空》是英国发行量最大的杂志。能够登上《天空》杂志封面的，不是社会名流，就是风云人物。然而，登上 2010 年第 7 期封面的却是一位满脸皱纹、皮肤黝黑的乡下老人——贾斯汀。

贾斯汀是伦敦西南部德文郡巴德里小镇的农民。18 岁那年，他的父亲身患重病，于是把牧羊鞭交给了贾斯汀。18 岁的贾斯汀，就这样成了一名年轻的牧羊人。

巴德里小镇的南面，是一片光秃秃的荒山。每当贾斯汀赶着羊群路过这里时就想，这么一大片荒山，如果全种上橡树，那该多好啊！经过再三思考，贾斯汀决定付诸行动以实现这一梦想。

但是，他的想法遭到家人的反对。那时，他已结婚，妻子问他："你知道那是多大的一片荒山吗？起码有 6 000 英亩①！连政府都做不了的事情，就你一个人恐怕几辈子都无法完成。"贾斯汀却说："只要我每天都坚持做下去，坚持不懈，奇迹总会发生。"

见贾斯汀如此执着，家人也就不再阻止他干"傻事"了。从 26 岁开始，贾斯汀就一边牧羊，一边实施着自己的伟大计划。每天出门前，他数好 100 粒橡树种子

---

① 英亩非国际标准计量单位，一英亩 = 4 046.856 422 平方米。

放在随身的袋子里。到了山上,他先将羊群安顿好,然后将这些橡树种子一粒一粒地种下去,浇水、用羊粪施肥……

他一干就是30年,每天他都坚持种下100粒橡树种子。

2010年,英国国家森林学会的科学家来到巴德里小镇,当他们看到这片5 000英亩的橡树林时,无不为之感叹。科学家们决定采访一下这位伟大的老人,然而他已经去世。感动不已的科学家拿到他的一张相片,连同他的事迹一同送到了英国的《天空》杂志。

(资料来源:根据网络资料整理。)

启示: 历时30年种植成功6 000英亩的橡树林!贾斯汀成功的秘诀就是30年如一日,每天都坚持完成一个小目标——在荒山上种下100粒橡树种子。

所谓目标(goals),是指一个组织在未来一段时期内期望达到的目的,它反映了组织在特定的时期内,在综合考虑内外部环境条件的基础上,希望某一时期内在履行其使命上能够达到的程度或取得的成效。组织的目标与组织的宗旨不同,宗旨表达的是组织的一种追求,不仅比较抽象,也许最终也无法完全实现。如医院的宗旨是救死扶伤,学校的宗旨是教书育人。它是组织的一种使命,说明了该组织存在的根本目的或价值。但仅有宗旨显然不够,需要通过目标的具体化才能转化为组织成员具体的行动指南。所以目标是一种行动承诺,比宗旨具体,且可操作、可实现、可检验。

组织目标是指组织未来一段时间内要达到的预期效果,它反映了组织在特定的时期内,在综合考虑内外环境条件的基础上,希望在某一时间段内能够取得的成效。组织目标为组织的前进指明了方向,为组织的活动确定了发展路线,是管理者和组织中一切成员的行动指南,是组织决策、效率评价、协调和考核的基本依据。因此,对于任何一种组织来说,进行科学合理的目标定位都至关重要,什么事情应该做,什么事情不能做,将最终决定组织能否实现自己的使命。

小资料

著名企业的企业使命

微软: 帮助全球的个人用户和企业展现他们所有的潜力。

谷歌: 整合全球信息,使人人皆可访问并从中受益。

强生: 要解除人类的病痛,要制造最好的药品。

迪士尼: 用我们的想象力,给千百万人带来快乐。

中国移动: 创无限通信世界,做信息社会栋梁。

> 阿里巴巴：让天下没有难做的生意。
> 联想集团：为客户利益而努力创新。
> 中国建设银行：为客户提供更好的服务，为股东创造更大的价值，为员工搭建广阔的发展平台，为社会承担全面的企业公民责任。

二、目标的特点

（一）目标的差异性

目标的差异性主要体现在不同性质的组织目标有所不同，比如，服务性组织与有形产品生产组织、企业与事业组织，由于它们的组织宗旨不同，因此其组织目标也不同。企业更加注重营利，事业单位则不以营利为主要目标。即使是相同性质的组织，由于自身资源与外部环境不尽相同，其组织目标也可能有所不同，如同一行业中的不同企业追求的目标就不完全相同。

（二）目标的多元性

不同的组织会有不同的目标，在同一个组织内部，不同的部门也会有不同性质的多个目标。彼得·德鲁克提出，凡是成功的企业都会在市场、生产力、发明创造、物质和金融资源、人力资源、利润、管理人员的行为、工人的表现和社会责任方面有自己一定的目标。

综合德鲁克提出的以上目标，组织的目标通常应包括以下几个主要方面，如表4-4所示。

表4-4 组织目标的多元性

目标性质	目标内容
生存目标	是组织的最基本目标，是组织生存和发展的必要前提，如学校的生源、企业的最低产出规模等
经济目标	主要包括组织的资金运用、成本核算、投资回报等。比如，对营利性组织而言，经济目标常用投资回报（率）、生产与销售收入、成本、利润（率）等指标加以衡量；对非营利性组织而言，经济目标常用费用的控制、资金的运用等指标加以衡量
内部员工目标	主要指组织内部人力资源的开发与管理，包括人员的招聘、员工的培训、奖惩措施的制定、人际关系的协调等
社会目标	包括社会责任、环境保护、组织的社会形象等，与组织所处环境有关

（三）目标的层次性

从组织的总战略目标到每一个部门、每一个员工的工作目标，组织目标往往要经过逐层的分解与细化。一般地，组织有多少个管理层次，目标就会经过多少层的分解与细化。从最高层的战略目标，经过部门目标，最后形成岗位目标，从而使得抽象的目标具体化，并成为指导每一个组织成员工作的标准。

（四）目标的先进性

所谓目标的先进性，主要体现在制定的目标要有一定的高度，即起点要高，要求要高，要有一定的难度。如果目标定得太低，员工不需要付出太大的努力就可达到，则不能体现目标的先进性。但目标的先进性要视工作的性质和内容而定，并要充分考虑到员工能否完成。如果目标定得太高，员工们即使是付出了最大的努力也无法达到，那么员工唯一能做的就是放弃努力或干脆不干，这样会适得其反。另外，目标的先进性还体现在目标的量化，特别是越往基层，目标应该越能定量化，这样才便于考核。这里的定量化包括、什么事、什么时间、完成多少等。

（五）目标的时间性

目标的时间性包含两层含义：一是指要在规定的时间内完成组织目标，所以目标应有完成的时间限制；二是指组织目标应随着时间的变化作相应的调整，特别是当环境发生较大的变化后，原先制定的目标也应有所变化，体现出目标的弹性，而非目标一旦确定，就一成不变。

三、目标的设定

（一）目标设定应遵循的原则

1. 设定的目标要遵循市场需求的客观经济规律

每个组织要想较好地生存与发展，并取得社会的认同，都必须体现出自身的社会价值，并能满足一定的社会需求。因此，设定目标时，要把分析社会需求、满足社会需求作为制定目标的前提。

2. 设定的目标要充分体现组织的社会责任

因为在整个社会大系统中，每个组织都是社会的一分子，是社会的基本组织单位，因此，每个组织在考虑自身目标的同时，都应考虑到自身的社会角色，自觉地承担起社会的责任与义务。

3. 设定的目标要有利于组织资源的最优化配置

组织所拥有的资源是稀缺的、有限的，因此，组织在设定目标时要注意将有限的资源作最有效的配置，充分体现效益最佳原则。

4. 设定的目标要有利于调动组织成员的积极性和创造性

动画：
山上的小屋

目标是在未来一段时间内在某一方面要达到的目的。因此，目标值的确定必须有切实可行性：在制定目标时要全面分析组织现有的各种资源条件和通过努力能够获得的其他资源条件，并充分考虑各方面可能的创新。既不能脱离实际，凭主观愿望把目标定得太高，失去指引和激励作用，使组织成员失去信心；也不能把目标定得过低，不求上进，满足于现状，这样最终会在竞争中被淘汰。

 小资料

目标的 SMART 原则（见表 4-5）

表 4-5　目标的 SMART 原则

原则	具体要求
specific（具体化）	明确的目标能够使员工清楚组织期望他们做什么、什么时候完成以及做到何种程度。目标不能过多，组织的资源是有限的，每一层面的目标数量应该有一定的限制，目标太多会让组织成员无所适从；目标要表述清楚，简明扼要，容易理解
measurable（可衡量）	如果制定的目标无法衡量，就无法检查实际与期望的差距，就无法判断目标是否实现。目标值要尽可能用数字或程度、状态、时间等量化的表述
attainable（可行性）	组织的目标值应该高低适度，过高或过低的目标值都会对组织的管理活动产生不利的影响
relavant（关联性）	组织的近期目标应该与长期目标保持一致。目标是实现公司使命的重要工具，目标内容的确定应与组织的使命相关联
time-based（时限性）	没有时间要求的目标，容易被拖延。因此，目标设定要有时间限制，根据工作任务的轻重缓急，确定出完成目标项目的具体时间要求

（二）目标的设定步骤

1. 进行内外部环境与条件分析

全面收集、调查、整理外部环境与内部条件的资料，从而对组织内外环境的现状、发展趋势、对组织的影响程度作出客观的分析和判断，以此作为确定目标的依据。

一般地，组织面临的外部环境包括国家政治体制、经济政策和法规、经济发展水平、

人均消费能力等。通过对过去若干年来的发展情况和未来可能的变化趋势分析，明确组织未来发展过程中可以利用的外部资源条件及可能面临的机会与威胁，也即明确组织可以做什么。

而组织的内部条件分析包括组织自身所拥有的物质资源、资金状况、技术条件、人员素质和管理水平等，通过对这些条件的综合分析，明确组织自身的实力，即组织自身的优劣势，也即明确组织能够做什么。

2. 明确组织自身的愿景与价值观

明确管理者的价值观、人生观，组织成员的追求以及组织群体的价值观。也就是要了解组织成员愿意做什么、愿意做到什么程度。这是进行目标设定的人的意识形态体现。

3. 提出总体目标方案

通过外部环境给予我们的"可以做什么"，内部条件提供的"能够做什么"以及组织成员潜意识的"愿意做什么"来进行组织目标的逼近，将三者的选择集合起来，取其三者兼而有之的中间范围作为拟定的目标方案。

4. 评估各可行方案并确定一个满意方案

按照科学决策的过程进行多方案选择，并确定一个最满意方案作为最终目标的抉择。评估时主要从以下几个方面考虑：

（1）限制因素分析。分析哪些因素会影响目标的实现、影响程度有多大，尤其是本组织与竞争对手之间的比较，看能否找到本组织的竞争优势。

（2）综合效益分析。综合分析每个方案带来的效益，注意分析的效益应是多方面的，除了经济效益外，还要分析社会效益，要使组织的价值最大化。

（3）潜在问题分析。对实施每一目标方案时可能发生的问题、困难和障碍进行预测性分析，看组织有无能力去解决这些可能遇到的困难。

5. 分解总目标，使其具体化

组织的总体目标确定以后，还应将其分解、细化，层层落实，形成一个完整的目标体系。总体目标的具体化体现在两个方面：一是要根据总目标制定出相应的战略目标与战术目标，即首先要明确为了实现总体目标，我们必须要做些什么，然后再进一步确定该怎么去做；二是要将总体目标分解为部门目标与岗位目标，确定组织中各部门、部门中各成员应当做什么以及相应的权力和承担的责任，做到目标落实到人。

在制定目标方面，孔茨提供了一种衡量表用以帮助目标制定者判断和改进工作，如表4-6所示。

表 4-6　目标衡量表

1. 目标是否概括了该项职务的主要特点？ 2. 所定目标数量是否太多？能否把有些目标合并？ 3. 目标能否考核，也就是说，人们能否在计划期末知道他们是否已实现了目标？ 4. 目标是否指明数量、质量（多好或具体的规格要求）、时间（何时）、费用（耗用多少）。如果是属于定性目标，它们是否仍然可以考核？ 5. 目标能否激励人们去争取完成，是否现实可行？ 6. 是否规定目标主次轻重（顺序、重要程度等）？ 7. 这些目标是否还包括：①改进工作的目标；②个人发展的目标。 8. 这些目标是否与别的经理和组织所制定的目标相协调？是否与上级主管人员的、部门的、公司的目标相吻合？ 9. 这些目标是否已向需要知道的所有人传达了？ 10. 短期目标是否与长期目标相吻合？ 11. 据以拟定目标的一些设想是否都已清楚指明？ 12. 这些目标是否已清楚并用文字表明了？ 13. 目标是否适时地提供反馈信息，从而能够采取一切必要的纠正步骤？ 14. 现有的资源和职权是否足以保证去实现这些目标？ 15. 是否提供了机会，期望人们去实现这些目标，让他们提出自己的目标？ 16. 人们是否掌握了委派他们负责的那些工作？

动画：
猫脖子上的铃铛

视频：
古典的幸福计划

第四节　计划的方法

一、滚动计划法

（一）含义

由于环境的不断变化，在计划的执行过程中现实情况和预想的情况往往会有较大的出入，这就需要定期对计划做出必要的修正。

滚动计划法是一种具有灵活性，定期修订未来计划的方法。它是按照"近细远粗"的原则制订一定时期内的计划，然后按照计划的执行情况和环境变化，调整和修订未来的计划，并逐期向后移动，把短期计划、中期计划和长期计划有机地结合起来的一种计划方法。

滚动计划法是一种动态编制计划的方法。它不是等一项计划全部执行完了之后再重新编制下一时期的计划，而是在计划期的第一阶段结束时，根据该阶段计划执行情况和内外部环境变化情况，对原计划进行修订，并将整个计划按时间顺序向前推进一个计划期，即向前滚动一次，以后根据同样的原则逐期滚动。

（二）编制方法

在已编制出的计划的基础上，每经过一段固定的时期（如 1 年或者 1 个季度，这段固定的时期被称为滚动期），便根据变化了的环境条件和计划的实际执行情况，从确保实现计划目标出发对原计划进行调整。假设计划的周期为 5 年，按照近细远粗的原则分别制订出年度计划，即前段是比较详细的实施计划，后段是比较粗略的远景计划。计划执行 1 年后，认真分析实际完成情况与计划之间的差异，找出其影响原因。在已编制出的计划的基础上，根据变化了的环境条件，再次按照近细远粗的原则修正各年度计划，并向后延续 1 年，以此类推。每次调整时，保持原计划期限不变，而将计划期顺序向前推进一个滚动期。具体编制方法如图 4-7 所示。

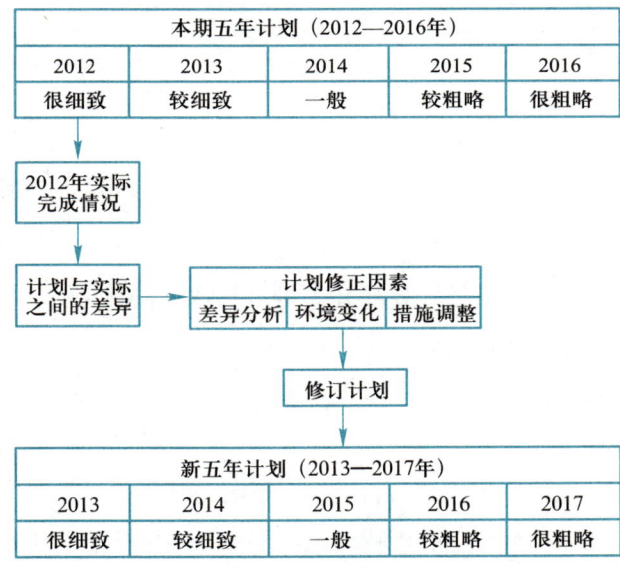

图 4-7　滚动计划法编制方法示意图

（三）评价

滚动计划法适用于任何类型的计划，既有优点，又有缺点。

1. 优点

（1）使计划更加切合实际。较好地解决了计划的相对稳定性和实际情况的多变性这一矛盾，使计划更好地发挥其指导生产实际的作用。

（2）缩短了计划的预计时间，提高了计划的准确性。编制这种计划时对 3 年后的目标无须做出十分精确的规定，从而使计划在编制时有更多的时间对未来 1~2 年的目标做出更加准确的规定。

（3）使短期计划和中期计划很好地结合在一起。把计划期内各阶段以及下一个时期

的预先安排有机地衔接起来，而且定期调整补充，从而从方法上解决了各阶段计划的衔接和符合实际的问题。

（4）使计划更富有弹性，实现了组织和环境的动态协调。使企业的生产活动能够灵活地适应市场需求，把供、产、销密切结合起来，从而有利于实现企业预期的目标。

2. 缺点

计划编制的工作量较大。

一句话管理

计划必须是具体的，但是计划不应是刻在石头上的。

二、甘特图

（一）含义

甘特图（Gantt chart），是在1917年由亨利·甘特开发的，是以图示的方式通过活动列表和时间刻度形象地表示出任何特定项目的活动顺序与持续时间的方法，主要用于进度计划的编排。其内在思想简单，基本上是一种线条图，一般纵轴表示工作任务，横轴表示工作任务的计划工作时间，线条表示在整个期间上计划和实际的活动完成情况。它直观地表明任务计划在什么时候进行，及实际进展与计划要求的对比。管理者由此可极便利地弄清一项任务（项目）还剩下哪些工作要做，并可评估工作是提前还是滞后，抑或正常进行。这是一种理想的控制工具。

甘特图能简单、形象、易懂、清晰地反映进度计划的过程，使用方便，可直接在图上进行各类资源需求量的统计，所以在企业管理工作中被广泛应用。

（二）编制方法

甘特图是一个二维的平面线条图，纵向表示工作任务。横向表示进度并与时间相对应，每一水平横道线显示每项工作的开始和结束时间，每一横道的长度表示该项工作的持续时间。在表示时间的横向维上，根据项目计划的需要，度量项目进度的时间单位可以用月、旬、周或天表示。图4-8绘出了一个图书出版的甘特图。

1. 先列出项目牵涉的各项活动、项目，画出草图

内容包括项目名称（包括顺序）、开始时间、工期、任务类型（依赖/决定性）和依

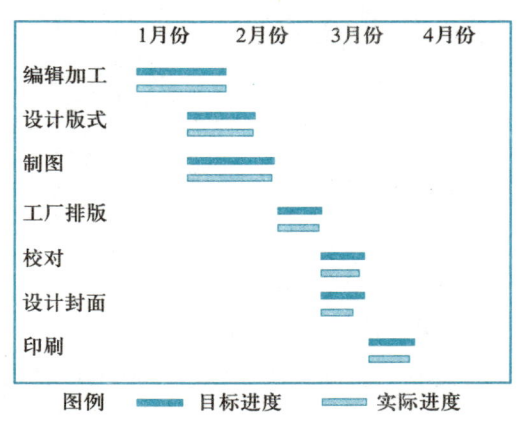

图 4-8 图书出版甘特图

赖于哪一项任务。如图书出版甘特图中,时间以月为单位标记在图的下方;主要活动包括有编辑加工、设计版式、制图、工厂排版、校对、设计封面以及印刷等,从下到上标记在图的左边。

2. 确定项目活动依赖关系及时序进度,将这些任务进行排序

此步骤将保证在未来计划有所调整的情况下,各项活动仍然能够按照正确的时序进行,也就是确保所有依赖性活动能并且只能在决定性活动完成之后按计划展开。实线的线框表示活动的目标进度,空白的线框表示活动的实际进度。

要注意:避免关键性路径过长。关键性路径是由贯穿项目始终的关键性任务所决定的,它既表示了项目的最长耗时,也表示了完成项目的最短可能时间。关键性路径会由于单项活动进度的提前或延期而发生变化。不要滥用项目资源,同时,对于进度表上的不可预知事件要安排适当的富余时间(slack time)。但是,富余时间不适用于关键性任务,因为作为关键性路径的一部分,它们的时序进度对整个项目至关重要。

3. 计算单项活动任务的工时量

如编辑加工、制图需要的时间稍长,可能需要1个月,校对、设计封面、印刷等需要时间较短,可能需要半个月。

4. 在甘特图上标示起止时间的跨度

有的时间跨度可以重合,有的时间跨度不能重合。

5. 确定活动任务的执行人员及适时按需调整工时

依据整体时间,检查可行性。

6. 计算整个项目时间

如图4-8所示。

（三）评价

1. 优点

（1）简单、直观、易学、易懂、易用；

（2）是定义任务或者展示进度的最普遍方式。

2. 缺点

（1）任务之间的逻辑关系不易表达清楚；

（2）用于简单建设项目有其优点，很难用于大型项目；

（3）难以进行严谨的进度计划时间参数计算，不能确定计划的关键工作、关键线路与时差；

（4）难以明确表达建设项目进度与资源消耗之间的内在联系和相互作用，因而就不能对进度计划进行优化和控制；

（5）任务对进度的影响不便于表达，难以适应大的进度计划系统；

（6）任务执行中的不确定性及变化带来的结果不便于描述。

三、网络计划法

小资料

网络计划法的起源

网络计划法是 20 世纪 50 年代在美国产生和发展起来的，依其起源有关键路径法（CPM）与计划评审法（PERT）之分。1956 年，美国杜邦公司在制定企业不同业务部门的系统规划时，制订了第一套网络计划。这种计划借助于网络来表示各项工作与所需要的时间，以及各项工作的相互关系。通过网络分析研究工程费用与工期的相互关系，并找出在编制计划及计划执行过程中的关键路径，效果非常明显，第一年就为杜邦公司节约了 100 多万美元，后来这种方法称为关键路径法（CPM）。1958 年美国海军武器部在制订研制"北极星"导弹计划时，同样应用了网络分析方法与网络计划，它注重对各项工作安排的评价和审查，使北极星导弹工程的研制工期由原计划的 10 年缩短为 8 年，节约成本 10%~15%。这种计划称计划评审法（PERT）。1961 年，美国国防部和国家航空署规定，凡承制军用品必须用计划评审法上报。从那时起，网络计划法开始被广泛地应用。CPM 主要应用于以往在类似工程中已取得一定经验的承包工程，PERT 更多地应用于研究与开发项目。

（一）含义与特点

网络计划法是用网络图等方式把一项任务的有关活动有机地组合成一个整体，通过分析与计算，寻求最佳规划与控制的一种技术与方法。其基本原理是将一项工作或者项目分成若干作业，然后按照作业的顺序进行排列，应用网络图对整个工作或项目进行统筹规划和控制，以便用最少的人力、物力和财力资源及最高的速度完成任务。

网络计划法具有以下特点：① 直观性强，可形象反映工程全貌；② 主次、缓急清楚，便于抓住主要矛盾；③ 可利用非关键线路上的工作潜力，加速关键作业进程，因而缩短工期，降低工程成本；④ 可估计各项作业所需时间和资源；⑤ 可运用计算机画图，缩短计划编制时间。正是因为网络计划法具有以上特点，目前它在企业管理中得到广泛应用。对于规模大、环节多、建设周期很长的大型项目，网络计划法提供了相应的优化技术，能够合理地安排各方资源，用最短的时间、最省的费用按质完成项目。

目前网络计划法应用比较广泛的两种方法是关键路径法（critical path method，CPM）和计划评审法（program evaluation and review technique，PERT）。CPM 是以经验数据为基础来确定各项工作时间的，而 PERT 则把各项工作的时间作为随机变量来处理。所以，前者往往被称为肯定型网络计划法，而后者往往被称为非肯定型网络计划法。前者是以缩短时间、提高投资效益为目的，而后者则能指出缩短时间、节约费用的关键所在。因此，将两者有机结合可以取得更显著的效果。

（二）基本内容

网络计划法包括以下基本内容：

1. 网络图

网络图是指网络计划法的图解模型，反映整个工程任务的分解和合成。分解，是指对工程任务的划分；合成，是指解决各项工作的协作与配合。分解和合成是解决各项工作之间，按逻辑关系的有机组成。绘制网络图是网络计划法的基础工作。网络图由活动、事件、线路3个要素组成。

（1）"活动"。指一项工作或一道工序。活动需要消耗一定的资源和时间，而有些工作不需要消耗资源，但要占用时间，在网络图中也作为一项活动。活动一般用箭线表示，箭线的上部标明工作的名称，下部标明所需时间，一般以小时、天、周表示，箭头表示活动前进的方向。

（2）"事件"。表示主要活动结束的那一点，又称结点。事件既不消耗资源，又不占用时间，只表示前面活动的结束、后面活动的开始。事件用圆圈表示，并编以号码，任何活动可以用前后2个事件的编码来表示。

(3) 线路。指从起点事件开始，顺着箭头方向，连续不断地到达终点事件为止的一条通道。一条线路上各活动（工序）的作业时间之和称为路长。在一个网络图中，有很多条线路，每条线路的路长不一，其中最长的一条线路就叫关键线路。关键线路对整个生产周期有着直接影响。

2. 时间参数

在实现整个工程任务过程中，包括人、事、物的运动状态。这种运动状态都是通过转化为时间函数来反映的。反映人、事、物运动状态的时间参数包括：各项工作的作业时间、开工与完工的时间、工作之间的衔接时间、完成任务的机动时间及工程范围和总工期等。

3. 关键线路

通过计算网络图中的时间参数，求出工程工期并找出关键线路。在关键线路上的作业称为关键作业，这些作业完成的快慢直接影响着整个计划的工期。在计划执行过程中关键作业是管理的重点，在时间和费用方面则要严格控制。

4. 网络优化

网络优化，是指根据关键路径法，通过利用时差，不断改善网络计划的初始方案，在满足一定的约束条件下，寻求管理目标达到最优化的计划方案。网络优化是网络计划法的主要内容之一，也是相较其他计划方法优越的主要方面。

（三）应用步骤

网络计划法的应用主要遵循以下几个步骤，如图 4-9 所示。

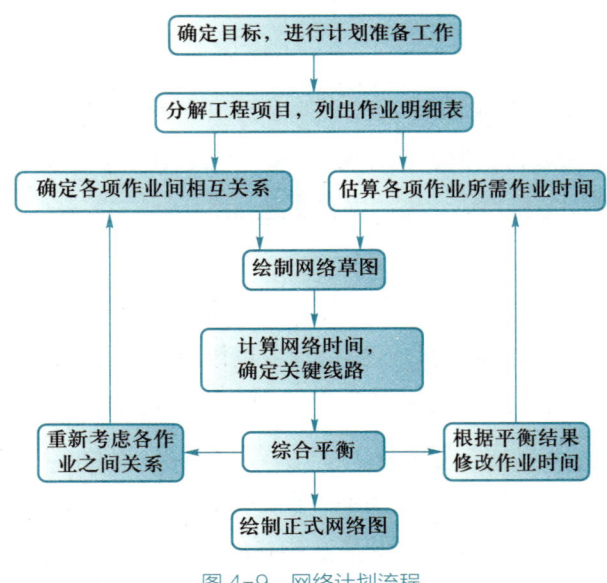

图 4-9　网络计划流程

1. 确定目标，进行计划准备工作

确定目标，是指决定将网络计划法应用于哪一个工程项目，并提出对工程项目和有关技术经济指标的具体要求。如在工期方面，成本费用方面要达到什么要求。依据企业现有的管理基础，掌握各方面的信息和情况，利用网络计划法为实现工程项目，寻求最合适的方案。

2. 分解工程项目，列出作业明细表

一个工程项目是由许多作业组成的，作业是指一项工作的过程需要消耗时间、资源和人力才能完成的活动。在绘制网络图前就要将工程项目分解成各项作业。作业项目划分的粗细程度视工程内容以及不同单位要求而定。通常情况下，作业所包含的内容多、范围大多可分粗些；反之则细些。作业项目分得越细，网络图的结点和箭线就越多。对于上层领导机关，网络图可绘制得粗些，主要是通观全局、分析矛盾、掌握关键、协调工作、进行决策；对于基层单位，网络图就可绘制得细些，以便具体组织和指导工作。

在工程项目分解成作业的基础上，还要进行作业分析，以便明确先行作业（紧前作业）、平行作业、后续作业（紧后作业）和交叉作业。先行作业（紧前作业）即在该作业开始前，哪些作业必须先期完成；平行作业即哪些作业可以同时平行地进行；后续作业（紧后作业）即哪些作业必须后期完成；交叉作业即在该作业进行的过程中，哪些作业可以与之平行交叉地进行。

在划分作业项目后便可计算和确定作业时间。一般采用单点估计或三点估计法，然后一并填入明细表中。作业明细表的格式如表 4-7 所示。

表 4-7 作业明细表

作业名称	作业代号	作业时间	先行作业（紧前作业）	后续作业（紧后作业）

3. 绘制网络草图

根据以上作业明细表，可绘制网络草图。网络草图的绘制方法有顺推法和逆推法。

（1）顺推法，即从始点时间开始根据每项作业的直接紧后作业，顺次绘出各项作业的箭线，直至终点事件为止。

（2）逆推法，即从终点事件开始，根据每项作业的紧前作业逆箭头前进方向逐一绘出各项作业的箭线，直至始点事件为止。

同一项任务，用上述两种方法画出的网络草图是相同的。一般习惯于按反工艺顺序

安排计划的企业，如机器制造企业，采用逆推法较方便，而建筑安装等企业，则大多采用顺推法。按照各项作业之间的关系绘制网络草图后，并进行结点的编号。绘制网络草图的注意事项如下：

（1）网络草图是有方向的，从左到右排列，不应有回路，也不允许出现循环线路。

（2）事件号不能重复。网络草图中的每一项活动都应有自己的结点编号，号码不能重复使用。

（3）箭头必须从一个结点开始，到另一个结点结束。前一箭线的活动结束后，后一箭线的活动才能开始，箭线中间不能列出箭线。

（4）两个结点之间只能画一条线，但进入某一结点的线可以有很多。

4. 计算网络时间，确定关键线路

根据网络草图和各项活动的作业时间，就可以计算出全部网络时间和时差，并确定关键线路。具体计算网络时间并不太难，但比较烦琐。在实际工作中影响计划的因素很多，要耗费很多的人力和时间。因此，只有采用电子计算机才能对计划进行局部或全部调整，这也是为推广应用网络计划法提出了新内容和新要求。

5. 综合平衡，绘制正式网络图

找出关键线路，也就初步确定了完成整个计划任务所需要的工期。这个总工期，是否符合合同或计划规定的时间要求，是否与计划期的劳动力、物资供应、成本费用等计划指标相适应，需要进一步综合平衡，通过优化，择取最优方案。然后正式绘制网络图，编制各种进度表以及工程预算等各种计划文件。

编制网络计划仅仅是计划工作的开始。计划工作不仅要正确地编制计划，更重要的是组织计划的实施。网络计划的贯彻执行，要发动群众讨论计划，加强生产管理工作，采取切实有效的措施，保证计划任务的完成。在应用电子计算机的情况下，可以利用计算机对网络计划的执行进行监督、控制和调整，只要将网络计划及执行情况输入计算机，它就能自动运算、调整，并输出结果，以指导生产。

下面举一个例子来说明。假如你是一家建筑公司的施工经理，你被分配去监督一座办公楼的施工过程，施工前，你要预计工期，以便对整个项目进行统筹规划和控制。这样的实践活动可以运用网络计划法中的 PERT 来解决。

首先将整个项目分解为作业明细表，如表 4-8 所示。

表 4-8 作业明细表

作业名称	作业代号	作业时间/周	紧前事件
审查设计和批准动工	A	10	

续表

作业名称	作业代号	作业时间/周	紧前事件
挖地基	B	6	A
立屋架和砌墙	C	14	B
建造楼板	D	6	C
安装窗户	E	3	C
搭屋顶	F	3	C
室内布线	G	5	D、E、F
安装电梯	H	5	G
铺地板和嵌墙板	I	4	D
安装门和内部装饰	J	3	I、H
验收和交接	K	1	J

然后按照表 4-8 所列的工序及其相互关系，绘制网络图。如图 4-10 所示。

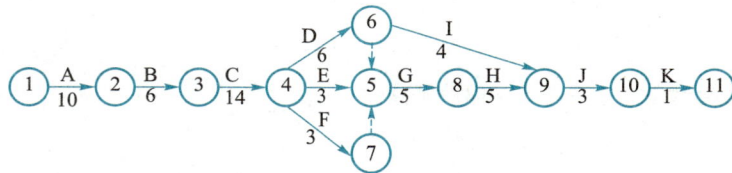

图 4-10　PERT 网络图

（四）评价

1. 优点

（1）该方法全面、清晰地表明了整个计划中各项作业的先后顺序和相互制约、相互依赖的关系，并指出了完成计划的关键线路。管理者在制订计划时可以统筹安排，全面考虑，同时能进行重点管理。

（2）通过网络图时间参数计算，可以在名目繁多、错综复杂的计划中找到关键工作和关键线路，从而使管理者能够采取技术组织措施，千方百计地确保计划总工期目标任务的顺利完成。

（3）可对工程的时间进度与资源利用实施优化。在计划实施过程中，管理者可调动非关键线路上的人力、物力和财力支援关键作业，进行综合平衡。这样既可节省资源，又能加快工程进度。

（4）可事先评价达到目标的可能性。该方法指出了计划实施过程中可能发生的困难点，以及这些困难点对整个计划产生的影响，以准备好应急措施，从而减少完不成任务的风险。

（5）在网络计划执行过程中，能够对其进行有效的监督和控制，如某项工作提前或推迟完成时，管理者可以预见到它对整个网络计划的影响程度，以便及时采取技术、组织措施加以调整。

2. 缺点

（1）各项时间参数计算比较烦琐。

（2）具体作业时间不能很准确地估计。

实践表明，网络计划法特别适用于生产技术复杂、工作项目繁多且联系紧密的一些跨部门的工作计划。例如，新产品研制开发、大型工程项目、生产技术准备、设备大修等计划。此外，还可以应用在人力、物力、财力等资源的安排，合理组织报表、文件流程等方面。

不能踏出报纸外

1. 游戏目的：让学生意识到观察环境、统筹安排、集体协作的重要性，让学生在游戏中培养运筹帷幄、团队合作的精神。

2. 形式：10人一组，共4组。

3. 时间：30分钟。

4. 材料：全开的报纸4张。

5. 对象：全体学生。

6. 场地：不限。

7. 游戏程序：

（1）根据学生人数将学生分成4组，每组10人。

（2）教师在地上铺4张全开的报纸，每两张报纸间相隔1米距离，请4组学生都分别站在各自小组的报纸上，要求无论用任何方式都可以，就是不能把脚踏在报纸之外的地上。

（3）两组都站好后，教师请各组将报纸对折后，请各组成员再站到报纸上，各组如有成员被挤出报纸外，则该成员被淘汰且不得参加下一个回合。

（4）通过把报纸对折，缩小面积，不断将被挤出的成员淘汰，直到最后只剩下一个人。

（5）请所有学员围坐成一圈，讨论刚才游戏的过程有哪些收获并分享心得。

8. 游戏评价：

（1）在游戏过程中，你学到了什么？

（2）该游戏对我们今后的工作有何启示？

 思政之窗

"一带一路"倡议：共商、共建、共享

2013年9月和10月由中国国家主席习近平分别提出建设"新丝绸之路经济带"和"21世纪海上丝绸之路"的合作倡议，简称"一带一路"倡议。"一带一路"倡议旨在借用古代丝绸之路的历史符号，高举和平发展的旗帜，积极发展与沿线国家的经济合作伙伴关系，共商、共建、共享，共同打造政治互信、经济融合、文化包容的利益共同体、命运共同体和责任共同体。"一带一路"倡议以政策沟通、设施联通、贸易畅通、资金融通和民心相通为主要内容扎实推进。

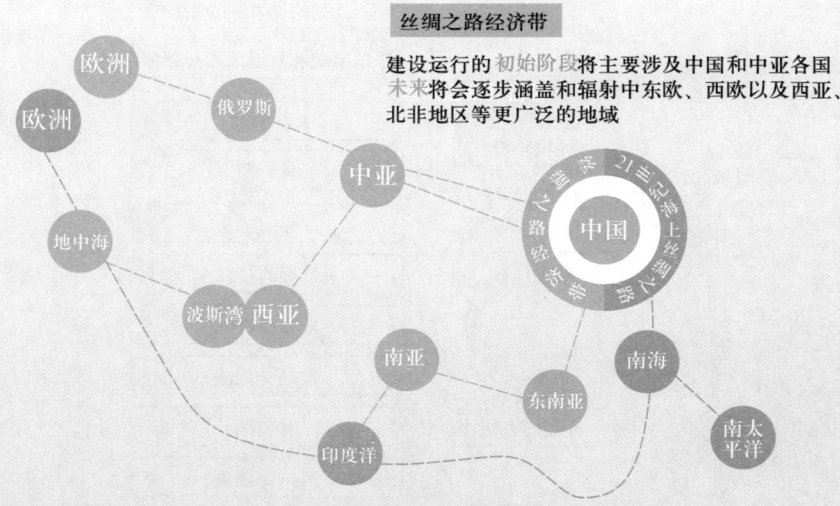

中国改革开放以来，事业取得了巨大成就，但同时也存在着方方面面的问题，迫切需要加强各方面改革开放措施的系统集成。而当今世界正发生复杂深刻的变化，国际金融危机深层次影响继续显现，世界经济缓慢复苏、发展分化，国际投资贸易格局和多边投资贸易规则酝酿深刻调整，各国面临的发展问题依然严峻。

"一带一路"倡议恰逢其时,是习近平统筹国内国际两个大局提出的重大国际合作倡议。自提出以来,得到国际社会积极支持和热烈响应。"一带一路"建设从规划走向实践,从愿景转化为现实,进展和成果超出预期:中国已与150多个国家和国际组织签署了170多份合作文件;中国同共建"一带一路"国家贸易总额超过6万亿美元;政策沟通不断深化,合作机制不断完善,各领域合作广泛开展。

(资料来源:根据网络资料整理。)

启示:"一带一路"倡议取得的成就,主要可以归结为:(1)环境分析到位,综合世界局势,实现合作共赢。(2)周密计划,探寻经济发展之道。(3)目标宏伟,路径清晰。从绘就总体布局的"大写意"到聚焦重点的"工笔画",实现全球化再平衡,推动建立持久和平、普遍安全、共同繁荣的和谐世界。

本章小结

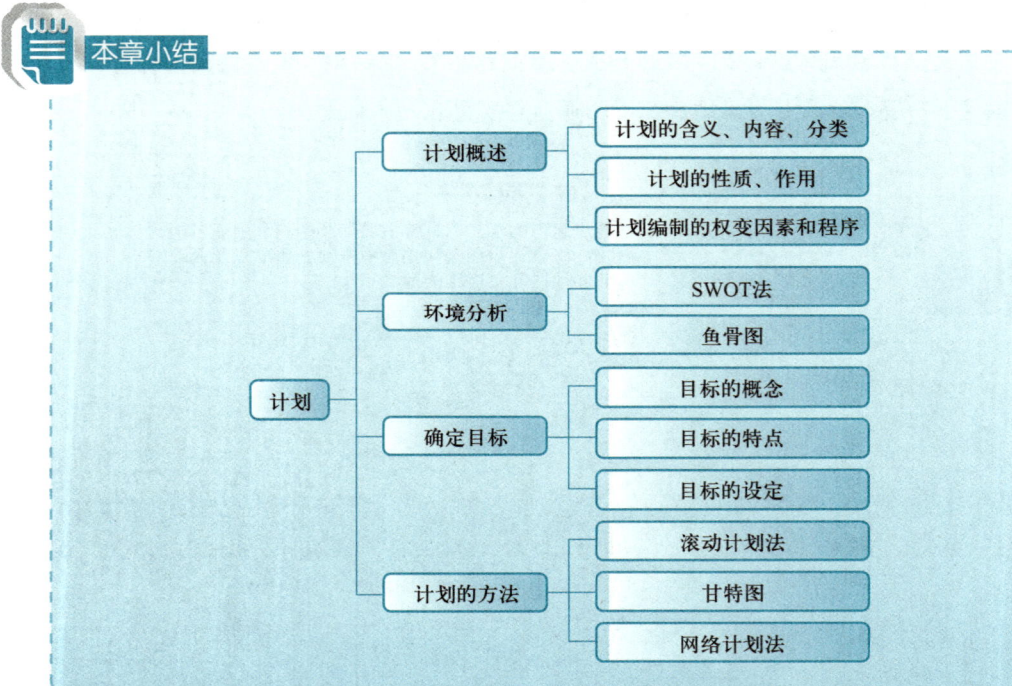

思考与练习

1. 管理的首要职能是（　　）
   A. 领导　　　　　　　　　　B. 计划
   C. 组织　　　　　　　　　　D. 控制

2. 预算也被称为（　　）
A. 数字化的计划　　　　　　　B. 数字化的目标
C. 实物化的计划　　　　　　　D. 货币化的计划

3. 按计划内容分类的计划是（　　）
A. 长期计划　　　　　　　　　B. 战略性计划
C. 综合性计划　　　　　　　　D. 指导性计划

4. （　　）应该是企业的长期计划
A. 新产品的市场投放计划　　　B. 公司经营发展计划
C. 产品的年度产量计划　　　　D. 公司财务报告

5. 对于基层管理者来说，其在计划职能方面的工作主要是（　　）
A. 制订具体的、操作性的计划
B. 制订有关企业发展方向的规划
C. 制定企业的人才发展策略
D. 制定企业章程

6. 计划制订中的滚动计划法是动态的和灵活的，它的主要特点是（　　）
A. 按前期计划执行情况和内外环境变化，定期修订已有计划
B. 不断逐期向前推移，使短、中期考虑有机结合
C. 按近细远粗的原则来制订，避免对不确定性远期的过早安排
D. 以上三方面

7. 组织经营环境越不稳定，组织的计划就应该越需要和更强调（　　）
A. 战略计划和长期计划　　　　B. 单一性计划和短期计划
C. 指导性计划和短期计划　　　D. 作业计划和长期计划

8. 用来编制和调整长期计划的一种十分有效的方法是（　　）
A. 综合计划法　　　　　　　　B. 作业计划法
C. 滚动计划法　　　　　　　　D. 网络计划法

9. 按计划表现形式分，计划的类型有（　　）
A. 宗旨和目标　　　　　　　　B. 战略和政策
C. 规则和规划　　　　　　　　D. 程序和预算
E. 使命和效率

10. 如何应用SWOT法分析企业环境？

 **自我评估**

你是一个优秀的计划人员吗？

提示：对下列的每一个问题只需作答"是"或"否"。

1. 我的个人目标能以文字的形式清楚地说明。（　　）
2. 多数情况下我整天都是乱哄哄的和杂乱无章的。（　　）
3. 我一直都是用台历或约会簿作为辅助。（　　）
4. 我很少仓促地做出决策，总是仔细研究了问题之后再行动。（　　）
5. 我利用"速办"或"缓办"卷宗对要办的事情进行分类。（　　）
6. 我习惯于对所有的计划设定开始日期和结束日期。（　　）
7. 我经常征求别人的意见和建议。（　　）
8. 我想所有的问题都应当立刻得到解决。（　　）

根据问卷设计者的观点，优秀的计划人员可能的答案是：2和8答案为"否"，其余为"是"。

 **管理实战**

南机公司是一家生产和销售农业机械的企业，袁先生是该公司的总裁。2009年，该公司产品销售额为3 000万元，2010年达到3 400万元，2011年预计销售可达3 700万元。每当办公桌前翻看这些数字、报表，袁先生都会感到踌躇满志。

这天下午又是业务会议时间，袁先生召集公司各地的经销负责人，分析目前和今后的销售形势。在会议上，有些经销负责人指出，农业机械产品虽有市场潜力，但消费者的需求趋向已有所改变，公司应针对新的要求，增加新的产品种类，以适应消费者的新需要。

身为机械工程师的袁先生，对新产品研制、开发工作非常内行。他听完了各经销负责人的意见之后，心里很快地盘算了一下：新产品的开发首先要增加研究与开发投资，然后再投资改造现有的自动化生产线，这两项工作耗时为3~6个月。增加生产品种同时意味着必须储备更多的备用零件，并根据需要对员工进行新技术的培训，投资又会进一步增加。

袁先生认为，从事经销工作的人总是喜欢以方便自己的业务来考虑，不断提出推出新产品的要求，却全然不顾品种更新所必须投入的成本。事实上，公司目前的这几种产品经营效果还很不错。所以，他决定不考虑增加新产品的建议，目前的策略仍是改进现有产品。他相信，降低产品成本、提高产品质量、制定具有吸引力的价格，是提高公司产品竞争力最有效果的法宝，因为客户们实际考虑的还是产品的价值。尽管他已作出了决策，但他还是愿意听一听顾问专家们的意见。

思考：
1. 你认为南机公司的宗旨是什么？
2. 如果你是顾问专家，会对袁先生提供怎样的建议？

综合实训

[实训名称]

编制活动策划书。

[实训目标]

1. 培养创新能力与策划能力；
2. 掌握编制计划的程序和方法。

[实训内容]

1. 在个人调研的基础上，运用创新思维，分小组策划一项班级活动或学校活动，制订一份计划书。要求：

（1）学生分组，每组8~10人。

（2）小组通过调研，获得较丰富的第一手资料。

（3）所策划活动的内容与主题，由学生自选。选题尽可能有可行性，同时不乏创新性。

（4）要运用创新性思维，所策划的活动一定要有创意。

（5）活动具有可行性和可操作性。

（6）计划书要详细，结构要合理、完整。

2. 各小组利用课余时间进行系统的活动策划、计划书的编制。

3. 每小组指派一名代表在课堂上进行交流，其他小组参与打分，点评。

4. 各小组选派一名组长，小组的每一个成员既有分工，又有协作。

[成果形式]

1. 小组的每个成员有不同的分工，按照10分原则评分。

2. 在个人分工协作的基础上，编写小组活动策划书。

3. 根据各小组在交流中的表现，按照10分原则对发言人和小组人员进行现场评分。

4. 其他小组代表进行点评，教师作总结性点评。

第五章

组织

【管理地图】

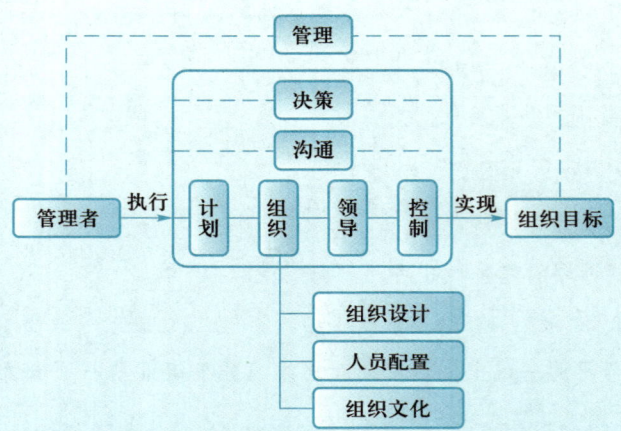

【学习目标】

★ 知识目标

⊙ 了解组织设计的概念、原则和过程。

⊙ 理解职权配置和制度设计。

⊙ 掌握常见的组织结构类型。

⊙ 掌握人员选聘、培训和考核的基本方法。

⊙ 理解团队建设的意义。

⊙ 理解组织文化对企业的影响。

★ 能力目标

⊙ 会设计基本的组织结构图。

⊙ 能够组建团队完成目标任务。

★ 关键词

组织、组织设计、人员配置、组织文化。

顺应发展的联想集团组织结构

联想喜欢把自己比喻成一条船,在暴风骤雨的市场环境中,不断调整自我,适应变化。联想集团的组织结构经历了平底快船模式、大船模式、舰队模式,走向国际化、智能化。

1. 创建期(1983—1987年)的简单结构

公司组织结构比较简单,在总经理领导下设技术开发部、工程部、办公室、业务部。业务部包括宣传培训、门市和技术实体。公司内设IBM代理北京中心和集体所有制的商店各一个。

这种没有权力等级的简单结构,联想称其为平底快船模式。总经理直接指挥,权力集中,没有层次,能维持组织的灵活性和快速决策。

2. 成长期(1988—1993年)组织结构:直线职能制

1988—1993年,联想的组织结构开始逐步转为直线职能制。联想称这种体制为大船结构模式。这种组织结构强调明确岗位责任、权力等级和职能分工,强调交流和沟通正式化,强调"统一指挥,专业化分工"。组织结构的主要内容及特点如下:统一协调;各业务部门,即"船舱"实行经济承包合同制;公司实行集团领导;逐步实现制度化管理;思想政治工作与奖罚严明的组织纪律相结合。

3. 大公司时期(1993—1998年)的组织结构:事业部制

随着环境的变化,企业规模的扩大,直线制的大船结构已难以适应企业发展的要求。1992年初,总公司提出了事业部的概念,在北京和香港地区分别建立了事业部,特别是在香港地区全面实行了事业部制。

1993年,联想决定全面实行从大船结构向以事业部为基本组织形式的体制转变,即所谓的向舰队结构体制转变。公司原有的经营部门按产品划分为13个事业部。在公司总体战略部署和统一经营计划指导下,事业部对产供销各环节实行统一管理,享有经营决策权、财务权和人事管理权。公司设立销售总监、财务总监,成立审计部,健全人事、财务和审计等方面的制度,对事业部进行"目标管理"及过程监控。

4. 内地、香港地区联想整合,建立事业部,加强地区平台建设

整合主要集中在三个方面:资产业务的重组,"同类项的合并",进一步完善公司总部和事业部的集权、授权体系;建立地区平台。

5. 联想的国际化经营(2005年至今)

2005年5月1日15点,联想宣布完成并购IBM的全球PC业务,并购后的新联

想以130亿美元的年销售额一跃成为全球第三大PC制造商。自此联想开始全球化经营，也不断进行全球化战略下的组织变革。

经过多年的努力，2008年，联想在全球66个国家拥有分支机构，在166个国家开展业务，在全球拥有22 511名员工，年营业额达136亿美元，并建立了以中国北京、日本东京和美国罗利三大研发基地为支点的全球研发架构。

6. 联想组织架构变革：打破边界，为智能转型激发新动能（2018年至今）

2018年5月8日，联想集团通过内部系统，宣布了一项新的组织架构调整：联想原个人PC和智能设备业务集团（PCSD）、移动业务集团（MBG）合并，整合成立新的智能设备业务集团（Intelligent Devices Group, IDG）。

智能物联网时代是万物互联，联想一方面要去和外部的合作伙伴们共创一个智能物联网生态；另一方面，形成联想自己内部的智能硬件生态。这样的组织调整，在智能物联网变革的前夜恰逢其时。

（资料来源：根据联想集团网络资料整理。）

启示：联想在不同时期采用不同的组织结构，得以健康成长。可见，组织结构不是一成不变的，其设计与调整除了要与发展战略相适应，还必须考虑组织的发展战略、所处的环境、业务特点、组织规模以及人力资源状况等因素。

第一节 组织设计

一句话管理

为了使人们能为实现目标而有效地工作，就必须设计和维持一种职务结构，这就是组织管理职能的目的。

管理故事

组织结构的作用

好的组织结构不会自动产生良好的绩效，但是在不健全的组织结构下，无论管理者是多么优秀，企业一定不可能展现出色的绩效。

健全的组织结构不是灵丹妙药，也不像某些组织理论专家所说的，是管理'管理者'最重要的工作。但是，正确的组织结构是必要的基础。如果没有健全的组织结构，其他管理领域也无法有效达成良好的绩效。

（资料来源：彼得·德鲁克.管理的实践.北京：机械工业出版社，2006.）

一、理解组织

组织可以从不同的角度去解释和理解，包括以下两层含义：一是指两个或两个以上的个人为了实现共同的目标而形成的有机整体。如工厂、机关、学校、医院以及各个党派和政治团体等各种实体组织。二是指为有效实现组织目标，建立组织结构、完善组织制度、配备组织人员，并使组织协调运行发展的一系列活动，也就是设计一种组织结构，并使之有效运转的过程。前者是组织的名词含义，后者是把组织当做动词来使用和解释的，指的是组织职能。

所谓组织结构，就是组织的框架体系。具体地说，就是如何对组织内部进行职能分工，形成横向的部门联系以及纵向的层次体系。组织结构是一个组织的骨骼系统，健全的组织结构可以使组织的人、财、物、信息等资源要素之间达到良好的结合，并能协调组织内部关系，充分发挥各级人员的积极性，实现组织目标。

钻石为什么比石墨坚硬？钻石为什么比石墨值钱？关键是结构不同。同样，企业要具备有弹性、快速的市场响应力，实现其生存、发展目标，需要一个合理、科学的组织结构给予支撑。

组织设计是指以企业组织结构为核心的组织系统的整体设计工作。

组织设计的任务是设计清晰的组织结构，规划和设计组织中各部门的职能和职权，确定组织中直线职权、职能职权、参谋职权的活动范围并编制职务说明书。组织设计的最终结果是组织结构图、职务说明书和组织手册。组织结构图是用图形的方式表示组织内的职权关系和主要职能，其垂直形态显示权力和责任的关联体系，水平形态显示分工与部门化的结果。职务说明书主要是说明职位的名称、主要的职能与职责、履行职责的相应职权以及与组织其他职位的关系。组织手册通常是职务说明书与组织结构图的综合。

动画：
不拉马的士兵

组织设计是一个动态的工作过程，其基本功能是协调组织中人员与目标任务的关系，使组织结构适合目标的要求，最大限度地发挥组织成员的能动性，使组织成为一个既具有凝聚力又具有很强适应性的有机整体。组织设计应遵循目标统一原则、分工与协作原则、责权对等基本原则，综合考量组织设计的影响因素，进行岗位、部门、管理层次、职权、制度规范的系统化设计。

二、组织设计的影响因素

1. 战略

战略是组织设计中最重要的影响因素。在组织结构与战略的相互关系上,一方面,战略的制定必须考虑企业的组织现实;另一方面,一旦战略形成,组织结构应作出相应的调整,以适应战略实施的要求。如表5-1所示。

表5-1 组织结构与战略的关系

战略类型		组织结构特征
经营定位	专业化	倾向于集权型组织结构,强调内部效率和纵向控制
	多元化	倾向于分权型组织结构,强调内部自主性和结构灵活性
竞争态度	保守型	以集权的刚性为主,强调规范化和严密的控制
	稳健型	集、分权相结合,强调纵向的职能控制和横向的项目协调
竞争态度	冒险型	以柔性的分权结构为主,注重创新和部门相互间的协调
竞争方式	成本领先	以职能性结构为主,注重规范化、内部效率和稳定性
	差异化	以弹性结构为主,注重横向的合作和纵向的专业化

资料来源:邢以群. 管理学[M]. 北京:高等教育出版社,2017:217.

2. 组织规模

组织规模是影响组织设计的一个重要变量。随着企业的发展,企业的规模日渐扩大,内容也日趋复杂,组织管理的正规化要求逐渐提高,对不同岗位以及部门间协调的要求越来越高,组织也越来越复杂。

3. 组织的生命周期

组织不同的生命周期阶段要求有与之相适应的组织结构形态。比如,在企业初始阶段,其组织层级比较简单,管理者很可能同时担任着决策执行者的角色。在企业的衰退阶段,企业则可能出于开源节流的目的进行组织层级的调整,如裁员。

4. 外部环境

任何一个组织的运作都不可能脱离一定的外部环境,有效的组织结构是那些与外部环境相适应的结构。

比较早的关于环境与组织结构之间关系的研究是由英国学者汤姆·伯恩斯(Tom Burns)和斯托克(G.M.Stalker)进行的。研究发现:环境一般可分为相对稳定的环境和不稳定的环境。与此相适应,有两种不同的组织结构:机械式结构和有机式结构。处于相对稳定环境中的组织宜采用机械式结构，而处于不稳定环境中的组织多采用有机式结构。

机械式结构又称科层组织，是设有严格的等级层次、决策高度程序化、权力高度集中化和操作高度标准化的组织；有机式结构是一种相对分散、分权化的，具有灵活性和适应性的组织。

5. 技术

技术是指把某种材料等资源转化为最终产品的机械力和智力转换过程。任何组织都需要通过技术将投入转化为产品。组织必须适应新技术的发展，设计不同的部门和相应的组织结构。

三、组织设计的内容

（一）岗位设计

岗位设计是指将若干工作任务组合起来构成一个完整岗位。

1. 岗位设计的要求

一个具有激励性的岗位应具备 5 个基本特征：技能多样性（Skill variety），指一项岗位要求员工使用各种技术和才能从事多种不同活动的程度；任务的特性（Task identity），指一项岗位要求完成一项完整的和具有同一性的任务的程度；任务重要性（Task significance），指一项任务对其他人的工作和生活具有实质性影响的程度；工作自主性（Autonomy），指一项岗位给予任职者在安排工作进度和决定从事工作所适用的方法方面提供的实质性自由、自主的程度；信息的反馈（Feedback），指个人为从事岗位所要求的工作活动所需获得的有关其绩效信息的直接和清晰程度。

技能多样化、任务的特征和任务重要性共同创造了有意义的工作，即当一个岗位具有以上三种特征时，任职者将会把他的岗位看作是重要的、有价值的和值得做的。另外，具有工作自主性的岗位会给任职者带来一种对工作结果的个人责任感，而如果该岗位能获得工作绩效反馈，任职者可以知道他的工作效果。当员工能够了解到工作绩效，并认为自己从事的是有意义的工作，自己应该对工作结果负责时，他就会获得一种内在的激励。这种内在的激励将提高员工的工作动机、工作绩效和工作满意度，并降低旷工和辞职的可能性。

2. 岗位设计的做法

为了减少工作的枯燥性，并提高员工生产力，在管理实践中，人们总结出了以下几种岗位设计方法：

（1）职责专门化。将岗位设计得尽可能简单，工作划分得更细小和更专业化。根据亚当·斯密的劳动分工理论和弗雷德里克·泰罗的科学管理原理，职责专门化有助于提高员工的工作熟练程度，从而取得更高的效率和更好的业绩。但过于专门化的工作，容易让人厌烦和沮丧，会导致员工的不满。

（2）职责扩大化。为了克服由于过度的分工而导致的工作过于狭窄的弊端而提出的一种岗位设计思想。职责扩大化是指把若干活动合并为一件工作，扩大工作的广度和范围。也就是在水平范围内拓宽了岗位的内容，使工人的工作不再那么单调。

（3）职责丰富化。职责丰富化是指从纵向上充实和丰富工作内容，核心是使从事某项岗位工作的人感受到更大的责任，并给予他们更多的自主权和控制权，从而使员工感觉到工作有意义。职责丰富化设计就是将部分管理权限下放给下级，使其在一定程度上自主决定工作内容、工作方法、工作进度等，从而体验工作的内在意义、挑战性和成就感。

岗位设计不仅包括岗位职责的明确，还应包括工作时间的安排。在这方面除了传统的按固定时刻表上下班外，已经出现了弹性工作制、钟点工以及让员工通过网络在家工作并自行决定工作时间等多种形式。

管理故事

一日厂长

韩国精密机械株式会社实行了一项独特的管理制度，即让职工轮流当厂长管理厂务。一日厂长和真正的厂长一样，拥有处理公务的权力。当一日厂长对工人有批评意见时，要详细记录在工作日记上，并让各部门的员工收阅。各部门、各车间的主管，得依据批评意见随时核正自己的工作。这个工厂实行"一日厂长制"后，大部分职工都当过一日厂长，工厂的向心力增强，工厂管理成效显著，开展的第一年就节约生产成本300多万美元。

启示：让企业的每一个成员都更深刻地体会到自己也是企业这个大家庭中的一员，并身体力行地做一回管理者，不仅可以充分调动他们的积极性，也对从多方面看到管理上的不足有积极作用。

现代企业管理的重大责任，就在于谋求企业目标与个人目标两者的一致，两者越一致，管理效果就越好。

（二）部门设计

1. 部门的含义

部门是指组织中管理者为完成规定的任务有权管辖的一个特殊领域。"部门"这个术语在不同的组织中有不同的称呼，企业组织称为分公司、部和处；军队称为师、团、营、连；政府单位则称为部、局、处、科等。部门划分的目的在于确定组织中各项任务的分配与责任的归属，以求分工合理、职责分明，有效地达到组织的目标。

2. 部门的划分方法

组织的部门有多种不同的划分形式，依据不同的划分标准，可以形成以下几种不同的部门化形式。

① 按人数划分。单纯按人数多少来划分部门可以说是一种最原始、最简单的划分方法。军队中的师、团、营、连即是用此方法划分的。这种按人数划分部门的方法是抽取一定数量的人在主管人员的指挥下去执行一定的任务。

② 按时间划分。这种方法多见于组织的基层。它是在正常的工作日不能满足工作需要时所采用的一种划分部门的方法。例如，许多工业企业按早、中、晚三班制进行生产活动。此外，交通、邮电、医院等组织也采用这种轮班制的方法进行部门划分。

③ 按职能划分。按职能划分部门是最普遍采用的一种划分方法。按职能的不同进行部门划分，即根据生产专业化的原则，以工作或任务的性质为基础来划分部门。这种方法将特定的、互相有联系的工作活动划分到同一个部门。在每一个部门里，员工拥有相似的技能、专长和可以利用的资源。一般来说，企业的主要职能部门是生产、工程、质量、销售、财务等。如图5-1所示。

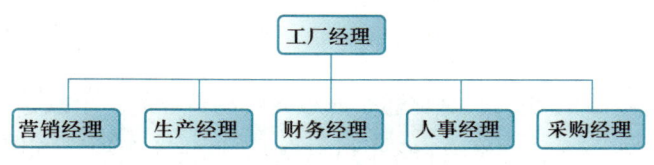

图5-1　按职能划分的部门化组织图

④ 按产品划分。它是指按组织向社会提供的产品来划分部门。它是随着科学技术的发展，为了适应新产品的生产而产生的。如图5-2所示。

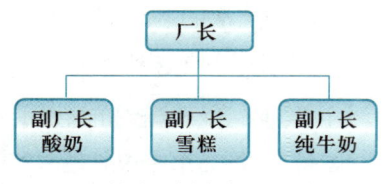

图5-2　按产品划分的部门化组织图

⑤ 按区域划分。它是按照地理区域划分部门。对于一个规模较大、区域分散的组织来说，按区域划分部门是一种比较普遍的方法。当组织分散在不同区域，各区域的政治、经济、文化等因素影响组织的经营管理时，这种方法才能充分发挥其优势。如图5-3所示。

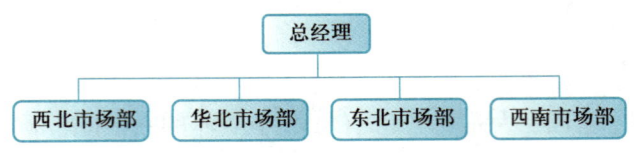

图 5-3　按区域划分的部门化组织图

⑥ 按流程划分。它是按照工作或者业务流程来组织业务活动的部门划分方法。如图 5-4 所示。

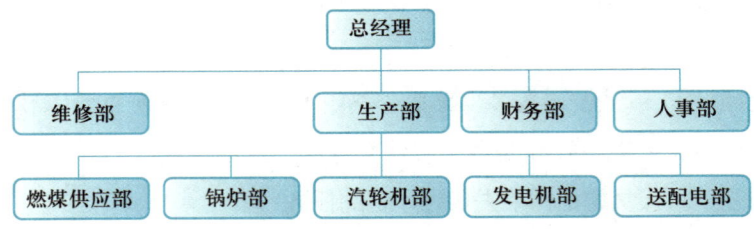

图 5-4　按流程划分的部门化组织图

⑦ 按用户划分。它是按用户的不同利益需求来划分部门的。如图 5-5 所示。

图 5-5　按用户划分的部门化组织图

（三）管理层次设计

1. 管理层次的划分

管理层次也称组织层次，它是描述企业纵向结构特征的一个概念，是指从企业最高一级管理组织到最低一级管理组织的各个组织等级。每一个组织等级即为一个管理层次。

2. 确定管理层次应考虑的因素

管理层次的多少取决于管理幅度的大小，这是由管理幅度的有限性决定的。管理幅度是指上级管理者能够有效地监督、管辖的直接下属人员的数量。导致这种有限性的因素主要有：① 管理者的能力；② 下属的成熟度；③ 工作的标准化程度；④ 工作条件的完备性；⑤ 工作环境的稳定性等。

3. 管理幅度与管理层次

管理幅度与管理层次成反比，决定了两种基本的管理组织的结构形态：扁平结构与锥形结构。扁平结构是指管理层次少、管理幅度大的结构。而锥形结构是管理幅度较小，而管理层次较多的金字塔形态。

扁平结构的优点是层次少，有利于缩短上下级距离，密切上下级之间的关系，信息传递速度快，信息失真可能性小，而且管理幅度大使管理者对下属不可能控制得过多，给下属较大的自主性和创造性。但由于过大的管理幅度，也带来一定的局限性：管理者不能对下属进行有效的指导和监督，上下级协调较差，也增加了同级之间沟通的困难。

 **管理案例**

小米的组织结构

小米在组织架构上，摒弃了传统公司通过制度、流程来保持控制力的树状结构，小米的架构直面用户，是一种以人为核心的扁平化管理模式。小米董事长兼CEO雷军将权力下放给七位合伙人，类似于"地方自治"，合伙人拥有较大自主权，且不互相干预。同时，业务部门内没有层级关系、职级名称，不考查KPI，所有人看上去都是平等的。雷军说，小米的架构只有三层：联合创始人—部门负责人—员工。

2018年9月13日下午，雷军通过内部公开信宣布对小米内部架构进行大调整，将原来4个主要业务部重组成10个业务部，提拔大量年轻骨干担任部门负责人；同时成立组织部和参谋部，由公司创始合伙人担任主管，负责公司人事制度和发展战略。

（资料来源：根据网络资料整理。）

启示：锥形结构与扁平结构相反，即以较小的管理幅度使管理者能对下属进行详尽的指导。但是管理层次过多影响了信息的传递速度，使上下级的意见沟通和交流受阻。

（四）职权设计

职权设计就是全面、正确地处理企业上下级之间和同级之间的职权关系，将不同类型的职权合理分配到各个层次和部门，明确规定各部门、各种职务的具体职权，建立起集中统一、上下左右协调配合的职权结构。

1. 职权

（1）职权的分类。职权是经由一定的正式程序赋予某一职位的一种权力。一个正式组织的职权有三种类型：直线职权、参谋职权和职能职权。

① 直线职权。直线职权是某项职位或某部门所拥有的包括作出决策、发布命令等的

动画：
感应门前的笑闹

权力,即指挥权。

每一管理层的主管人员都应具有这种职权,只不过每一管理层次的职位不同,其职权的大小、范围不同而已。从组织的上层到下层的主管人员之间,便形成一条权力线,这条权力线被称为指挥链或指挥系统,其中的权力指向是由上到下。由于在指挥链中存在不同管理层次的直线职权,故指挥链又叫层次链。

② 参谋职权。参谋职权是某项职位或某部门所拥有的辅助性职权,包括提供咨询、建议等。

近代组织中出现的参谋及其职权的概念来自军事系统。1807 年,普鲁士军事改革家香霍斯特(G. J. D. Sharnhorst)创建了军事参谋本部体制。所有军事统帅的决策过程,必须依赖参谋部集体智慧的支持来完成。此后德国、美国等军队也相继建立了参谋组织,并成为军队中不可缺少的一部分。随着社会的发展、管理问题的日益复杂,"多谋善断"由独自一人来完成已不可能。不仅仅军事上,而且政治、经济等部门都需要出谋划策的参谋人员。

③ 职能职权。职能职权是某职位或某部门所拥有的原属于直线管理者的那部分权力。

在纯粹参谋的情形下,参谋人员所具有的仅仅是辅助性职权,并无指挥权。但是,随着管理活动的日益复杂,主管人员仅依靠参谋的建议还很难做出最后的决定,为了改善和提高管理效率,主管人员就可能将职权关系作某些变动,把一部分原属自己的直线职权授予参谋人员或某个部门的主管人员,这便产生了职能职权。

职能职权大部分是由业务或参谋部门的负责人来行使的,这些部门一般都是由一些职能管理专家所组成。例如,一个公司的总经理统揽全局管理公司的职权,他为了节约时间,加速信息的传递,就可能授权财务部门直接向生产经营部门的负责人传达关于财务方面的信息和建议,也可能授予人事、采购、公共关系等顾问一定的职权,让其直接向直线组织发布指示等。

(2) 正确处理三种职权的关系。在现代组织中,这三种职权是使组织活动转向组织目标不可分割的整体。

① 直线职权与参谋职权的关系。直线与参谋是两类不同的职权关系。直线关系是一种指挥和命令的关系,授予直线人员的是决策和行动的权力;参谋关系则是一种服务和协助的关系,授予参谋人员的是思考、筹划和建议的权力。

直线职权是一种完整的职权,是协调组织的人、财、物,保证组织目标实现的基本权力。拥有直线职权的人有权作出决策,有权进行指挥,有权发布命令。参谋职权则是一种有限度的、不完整的职权,拥有参谋职权的管理者可以向直线管理者提出建议或提供服务,但其本身并不包括指挥权和决策权。参谋职权是一种辅助性的职权,一个组织没有委派任何参谋人员也可以有效地工作。但当一个组织的规模扩大到一定程度,直线职权已不足以应对所面临的许多复杂的问题时，就需要设置参谋职权。参谋职权的行使是保证直线人员作出的决策更加合理与科学的重要条件。

② 直线职权与职能职权的关系。职能职权是直线职权的一部分，是从直线职权中分离出来的，因此，职能职权也具有直线职权的特点。但职能职权的范围小于直线职权，它主要解决的是较具体的问题，如怎样做、何时做的问题，绝不能包揽直线职权的一切权力，否则就会削弱直线人员的地位。同时，职能职权的行使者多是一些有一定专长的参谋人员，因此，职能职权更能从某一专业的角度出发来保证一项决策的科学性、可行性和实用性，从而大大促进管理效率的提高。

2. 集权与分权

（1）定义。集权是指决策权在组织系统中较高层次的一定程度的集中。分权是指决策权在组织系统中较低层次的一定程度的分散。

集权与分权是一个相对的概念。绝对的集权意味着职权全部集中在一个管理者手中，组织活动的所有决策均由该管理者作出，不存在下级管理者。这在现代社会经济组织中是不存在的。而绝对的分权则意味着全部权力分散在各个管理部门，没有管理者，组织也不可能存在。

（2）集权和分权的标志。集权与分权在组织中只是个程度问题，有的集权程度高一点，有的分权程度高一点。衡量一个组织的集权或分权的程度，主要有下列几项标准：

① 决策数目的多少。组织中较低管理层次作出的决策数目越多，则分权的程度就越高；反之，上层决策数目越多，则集权程度越高。

② 决策的重要性。如果组织中较低层次做出的决策越重要、影响面越广，则分权的程度越高；相反，如果下级做出的决策越次要、影响面越小，则集权程度越高。

③ 对决策的控制程度。组织中较低层次做出的决策，上级要求审核的程度越低，分权程度越高；下级在做决策时需要请示或照会的人越少，其分权程度就越大。

管理案例

王厂长的等级链

王厂长总结自己多年的管理实践，提出在改革工厂的管理机构时必须贯彻统一指挥原则，主张建立执行参谋系统。他认为，一个人只能有一个"婆婆"，即全厂的每个人只有一个人对他的命令是有效的，其他的是无效的。如书记有什么事只能找厂长，不能找副厂长。下面的科长只能听从一个副厂长的指令，其他副厂长的指令对他是不起作用的……

请思考：你对王厂长的做法有何评论？

 **小资料**

正式组织和非正式组织

按组织形成方式，可以将组织划分为正式组织与非正式组织。

正式组织是指这样的社会群体：具有明确的目标；有明确规定的责、权、利；有明确规定的各个岗位之间的相互关系。其组织制度和规范对成员有正式的约束力。正式组织的成员是以效率为行为准则的。

非正式组织是指这样的社会群体：没有明确的目标；没有明确的岗位分工；没有明确的规定的责、权、利及相互之间的关系。非正式组织的成员以感情为行为准则。这些组织可能存在于正式组织中，也可能独立于正式组织之外，各种俱乐部、协会等群体就是这类组织。非正式组织形成的原因很多，如工作关系、兴趣爱好、血缘关系等。

不管我们承认与否、允许与否、愿意与否，非正式组织总是存在着。非正式组织的存在及活动，既可能对正式组织目标的实现起到积极的促进作用，也可能对后者产生消极的影响。正式组织的目标的有效实现，要求积极利用非正式组织，努力克服和消除它的不利影响。要允许甚至鼓励非正式组织的存在，为非正式组织的形成提供条件，并努力使之与正式组织吻合。比如，在正式组织开始运转以后，应注意开展一些必要的联欢、茶话会、旅游等，旨在促进成员间感情交流的非工作活动，为他们提供业余活动场所，在客观上为非正式组织的形成创造条件。非正式组织形成以后，正式组织既不能利用行政方法或其他强硬措施来干涉其活动，也不能任其自由行事，因为那样有产生消极影响的危险。对非正式组织应加以引导，使之有助于组织目标的实现。

（五）制度规范设计

 **管理故事**

七 人 分 粥

有7个人组成了一个小团体共同生活，其中每个人都是平凡而平等的，没有什么凶险祸害之心，但不免自私自利。他们想用非暴力的方式，通过制定制度来解决每天的吃饭问题：要分食一锅粥，但并没有称量用具和有刻度的容器（图5-6）。

大家试验了不同的方法，发挥了聪明才智，多次博弈形成了日益完善的制度。

图5-6 七人分粥

大体说来主要有以下几种：

方法一：拟定一个人负责分粥事宜。很快大家就发现，这个人给自己分的粥最多，于是又换了一个人，总是主持分粥的人碗里的粥最多最好。阿克顿勋爵作的结论是：权力导致腐败，绝对的权力绝对腐败。

方法二：大家轮流主持分粥，每人一天。这样等于承认了个人有为自己多分粥的权力，同时给予了每个人为自己多分的机会。虽然看起来平等了，但是每个人在一周中只有一天吃得饱而且有剩余，其余6天都饥饿难挨。阿克顿勋爵认为这种方式导致了资源浪费。

方法三：大家选举一个信得过的人主持分粥。开始这品德尚属上乘的人还能基本公平，但不久他就开始为自己和溜须拍马的人多分粥。因此，不能放任其堕落和风气败坏，还要寻找新思路。

方法四：选举一个分粥委员会和一个监督委员会，形成监督和制约。公平基本上做到了，可是由于监督委员会常提出多种议案，分粥委员会又据理力争，等分粥完毕时，粥早就凉了。

方法五：每个人轮流值日分粥，但是分粥的那个人要最后一个领粥。令人惊奇的是，在这个制度下，7只碗里的粥每次都是一样多，就像科学仪器量过一样。每个主持分粥的人都认识到，如果7只碗里的粥不相同，他确定无疑将享有那份最少的。

（资料来源：根据网络资料整理修改。）

启示：这7个人通过每天分粥的过程当中不断更换各种不同的方法，力图最终达到一个平分食物的目的。在每个人自己主持分粥的时候，私心总是占据主动，想在别人不注意的情况下为自己多分一些粥；当别人主持分粥的时候，又总盼望别

动画：
奇迹的合格率

> 人能主持公道，睁大眼睛盯着分粥人手中的勺子，哪怕一丝不公也不能放过。然后大家又通过不断改变新的方法，以彼此制约的方法力求分粥公平，但在最后完美方法出台之前，众人始终发现私心导致不公、权力致使腐败的规律。可见，制度至关紧要。

1. 制度的内涵

制度，也称规章制度，是指组织为有效实现目标，对组织的活动及其成员的行为进行规范、制约与协调，而制定的具有稳定性与强制力的规定、规程、方法与标准体系。

企业管理制度是企业员工在企业生产经营活动中共同遵守的规定和准则的总称，企业管理制度的表现形式或组成包括企业组织结构设计、职能部门划分及职能分工、岗位工作说明，专业管理制度、工作或流程、管理表单等管理制度类文件。具有权威性、规范性、强制性、稳定性。

组织制定制度规范最基本的功能是对组织的活动及其成员的行为进行规范、制约与协调，以保证有效实现组织的目标。

（1）规范功能。制定并执行制度规范，可以有效地指导组织及其成员按照既定的程序、方法、标准行事，使其有章可循，以保证各项活动规范运作，秩序井然，更有效率。

（2）制约功能。制度规范能有效地约束组织及其成员有悖于组织目标实现的活动，惩戒违规行为，鼓励积极行为，使组织更有秩序和纪律。

（3）协调功能。通过制定完善的制度规范体系，使组织的各项工作与活动建立在科学设计的高结构化的体系之上，使组织整体协调运行，并为处理冲突提供进行协调的依据。

视频：
制度与灾难

2. 制度规范的类型

组织的制度规范主要包括四大类：

（1）组织的基本制度。组织的基本制度是指规定组织构成和组织方式、决定组织性质的基本制度。这是组织的根本制度，决定与制约组织的行为方向、基本活动的范围与性质。例如，企业的产权制度、公司治理制度、企业章程等。

（2）组织的管理制度。组织的管理制度是指对组织各领域、各层次的管理工作所制定的指导与约束规范体系。它引导并约束组织的成员为实现组织的目标努力工作，是实现组织目标的根本性保证。例如，组织中的各种职权关系与联系的组织制度、各种部门与岗位的权责制度、各种管理程序与标准的管理制度等。

（3）组织的技术与业务规范。组织的业务规范，是指组织中的各种关于技术标准、技术规程以及业务活动的工作标准与处理程序的规定。例如，企业的技术规程、业务流程、技术标准等。

（4）组织成员的个人行为规范。这是针对组织中的成员，为对其个人行为进行引导与约束所制定的规范，如员工职业道德规范等。

3. 制定制度规范的程序

（1）调研与目标。要根据组织的总目标的需要，在充分调查研究的基础上，提出制定制度与规范的具体目标。

（2）制定草案。在大量分析处理有关信息资料的基础上，起草制定制度与规范草案。

（3）讨论与审定。制度草案提出后，要广泛征求意见，反复讨论修改。最后完善定稿，报制度审定部门审批。

（4）试行。将制度在组织内试行，经进一步修改、检验，使之完善。

（5）正式执行。将制度规范以正式的、具有法律效果的文件形式颁布实施。

小资料

　　制度化管理：就是倚重制度规范体系进行管理的模式。制度化管理的实质是依靠由制度规范体系构建的具有客观性的管理机制进行管理。制度化管理的优越性体现在：个人与权力相分离；是理性精神、合理化精神的体现；适合现代大型企业组织的需要。

视频：
管理无情人有情

四、常见的组织结构

（一）直线型组织结构

直线型组织结构是工业发展初期的一种最简单的组织结构形式。它的特点是：指挥和管理的职能由企业的行政负责人自己执行，下属只接受一个上级的指挥。如图5-7所示。

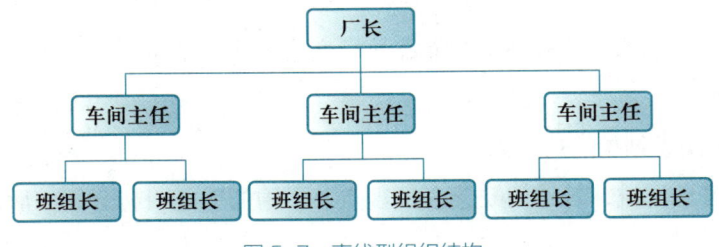

图 5-7　直线型组织结构

1. 优缺点

(1) 直线型组织结构的优点：结构简单，易统一指挥，责任和权限比较明确，有利于迅速作出决定；指挥和管理工作集中在企业行政负责人手中，下属不会得到互相抵触的指令，便于全面执行纪律和进行监督。

(2) 直线型组织结构的缺点：如果企业规模较大、业务复杂，所有管理职能仍要由一人承担，就要找到全能的管理者，但这是非常困难的事；领导者忙于日常业务，不能有效决策。

2. 适用范围

没有必要按职能实行专业化管理的小型企业，或现场作业管理。

（二）直线职能型组织结构

直线职能型组织结构是各类组织中最常采用的一种组织结构形式。这种组织结构是按照一定的职能专业分工，各级都建立职能机构担负计划、生产、人事、销售、财务等方面的管理工作，各级领导都有相应的职能机构作为助手，从而发挥了职能机构的专业管理作用。整个系统中管理人员分为两类：一类是直线指挥人员，相当于军队中的各级军官，他们可以对下级发号施令；另一类是职能人员，相当于军队中的参谋、后勤人员，他们只能对下一级机构进行业务指导，而不能直接对下级发号施令，除非上级直线人员授予他们某种权力。这种划分保证了统一的生产指挥和管理。如图5-8所示。

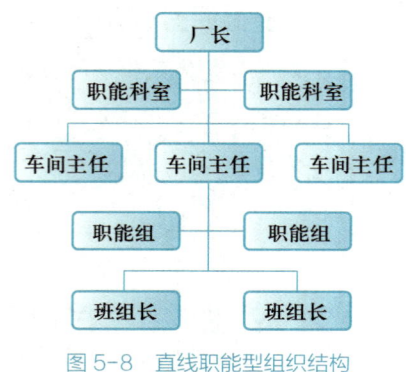

图 5-8 直线职能型组织结构

1. 优缺点

直线职能型组织结构之所以被广泛地采用，是由于它具有许多优点：

(1) 这种结构分工细密、任务明确，且各个部门的职责具有明显的界限。各职能部门仅对自己应做工作负有责任，可以专心从事这方面的工作，因此有较高的效率。

(2) 这种结构的稳定性较高，在外部环境变化不大的情况下，易于发挥组织的集团效率。

直线职能型组织结构的缺点如下：

(1) 缺乏信息交流，各部门缺乏全局观点，不同的职能机构之间、职能人员与指挥人员之间目标不易统一，矛盾较多，最高领导者的协调工作量大。这种结构还不易于从企业内部培养熟悉全面情况的管理人才，使职能组织促使职能人员仅重视其有关的专业知识和才能,而不重视管理。

(2)这种结构使整个组织结构刚性较大,分工很细,手续繁杂,反应较慢,不易迅速适应新的情况。

2. 适用范围

一般在企业规模比较小、产品品种比较简单、工艺比较稳定、市场销售情况比较容易掌握的情况下采用。

(三)事业部型组织结构

事业部型组织结构是美国通用汽车公司总裁斯隆于1923年提出的,因而也被称为斯隆模型,它是目前国内外大型企业普遍采用的一种组织结构形式。其特点是:把企业的生产经营活动,按产品或地区不同,建立不同的经营事业部。同时,每个经营事业部是一个利润中心,在总公司领导下实行统一政策,分散经营,独立核算,自负盈亏。如图5-9所示。

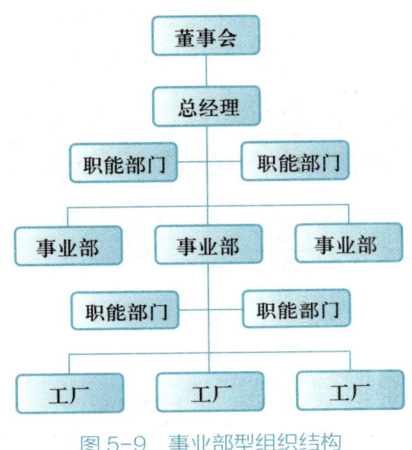

图 5-9 事业部型组织结构

1. 优缺点

事业部型组织结构的优点如下:

(1)按产品或地区划分事业部后,总公司可以根据各个事业部的资料,对各产品和地区的情况有所了解,能够迅速作出反应。有利于公司的最高领导层摆脱日常行政事务,真正成为强有力的决策机构。

(2)能加强公司所属各事业部领导人的责任心,充分调动他们搞好企业生产经营活动的积极性和主动性,增强企业生产经营活动的适应能力。

(3)有利于把联合化和专业化结合起来,一个公司可以经营种类很多的产品,形成大型联合企业,而每个事业部及其所属工厂,又可以集中力量生产某一种或几种产品,甚至也可以集中生产产品的某些零件,实现高度专业化。

(4)每一个产品的地区事业部都是一个利润中心,总公司可以从每一个利润中心的盈亏而获知哪一个部门成绩较佳,每个事业部的负责人都要承担责任,容易调动其积极性。

事业部型组织结构的缺点如下:

(1)对事业部一级的管理人员水平要求较高。每个事业部都相当于一个单独的企业,事业部经理要熟悉全面业务和管理知识才能胜任工作。

(2)集权与分权关系比较敏感,一旦处理不当,可能削弱整个组织的协调一致。

（3）容易使各事业部只考虑自己的利益，影响各事业部之间的协作。

（4）公司与各事业部的职能机构重叠，用人较多，费用较大。

2. 适用范围

规模较大，产品种类较多，各种产品之间的工艺差别也较大，市场条件变化较快，适应性比较强的大型联合企业或跨国公司。

（四）矩阵型组织结构

矩阵型组织结构是因其形态如横纵排列的矩形而得名。企业本身具有中央职能部门，在组织结构上，既有按职能划分的垂直领导系统，又有按项目划分的横向领导系统。这种组织结构形式常常出现于以完成工程项目为主的企业。矩阵型组织结构是第二次世界大战后在美国首先出现的，它是为了适应在一个组织内同时有几个项目需要完成，每个项目又需要具有不同专长的人在一起工作才能完成这一特殊的要求。如图5-10所示。

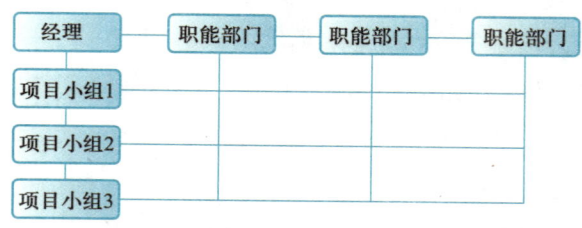

图 5-10　矩阵型组织结构

1. 优缺点

矩阵型组织结构的优点如下：

（1）机动灵活，适应性强。它是按照完成某一特定任务的要求，把具有各种专长的有关人员调集在一起组成工作组，这样便于沟通意见，易于接受新的观念和新的方法。由于能够集思广益，因此对工程项目能够有较好的控制，获得成功的机会较大。

（2）有利于把管理中的垂直联系和水平联系更好地结合起来，加强各职能部门以及职能部门与任务之间的协调。工程项目经理负责全权领导某一项目，必然与顾客有较密切的接触，容易与顾客建立良好的关系。项目经理一职的设立，还可以提供训练全面管理人员的机会。

矩阵型组织结构的缺点如下：

（1）稳定性较差。容易产生临时观念，对工作有一定的影响。

（2）小组成员要接受双重领导，既隶属于职能部门，又隶属于项目小组，若两个部门的意见不统一，就会使他们的工作无所适从。

（3）从职能部门来看，人员经常调进调出，也会给正常工作造成某些困难。

2. 适用范围

设计、研制等创新性质的工作。例如，军工、航天工业和高科技产业。

（五）团队结构

小资料

据估计，《财富》五百强企业中，80%的企业至少有一半员工以团队的形式开展工作。在创新领导力中心的一项研究中，83%的受访者声称团队是组织成功的一项关键因素。毋庸置疑，基于团队开展工作是当今组织的一项核心特征。研究表明，当工作任务的完成要求多样性技能、判断力和经验时，团队往往比个人表现得更为出色。

团队结构是由工作小组或工作团队构成，并完成工作任务的一种组织结构。所谓团队，是由员工和管理层组成的一个共同体，它合理利用每一个成员的知识和技能协同工作，解决问题，达到共同的目标。员工团队，以他们认为最佳的方式来设计和完成工作，承担他们在各自领域中所有工作绩效的责任。在大型组织中，团队结构通常是职能结构和事业部结构的一种补充，并使得组织在拥有各层结构高效性的同时，也具备了团队结构的灵活性。亚马逊、波音、惠普、路易威登、摩托罗拉和施乐等公司就广泛应用了员工团队来提高生产率。

组织中四种最常见的团队形式是：职能型团队、问题解决型团队、自我管理型团队和跨职能团队。职能型团队由职能单位中的管理者和员工组合而成。在职能型团队中，诸如职权、决策、领导以及互动等问题相当简单和明晰。问题解决型团队成员大多来自相同的职能部门，以改进工作实践或解决具体问题为目的。自我管理型团队是由员工组成的一种正式团体，单独负责一个完整的工作程序或部门，承担着完成工作和自我管理的责任。跨职能团队由来自于不同职能领域的成员组成。这些成员聚在一起执行一些特殊的任务。

团队结构的优点是：适应性强，机动灵活，容易接受新观念、新方法；各个成员像一个球队的运动员一样，都了解整个小组的任务和问题，目的明确，责任感强；团队成员来自不同的部门，一起工作可克服部门间的隔阂。其缺点是：在规模上有很大的局限性；缺乏稳定性。团队结构适用于需要各种不同专长的人在一起才能完成的工作，以及具有许多时间不确定的复杂因素的工作。随着网络技术的发展，进一步出现了不在同一地点

视频：
团结就是力量

工作的虚拟团队组织形式等。

小资料

阿米巴经营

1959年，稻盛和夫在几位朋友的好心帮助下成立了京瓷公司，而且在1984年成立了第二电信公司KDDI。这两家公司一直保持了高收益，取得了持续发展，其原因就在于采取了基于牢固的经营哲学和精细的部门独立核算管理，被称为"阿米巴经营"的经营手法。

"阿米巴"（Amoeba）在拉丁语中是单个原生体的意思，属原生动物变形虫科，虫体赤裸而柔软，其身体可以向各个方向伸出伪足，使形体变化不定，故而得名"变形虫"（图5-11）。变形虫最大的特性是能够随外界环境的变化而变化，不断地进行自我调整来适应所面临的生存环境。这种生物由于其极强的适应能力，在地球上存在了几十亿年，是地球上最古老，最具生命力和延续性的生物体。

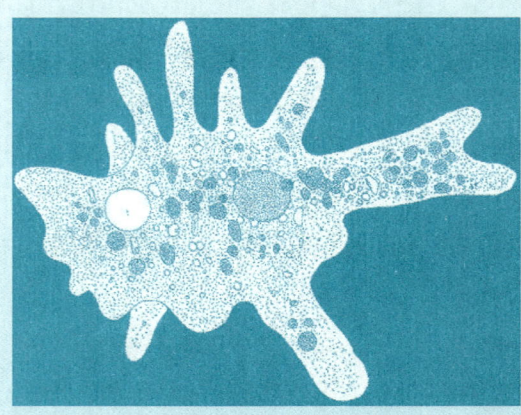

图5-11 阿米巴变形虫

在阿米巴经营方式下，企业组织也可以随着外部环境变化而不断"变形"，调整到最佳状态，即能适应市场变化的灵活组织。

京瓷公司经历了4次全球性的经济危机都屹立不倒，并且还得到了持续发展。在20世纪90年代末期，亚洲金融风暴过后，日本很多大公司都出现问题，原本名不见经传的京瓷公司成为东京证券交易所市值最高的公司。专家学者们纷纷开始研究京瓷公司，后来发现京瓷的经营方式与"阿米巴虫"的群体行为方式非常类似，于是得名"阿米巴经营"。

（资料来源：根据网络资料整理。）

第二节 人员配置

用人不在于如何减少人的短处,而在于如何发挥人的长处。

三个臭皮匠,胜过一个诸葛亮
——人员科学匹配的神奇效应

我国民间从《三国演义》中衍生出这样一条谚语:"三个臭皮匠,胜过一个诸葛亮。"它言简意赅地反映了人才整体匹配的重要性。

《三国演义》中描写了这方面一个出色的例子,那就是张辽、李典、乐进三人同心协力守合肥、张辽威震逍遥津这次战斗。据书中第67回记述,曹操派人把一个木匣送到合肥前线,上面写道:"贼来乃发。"当孙权率10万大军来攻合肥时,张辽等人开匣观看。书中指出:"若孙权至,张、李二将军出战,乐将军守城。"当时曹操远在千万里之外的汉中,为什么要送个木匣,对守卫合肥做出如此具体的安排?这会不会脱离实际?曹操极善用兵,为什么要违背"将在外,君命有所不受"的军事原则?这样会不会影响指挥?其实不然。以后的情节发展令人信服地说明,曹操这样做,正是从实际出发,目的在于促成张、李、乐三人性格互补,以便团结对敌,谋求最佳的整体效应。因为他清楚地了解三位将军的作战能力、用兵特点、性格修养,并且知道三个人平时有些隔阂,预料到大敌当前,三个人难以形成统一的决策,更无法协同作战,发挥各自的特长。

《三国演义》中主要通过人物语言,逼真地刻画了三个各具特色的性格。张辽坚决执行曹操以攻为守的指令,表示自己亲自出击,和敌人决一死战,展示了广阔的胸怀和豪迈的气概;李典"素与张辽不睦",对于张辽提出的建议,起初"默然不答",后为张辽的行为所感动,立即表示"愿听指挥",反映了公而忘私、勇于捐弃前嫌、豪爽直率的性格;乐进是个中间人物,态度模棱两可,对张、李二人都不敢得罪,并有些怯战。由于张辽的模范行为,三个人的隔阂顿时冰消瓦解,在危急关头戮力同心,把不可一世的吴军打得七零八乱,一战令"江南人人害怕,闻张辽大名,小儿也不敢夜啼"。

> 曹操远征汉中,为什么让"素皆不睦"的三位将军孤零零地去守合肥?后人有个叫孙盛的对此做过很好的解释,他认为:"夫兵,诡道也。至于合肥之守,悬弱无援,专任勇者,则好战生患;专任弱者,则惧心难保。"可见,曹操一开始就匠心独运,巧用张、李、乐三人,以便他们性格上取长补短,甚至有意利用他们的不和,防止一人说话,大家通过,贸然决策。到了危急时刻,曹操以一道指令,促成他们团结,形成一个最佳的指挥结构。由此可以看到曹操择人任人的高超艺术。
>
> **启示**:合理的人才匹配可以使人才个体在总体协调下释放出最大的能量,从而产生良好的组织效能。一个组织的效能,固然决定于人才因子的素质,但更有赖于人才整体结构的合理。结构的残缺,会影响组织的运转;能力的多余或互不协调,会增加内耗;合理的人才结构,不仅可以实现"凑",即能力的简单相加和集中,造成众志成城的宏伟景象,更重要的是能够使人才因子各扬其长,互补其短,发生质的飞跃,诞生一种"集体力",一种超过个人能力总和的新合力。这是一项不需要新的投资,仅仅通过优化组合就能获得的巨大效益,这是合理使用人才的一个重要方面。

动画:
三个房间的猴子

人员配置是根据组织结构中所规定职位的数量和要求,对所需人员进行恰当而有效的选择、考评和培训,其目的是配备合适的人员去充实组织中的职位,以保证组织活动的正常进行,进而实现组织目标。

一、人员配置的原则

 **管理案例**

庸才与人才

在一次工商界的聚会上,几个老板交流自己的经营心得,其中一个说:"我有三个不成材的员工,我准备找机会将他们炒掉。"另一个老板问:"他们为什么不成材?""其中一个员工整天嫌这嫌那,专门吹毛求疵;另一个员工杞人忧天,老是害怕工厂有事;还有一个员工整天在外面闲逛鬼混。"第二个老板听后想了想说:"既然这样,你就把这三个员工让给我吧。"

三个员工第二天到新公司报到,新老板给他们分配工作:喜欢吹毛求疵的人,负责质量管理;害怕出事的,负责安全保卫;整天在外面闲逛的,负责产品宣传和推销。

> 三个员工大为高兴,高高兴兴走马上任。
>
> 过了一段时间,两个老板又相遇了,第一个老板问第二个老板,那三个员工是不是也让他头痛万分。他回答:"哪里,他们都是很出类拔萃的,由于他们的到来,工厂的盈利直线上升。"
>
> (资料来源:根据网络资料整理。)
>
> **请思考:** 不成材的员工怎么换了一家公司后就变成出类拔萃的员工了?
>
> **启示:** 因材适用,根据各自不同特点,安排职务,短处成为长处。

(一)因事择人、适应发展原则

该原则强调在人员配置过程中,根据工作需要配备具有相应知识和能力的人。留有余地,配备一定的培养性人员或在配备某些岗位的人员时给其留出一定的学习和培训时间。

(二)因材适用、客观公正原则

在进行人员配置时,应根据一个人的特长、兴趣爱好来分配不同的工作,以最大限度地发挥其才能和调动其积极性。提供平等的就业、竞争上岗、培训就业机会,对素质能力和工作绩效进行客观的评价。

(三)合理匹配、动态平衡原则

合理配置同一部门中不同岗位和层次间的人员,以保证同一部门中的人员能协调一致地开展工作,充分发挥群体的功能。同时要求管理者根据组织和员工的变化,对人与事的匹配进行动态调整。

二、人员的选聘

人员配备的一个重要内容是人员的选聘。所谓选聘是遴选和聘用的统称。人员的选聘就是要把合乎职位要求的人员遴选出来,并且聘用到岗位上来。管理人员的选聘是管理活动的一个重要环节,它关系着整个管理过程的良性运行和影响着整个组织的活动。能否把合乎管理者职位要求的人员遴选出来,决定了组织能否拥有一支高质量的管理人员队伍,而一支高质量的管理人员队伍是组织活动成功的保证。

（一）人员选聘的程序

1. 制订招聘计划和策略

招聘计划是组织根据发展目标和岗位需求对某一阶段招聘工作所做的安排，包括招聘目标、信息发布的时间与渠道、招聘员工的类型及数量、甄选方案及时间安排等方面。

2. 发布招聘信息及搜寻候选人信息

组织要将招聘信息通过多种渠道向社会发布，向社会公众告知用人计划和要求，确保有更多符合要求的人员前来应聘。

企业可以通过以下方式搜寻候选人信息：

（1）应聘者自己所填求职表，内容包括性别、年龄、学历、专业、工作经历及业绩等；

（2）推荐材料，即有关组织或个人就某人向本单位写的推荐材料；

（3）调查材料，指对某些岗位人员的招聘，还需要亲自到应聘人员工作过或学习过的单位或向其接触过的有关人员进行调查，以掌握第一手材料。

3. 甄选

甄选的过程一般包括对所有应聘者的情况进行的初步审查、知识与心理素质测试、面试，以确定最终的录用者。

4. 录用

人员录用过程一般可分为试用合同的签订、新员工的安置、岗前培训、试用、正式录用等几个阶段。

试用就是企业对新上岗员工的尝试性使用，这是对员工的能力与潜力、个人品质与心理素质的进一步考核。

员工的正式录用是指试用期满后，对表现良好、符合组织要求的新员工，使其成为组织正式成员的过程。一般由用人部门根据新员工在试用期间的具体表现对其进行考核，做出鉴定，并提交人力资源管理部门。人力资源管理部门对考核合格的员工正式录用，并代表组织与员工签订正式录用合同，正式明确双方的责任、义务与权利。

5. 招聘工作评估

招聘工作评估主要指对招聘的结果、招聘的成本和招聘的方法等方面进行评估。一般在一次招聘工作结束后，要对整个招聘工作做个总结和评价。对招聘工作的评价一般应从以下两方面进行：一是对招聘工作的效率评价；二是对录用人员的评估。

（二）人员选聘的途径

人员选聘一般分外部招聘和内部招聘两种途径。

1. 外部招聘

外部招聘的渠道大致有人才交流中心和人才招聘会、媒体广告、网络招聘、校园招聘、人才猎取和员工推荐等。

（1）人才交流中心和人才招聘会。人才交流中心或其他人才交流服务机构每年都要举办多场人才招聘会，用人单位的招聘者和应聘者可以直接进行接洽和交流。招聘会的最大特点是应聘者集中，用人单位的选择余地较大，费用也比较合理，而且可以起到很好的企业宣传作用。

（2）媒体广告。通过报纸、杂志、广播、电视等媒体进行广告宣传，向公众传达招聘信息，覆盖面广、速度快。

（3）网络招聘。网络招聘是一种新兴的招聘方式。网络招聘由于信息传播范围广、速度快、成本低、供需双方选择余地大且不受时间、空间的限制，因而被广泛采用。当然其也存在一定的缺点，比如容易鱼目混珠，筛选手续繁杂，以及对高级人才的招聘较为困难等。

（4）校园招聘。学校是人才高度集中的地方，是组织获取人力资源的重要源泉。对于大专院校应届毕业生招聘，可以选择在校园直接进行。包括在学校举办的毕业生招聘会、招聘张贴广告、招聘讲座和毕业生分配办公室推荐等。

（5）人才猎取。一般认为，猎头公司是一种专门为雇主"猎取"高级人才和尖端人才的职业中介机构。

（6）员工推荐。通过企业员工推荐人选，是组织招聘的重要形式。

2. 内部招聘

内部招聘，就是将招聘信息公布给公司内部员工，员工自己可以来参加应聘。内部招募是指内部晋升、工作调换、工作轮换、重新聘用、公开招募等方法。

（1）内部晋升（提拔）。这种做法给人员以升职的机会，一方面，会使人员感到有希望、有发展的机会，对于激励人员非常有利。从另一方面来讲，内部提拔的人员对本企业的业务工作比较熟悉，能够较快适应新的工作。然而内部提拔也有一定的不利之处，如内部提拔的不一定是最优秀的，甚至导致少部分人员心理上的嫉妒与不平。因为任何人都不是十全十美的。一个人在一个企业待的时间越长，别人看他的优点越少，而看他的缺点越多，尤其是在他被提拔的时候。因此当许多企业在出现职务空缺后，往往同时采用两种方式，即从内部和外部同时寻找合适的人选。

（2）工作调换。这是在企业内部寻找合适人选的一种基本方法。这样做的目的是填补空缺，但实际上它还起到许多其他的作用。如可以使内部人员了解企业内其他部门的工作，与本企业更多的人员有深入的接触。这样一方面有利于人员今后的提拔，另一方面可以使上级对下级的能力有更进一步的了解，也为今后的工作安排做好准备。

（3）工作轮换。工作轮换与工作调换有些相似，但又有所不同。如工作调换从时间上来讲往往较长，而工作轮换则通常是短期的，有时间界限的。另外，工作轮换往往是单独的、临时的，而工作调换往往是两人以上有计划地进行的。工作轮换可以使企业内部的管理人员或普通人员有机会了解企业内部的不同工作，给那些有潜力的人员提供以后可能晋升的条件，同时可以减少部分人员由于长期从事某项工作而带来的烦躁和厌倦等感觉。

（4）重新聘用。有些单位由于某些原因会有一些不在位的人员，如下岗人员、长期休假人员、已在其他地方工作但关系还在本企业（如停薪留职）的人员。在这些人员中，有的恰好是内部空缺需要的人员。他们中有的人素质较好，对这些人员的重聘会使他们有再为企业尽力的机会。另外，企业聘用这些人员可以使他们尽快上岗，同时减少了培训等方面的费用。

（5）公开招募。公开招募是面向企业全体人员的，其做法通常是企业在内部公开空缺职位，吸引人员来应聘。

假设你有机会担任《西游记》的演出任务，你会选择哪一个角色呢？

（1）有哲学头脑的唐僧。

（2）有行动能力的孙悟空。

（3）滑稽可爱的猪八戒。

（4）随和低调的沙和尚。

唐僧——完美型性格的象征

典型的完美型性格往往着眼于长远的目标。他们比其他性格类型的人想得更多，所以总是能够从一个更高的层次来看待问题。他们有异乎常人的天赋，因而表现出音乐、哲学、艺术等多方面的才华。他们识英雄、颂英雄，为感情挥泪。他们崇尚美德，并且孜孜不倦于探索人生的意义。他们乐于为自己选择的事业做好规划，并确保每个细节都做到完美无瑕。

然而，完美主义的倾向使得他们对自己和别人的要求过分严格。由于他们对事物的缺点相当敏感，他们总是没办法快乐起来，并且容易受到伤害。他们感情内向，过分自责，甚至到了庸人自扰的地步。

孙悟空——力量型性格的杰出代表

这种性格的人比其他性格类型的人更加崇尚行动，他们通常是组织中的铁腕化人物，目光所向，无坚不摧。他们在意工作的结果，对过程和人的情感却不大关心。他们喜欢控制一切，并强硬地按照自己的意愿发出指令。他们显得那么霸道、粗鲁和冷酷无情。

猪八戒——活泼性格的象征

典型的活泼型性格，情感外露，热情奔放。他们懂得如何从工作中寻找乐趣，然后在绘声绘色的描述中，再一次回味那些令人兴奋的细节。他们通常是滔滔不绝的故事大王，他们的生活永远多姿多彩。

然而，他们似乎总是说得多，做得少。只要在场，就永远有欢声笑语，可一旦遇到麻烦，他们就会消失得无影无踪。他们似乎是一群永远也长不大的孩子，好逸恶劳，贪图享受，不成熟，没有条理，缺乏责任心。

沙和尚——和平型性格的象征

和平型性格最令人欣赏的特点之一，就是能够在风暴中保持冷静。他们习惯于遵守既定的游戏规则，习惯于避免冲突和考虑立场。他们乐天知命，对生活没有很高的期望和要求，因此很容易安于生命中的起伏变化。他们是如此友好而平静，以至于能够接纳所有的麻烦。他们是所有人的好朋友，因为他们的天赋造就了良好的人际关系。

然而，他们似乎总是没有主见、不愿负责、缺乏热情。他们不喜欢出风头，总是嘲讽那些处在风头上的人和事。他们总是得过且过，以致显得平庸，甚至有些马虎和懒惰。

三、人员的培训

人员培训，是指企业为了实现其组织目标、提高竞争力而有计划、有组织、多层次、多渠道地组织人员从事学习和训练，从而不断提高人员的知识和技能，改善人员的工作态度，激发人员的创新意识的管理活动。

（一）培训的内容

员工培训的内容必须与企业的战略目标、员工的职位特点相适应，同时考虑适应内外部环境的变化。一般从以下几个方面展开：

1. 知识的学习

员工通过培训应该掌握完成本职工作所需的基本知识，企业应根据经营发展战略要

求和技术变化的预测，以及将来对人力资源的数量、质量、结构的要求与需要，有计划、有组织地培训员工，使员工了解企业的发展战略、经营方针、经营状况、规章制度、文化基础、市场与竞争等。

2. 技能的提高

培训应对不同层次的员工进行岗位所需技术性能力进行培训，如认知能力、写作能力、表达能力等，还应更多地培养员工的人际交往能力、改革创新能力和决策应变能力等。

3. 态度的转变

态度是影响能力与工作绩效的重要因素，员工的态度与培训效果和工作表现是直接相关的。通过培训，员工可以改变自己的工作态度，进而提高其工作能力和水平。

（二）培训的方法

1. 理论培训

理论培训是提高管理人员管理水平和理论水平的一种主要方法。这种培训的具体形式大多采用短训班、专题讨论会等，时间都不长，主要是学习一些管理的基本原理和一些新的进展、新的研究成果。

2. 职务轮换

职务轮换是使受训者在不同部门的不同管理位置或非管理位置上轮流工作，以使其全面了解整个组织的不同工作内容，得到各种不同的经验，为今后在较高层次上任职打好基础。

3. 提升

（1）有计划提升。这种方法有助于培养那些有发展前途的、将来拟提拔到更高一级职位上的管理人员。它是按照计划好的途径，使管理人员经过层层锻炼，从低层逐步提拔到高层。

（2）临时提升。临时提升是指当某个管理人员因某些原因，如度假、生病或因长期出差而出现职务空缺时，组织便指定某个有培养前途的下级管理人员代理其职务，这样，临时提升既是一种培养的方法，对组织来说也是一种方便。

4. 研讨会

研讨会是指各有关人员在一起对某些问题进行讨论或决策。通过举行研讨会，组织中的一些上层管理人员与受训者一道讨论各种重大问题，可以为他们提供一个机会，观察和学习上级管理人员在处理各类事务时所遵循的原则和具体解决各类问题的方法，取得领导工作的经验。同时，可以通过参与组织一些大政方针的讨论，了解和学习利用集体智慧来解决各种问题的方法。

四、人员的考评

人员的考评是人员配备的一项重要内容，也是整个组织管理体系中的一个重要组成部分。所谓考评就是考核、评价，是一种定期对人员的工作绩效、能力、素质等进行估计和衡量的过程。只有了解了一个管理人员在计划、组织、人员配备、指导与领导、控制等方面的工作情况，才能确知那些占有管理职位的人能否有效地进行着管理工作。任何组织要想有效地实现其目标，就必须十分重视和切实做好人员的考评工作。

（一）考评的要求

做好考评工作，明白对考评工作本身的要求很重要，因为它直接关系到考评结果的质量。主要的要求有以下几种：

1. 考评指标要客观

要做到考评指标客观：① 指标的含义要准确、具体，不能含糊不清，更不能用一些抽象的概念来作为衡量的标准。② 指标尽可能定量化，以避免定性指标在较大程度上的主观随意性的缺点，增加考评工作的科学性和准确性。

2. 考评方法要可行

要做到方法可行，要求是：① 考评项目要适中，既不要太多，也不要太少，应根据各层次不同管理人员所在职位的重要性来确定。② 考评的结果要客观可靠，使人信服，这也是方法可行的一条重要要求。③ 要明确所采用方法的目的与意义。只有了解了所采用方法的真正意义，才会接受它并自觉地配合，不会使之流于形式。

3. 考评时间要适当

考评时间的长短，需视其管理人员个人情况以及管理职位的相对重要性而定。管理的效果总是要经过一段较长的时间才能表现出来，如果时间太短，则两次考评结果可能没有什么差别。而时间太长，则既不利于纠正偏差，也不利于鼓励工作出色的管理人员。

4. 考评结果要反馈

考评的结果应该告之被考评者，这是为了使被考评者及时知道自己的优缺点，知道自己在哪些方面做得比较好、在哪些方面还有欠缺，以便在今后的工作中取得更好的业绩。

 管理故事

小猴垒墙

森林王国举办职业技能大赛,三只小猴比赛垒墙。比赛规则是:先把土坯垒成墙,然后在墙的外面抹上一层白色的泥,看谁垒得又快又好。比赛开始了。

第一只小猴想,反正外面要抹一层白泥的,里面用不用泥没关系。于是它没有用泥作黏合物,就直接把土坯垒在了一起,然后在外面抹了白色的泥。在垒土坯的时候,中间还坍塌了两次,不过最后终于完成了。

第二只小猴想,反正外面要抹一层白泥的,里面好看不好看没关系。于是它用泥将土坯一块块黏合在一起垒成了墙,根本没有考虑土坯与土坯之间的咬合,然后也在外面抹上了一层白色的泥。在垒土坯的时候,中间坍塌了一次。

第三只小猴没有多想,比赛一开始它就有条不紊地开始了自己的工作。它首先把要垒墙的地方铲平了,然后开始把土坯一层一层地垒上去。在垒墙的过程中,它不仅把用来黏合土坯的泥抹得非常均匀,而且十分注意土坯与土坯之间的咬合与连接。墙垒好以后,它也认真地在墙的外面抹上了一层白色的泥。

大约两小时后,三堵外表几乎一模一样的墙立在了大家的面前。三只小猴分别站在自己的作品前,等待评委们的评判。评委会由狐狸、小兔和从森林外面请来的老牛组成。评判从第一只小猴的墙开始,大家先围着墙转了一圈。突然,评委老牛打了个喷嚏,第一只小猴的墙应声倒塌了。吓得狐狸赶紧往旁边躲,不小心撞上了第二只小猴的墙,第二只小猴的墙也倒了,差点砸了小兔的脚。只剩下第三只小猴垒的墙了,老牛走到墙跟前,用它那强壮的身体使劲撞去,墙依然屹立在那里。结果自然是第三只小猴得了冠军。

(二)考评的方式

考评可以分为自我考评、上级考评、同事考评和下级考评四种方式。

1. 自我考评

管理人员根据组织的要求定期对自己工作的各个方面进行评价。这种方式有利于管理人员自觉地培养和提高自己的政治素质、业务水平和管理能力,增强工作的责任感。

2. 上级考评

这是对管理人员的考评中最常见的一种方式,上级考评一般能够对被考评者作出比较客观和公正的评价。

3. 同事考评

由于工作关系，同事之间是互相最了解的人。因此，同事考评的结果也较为客观和可信。这种方式常用的形式是小组评议。

4. 下级考评

下级考评是从另一个角度对管理人员进行评价。下级更熟悉被考评者的领导方式、领导作风等方面，因而在这些方面的评价也是比较客观和准确的。

以上四种考评方式各有优点，但也各有其不足之处。最好的办法，就是采取多种评价方式，从不同的角度进行考评，以避免只采取某一种方式可能引起的以偏概全，从而使考评工作真正做到公正、客观、全面和准确。

第三节 组织文化

管理是一种客观职能，它取决于任务，也取决于文化条件，从属于一定社会的价值观念和生活习惯。

知名企业文化赏析

1. 京东商城

（1）京东商城的远景目标。

做中国最大，全球前五强电子商务公司。

（2）京东商城的使命。

让购物变得简单、快乐。

（3）京东商城的价值观。

客户为先、激情、学习、团队精神、追求超越。

客户为先：客户利益第一、为客户着想、为客户多做事；

激情：积极、主动、勤快、向上；

学习：谦虚、好学、进步、用脑；

团队精神：合作、诚信、步伐一致；

追求超越：创新、竞争。

2.顺丰

（1）顺丰的愿景。

成为最值得信赖的，基于物流的商业伙伴。

（2）顺丰的核心价值观。

成就客户：客户为先，创造极致的服务体验；随需而变，成就卓越的客户价值。

创新包容：以创新之心，探求未知之路；以包容之道，佑创新前行。

平等尊重：平等相待，视对方为另一个自己；彼此尊重，用倾听和理解接纳他人。

开放共赢：拥抱变化，在开放中寻找发展；求同存异，在合作中赢未来。

3.格力电器

（1）格力电器的经营理念。

一个没有创新的企业是没有灵魂的企业；

一个没有核心技术的企业是没有脊梁的企业；

一个没有精品的企业是没有未来的企业。

（2）格力电器的服务理念。

您的每一件小事都是格力的大事。

（3）格力电器的企业使命。

弘扬工业精神，追求完美质量，提供专业服务，创造舒适环境。

（4）格力电器的企业愿景。

缔造全球领先的空调企业，成就格力百年的世界品牌。

（5）格力电器的核心价值观。

少说空话、多干实事，质量第一、顾客满意，忠诚友善、勤奋进取，诚信经营、多方共赢，爱岗敬业、开拓创新，遵纪守法、廉洁奉公。

组织文化是一个组织由其价值观、信念、仪式、符号、处事方式等组成的其特有的文化形象。就组织特定的内涵而言，组织是按照一定的目的和形式建构起来的社会集团，为了满足自身运作的要求，必须要有共同的目标、共同的理想、共同的追求、共同的行为准则以及相适应的机构和制度，否则组织就会是一盘散沙。而组织文化的任务就是努力创造这些共同的价值观念体系和共同的行为准则。在这个意义上来说，组织文化是指组织在长期的实践活动中所形成的并且为组织成员普遍认可和遵循的具有本组织特色的价值观念、团体意识、行为规范和思维模式的总和。

 小资料

20世纪80年代初,美国哈佛大学教育研究院的教授泰伦斯·迪尔和麦肯锡咨询公司顾问艾伦·肯尼迪在长期的企业管理研究中积累了丰富的资料。他们在6个月的时间里,集中对80家企业进行了详尽的调查,写成了《企业文化——企业生存的习俗和礼仪》一书。该书在1981年7月出版后,就成为最畅销的管理学著作。后又被评为20世纪80年代最有影响的10本管理学专著之一,成为论述企业文化的经典之作。它用丰富的例证指出:杰出而成功的企业都有强有力的企业文化,即为全体员工共同遵守,但往往是自然约定俗成的而非书面的行为规范,并有各种各样用来宣传、强化这些价值观念的仪式和习俗。正是企业文化——这一非技术、非经济的因素,导致了这些决策的产生、企业中的人事任免,小至员工们的行为举止、衣着爱好、生活习惯。在其他条件都相差无几的两个企业中,其文化的强弱对企业发展所产生的后果则会完全不同。

一、组织文化的特征

组织文化本质上属于"软文化"管理的范畴,是组织的自我意识所构成的文化体系。组织文化是整个社会文化的重要组成部分,既有社会文化和民族文化的共同属性,也有自己的不同特点。

(一)组织文化的核心是组织价值观

任何一个组织总是把自己认为最有价值的对象作为本组织追求的最高目标、最高理想或最高宗旨,一旦这种最高目标和基本信念成为统一本组织成员行为的共同价值观,就会构成组织内部强烈的凝聚力和整合力,成为统领组织成员共同遵守的行动指南。因此,组织价值观制约和支配着组织的宗旨、信念、行为规范和追求目的。在这个意义上来说,组织价值观是组织文化的核心。

(二)组织文化的中心是以人为主体的人本文化

人是整个组织中最宝贵的资源和财富,也是组织活动的中心和主旋律,因此组织只有充分重视人的价值,最大限度地尊重人、关心人、依靠人、理解人、凝聚人、培养人和造就人,充分调动人的积极性,发挥人的主观能动性,努力提高组织全体成员的社会

责任感和使命感，使组织和成员成为真正的命运共同体和利益共同体，以不断增强组织的内在活力和实现组织的既定目标。

（三）组织文化的管理方式是以柔性管理为主

组织文化是以一种文化的形式出现的现代管理方式。也就是说，它通过柔性的而非刚性的文化引导，建立起组织内部合作、友爱、奋进的文化心理环境，以及协调、和谐的文化氛围，自动地调节组织成员的心态和行动，并通过对这种文化氛围的心理认同，逐渐地内化为组织成员的主体文化，使组织的共同目标转化为成员的自觉行动，使群体产生最大的协同合力。事实证明，由柔性管理所产生的协同力比刚性管理制度有着更强烈的控制力和持久力。

（四）组织文化的重要任务是增强群体凝聚力

组织中的成员来自五湖四海，不同的风俗习惯、文化传统、工作态度、行为方式、目的愿望等都会导致成员之间的摩擦、排斥、对立、冲突乃至对抗，这往往不利于组织目标的顺利实现。而组织文化通过建立共同的价值观和寻找观念共同点，不断强化组织成员之间的合作、信任和团结，使之产生亲近感、信任感和归属感，实现文化的认同和融合，在达成共识的基础上，使组织具有一种巨大的向心力和凝聚力，以有利于组织成员采取共同行动。

二、组织文化的结构

组织文化是一个有着丰富内涵的系统体系，其中包括许多相互联系、相互制约的基本要素。一般认为，组织文化有三个层次结构，即深层文化、中介层文化和表层文化。

（一）深层文化

深层文化是组织文化中的核心和主体，是广大员工共同而潜在的意识形态，包括管理哲学、敬业精神、人本主义的价值观念、道德观念等。

（二）中介层文化

中介层又称制度层，指体现某个具体组织的文化特色的各种规章制度、道德规范和员工行为准则的总和，也包括组织体内的分工协作关系的组织结构。它是组织文化核心层（内隐部分）与显现层（表层）的中间层，是由意识形态向实体文化转化的中介。

（三）表层文化

表层又称物质层，是指凝聚着组织文化抽象内容的物质体的外在显现，它既包括组织整个物质的和精神的活动过程、组织行为、组织体产出等外在表现，也包括组织实体性的文化设备、设施等。表层是组织文化最直观的部分，也是人们最易于感知的部分。

三、组织文化的内容

从最能体现组织文化特征的内容来看，组织文化包括组织价值观、组织精神、伦理规范等。

（一）价值观念

诚品书店创办人吴清友有一句话："一个企业真正的创新，是价值观的创新。"一个企业有什么样的价值观，它便会做出什么样的行为。所谓价值观念，是人们基于某种功利性或道义性的追求而对人们（个人、组织）本身的存在、行为和行为结果进行评价的基本观点。可以说，人生就是为了价值的追求，价值观决定着人生追求。价值观不是人们在一时一事上的体现，而是在长期实践活动中形成的关于价值的观念体系。企业的价值观，是指企业职工对企业存在的意义、经营目的、经营宗旨的价值评价和为之追求的整体化、个异化的群体意识，是企业全体职工共同的价值准则。只有在共同的价值准则基础上才能产生企业正确的价值目标。有了正确的价值目标才会有奋力追求价值目标的行为，企业才有希望。因此，企业价值观决定着职工行为的取向，关系企业的生死存亡。只顾企业自身经济效益的价值观，就会偏离社会主义方向，不仅会损害国家和人民的利益，还会影响企业形象；只顾眼前利益的价值观，就会急功近利，搞短期行为，使企业失去后劲，导致灭亡。

（二）企业精神

企业精神是指企业基于自身特定的性质、任务、宗旨、时代要求和发展方向，并经过精心培养而形成的企业成员群体的精神风貌。企业精神要通过企业全体职工有意识的实践活动体现出来。因此，它又是企业职工观念意识和进取心理的外化。

企业精神在整个企业文化中居于支配的地位。企业精神以价值观念为基础，以价值目标为动力，对企业经营哲学、管理制度、道德风尚、团体意识和企业形象起着决定性的作用。可以说，企业精神是企业的灵魂。

企业精神通常用一些既富于哲理，又简洁明快的语言予以表达，便于职工铭记在心，时刻用于激励自己；也便于对外宣传，容易在人们脑海里形成印象，从而在社会上形成个性鲜明的企业形象。如王府井百货大楼的"一团火"精神，就是用大楼人的光和热去照亮、温暖每一颗心，其实质就是奉献服务；西单商场的"求实、奋进"精神，体现了以求实为核心的价值观念和真诚守信、开拓奋进的经营作风。

（三）伦理规范

伦理规范是指从道德意义上考虑的、由社会向人们提出，并应当遵守的行为准则，它通过社会公众舆论规范人们的行为。组织文化内容结构中的伦理规范既体现着组织自下而上环境中社会文化的一般性要求，又体现着本组织各项管理的特殊需求，因此，如果高层主管不能设定并维持高标准的伦理规范，那么正式的伦理准则和相关的培训计划将会流于形式。由此可见，以道德规范为内容与基础的员工伦理行为准则是传统的组织管理规章制度的补充、完善和发展。就是这种补充、完善和发展，使组织的价值观融入了新的文化力量。

小资料

新《中华人民共和国安全生产法》颁布实施

第三次修正的《中华人民共和国安全生产法》于 2021 年 9 月 1 日起施行，要求企业全面贯彻建立与落地关于推进应急管理体系、加快工业互联网发展等重要指示批示精神。以树立安全发展理念，坚持安全第一、预防为主、综合治理的方针，从源头上防范化解重大安全风险，推进信息技术和危险化学品安全生产深度融合，实现数字化转型、智能化升级，构建"工业互联网＋危化安全生产"技术体系和应用生态系统，提升安全生产风险感知评估、监测预警和响应处置能力，排查化解潜在风险，牢牢守住不发生系统性风险的底线，为促进企业和监管部门安全管理数字化转型赋能。

小资料

"互联网＋"时代的组织管理变革

没有成功的企业，只有时代的企业。如果说企业战略决定了企业未来的发展方向与基本经营管理策略，那么组织架构则是保障企业战略落地、高效执行的重要手段。我们可以形象地将企业组织比喻为一个具有适应能力的虚拟人，其承受能力取决于机体内部整体组合的结构能力。一个企业组织的承受能力除了企业实有资产和负债能力外，实际上还涉及企业组织结构设计、变革和调整、流程优化或再造等，它需要企业组织对外部环境、企业战略的超强适应力和纠错能力，能够顺应时代要求，契合战略发展需求，做到因需而变。

随着互联网与传统产业的融合加剧，"互联网+"从一个报告上的词语变成每个企业的自觉行动，传统企业所面临的一切都在飞速变化。在新的环境下，原有组织想要继续生存下去，就需要具备很强的适应性。

（1）从"由内而外"到"由外向内"。"互联网+"时代是一个个性的世界，是"我"的时代。在人们的身上能够更加清晰地感受到人类自我意识的爆发，他们的个人决策自由，他们的行动与表达将不受约束。企业也在发生着改变：对外，企业更多地关注客户的个性化需求，让客户更多地参与到产品设计和开发过程中；对内，组织要更加弹性和扁平，重视员工的个性培养和个体作用。

（2）从封闭走向开放。"互联网+"要求企业不再将自己的优势封闭在组织内部。传统条件下的企业核心优势——产品、专利正在受到挑战，甚至成为新兴产业推广的壁垒，因此相对于传统企业的封闭，未来的企业组织将更加积极向外推广，谋求合作。开放合作使得新老企业得以结合，形成围绕该技术的生态网。在这种开放合作的氛围中，高效的组织结构与优秀的资源结构成为企业关注的核心要点，高效合作成为这个时代企业组织关系的关键词。

（3）从自我生长到不断并购。"互联网+"时代，要求企业在规划自己目标的时候不以生产为主，而是以功能为主，这使得新时代的组织跳出了传统组织必要获取材料、组织生产、提供服务的圈子。举例而言，对一家传统出租汽车公司来说，要想增加一辆出租车，就需要以较大的成本获得一辆汽车和牌照。新时代企业则并不考虑汽车本身，比如Uber，搭建平台吸收私家用车，因此新型的企业甚至不必承担生产的成本，几乎不需要成本就能增加一辆出租车，只需通过网络协调使人们分享他们的汽车即可。这种跳出圈子的思考方式给企业带来了很多优势。

（4）企业组织架构的弹性与整合能力成为关键核心能力。收购和吞并是新时代企业成长的重要手段。这种手段通常是针对关键核心的功能和技术，企业组织更加喜欢通过并购的方式直接将这些核心部分纳入体系内部。

"互联网+"带来了产业融合、产品创新和模式升级，但更重要的是企业需要正视这场变革将会对运营管理带来的影响和挑战。过去的经验正在进入归零的倒计时，在新的时代，企业管理的规则将会焕然一新。伴随着这一次的改变，生产力在提高，用户需求在丰富，人类正在变得更为自由，组织内外部将变得平等、开放。

四、组织文化的功能

组织文化作为一种组织结构，具有许多独特的功能。其中突出的功能有以下几方面：

（一）自我内聚功能

组织文化通过培育组织成员的认同感和归属感，建立起成员与组织之间的相互依存关系，使个人的行为、思想、感情、信念、习惯与整个组织有机地统一起来，形成相对稳固的文化氛围，凝聚成一种无形的合力与整体趋向，以此激发出组织成员的主观能动性，为组织的共同目标而努力。

（二）自我改造功能

组织文化能从根本上改变员工的旧的价值观念，建立起新的价值观念，使之适应组织正常实践活动的需要。尤其对于刚刚进入组织的员工来说，为了减少他们个人带有的家庭、学校、社会所养成的心理习惯、思维方式、行为方式与整个组织的不和谐或者矛盾冲突，就必须接受组织文化的改造、教化和约束，使他们的行为趋向于与组织一致、和谐。

（三）自我调控功能

组织文化作为团体的共同价值观，并不对组织成员具有明文规定的具体硬性要求，而只是一种软性的理智约束，它通过组织的共同价值观不断地向个人价值观渗透和内化，使组织自动地生成一套自我调控机制，使组织目标自动地转化为个体成员的自觉行动，达到个人目标与组织目标在较高层次上的统一。

（四）自我完善功能

组织在不断发展过程中所形成的文化积淀，会随着实践的发展而不断地更新和优化，推动组织文化从一个高度向另一个高度迈进。反过来，组织的进步和提高又会促进组织文化的丰富、完善和升华。

（五）自我延续功能

组织文化的形成是一个复杂的过程，往往会受到社会环境、人文环境和自然环境等诸多因素的影响，因此，它的形成和塑造不是一蹴而就的，必须经过长期的耐心倡导和精心培育，以及不断的实践、总结、提炼、修改、充实、提高和升华。同时，正如任何文化都有历史继承性一样，组织文化一经固化形成之后，也会具有自己的历史延续性而持久不断地起着应有的作用，并且不会因为组织领导层的人事变动而立即消失。

五、组织文化的塑造途径

（一）选择价值标准

由于组织价值观是整个组织文化的核心和灵魂，因此选择正确的组织价值观是塑造组织文化的首要战略问题。

选择组织价值观有两个前提：

1. 要立足于本组织的具体特点

不同的组织有不同的目的、环境、习惯和组成方式，由此构成千差万别的组织类型，因此必须准确地把握本组织的特点，选择适合自身发展的组织文化模式；否则，就不会得到广大员工和社会公众的认同与理解。

2. 要把握住组织价值观与组织文化各要素之间的相互协调

因为各要素只有经过科学的组合与匹配，才能实现系统整体优化。

（二）强化员工认同

一旦选择和确立组织价值观和组织文化模式之后，就应把基本认可的方案通过一定的强化灌输方法使其深入人心。具体做法如下：

1. 宣传

充分利用一切宣传工具和手段，大张旗鼓地宣传组织文化的内容和要求，使之家喻户晓，人人皆知，以创造浓厚的环境氛围。

2. 树立英雄人物

典型榜样和英雄人物是组织精神和组织文化的人格化身与形象缩影，能够以其特有的感染力、影响力和号召力为组织成员提供可以仿效的具体榜样，而组织成员也正是从英雄人物和典型榜样的精神风貌、价值追求、工作态度和言行表现之中深刻理解到组织文化的实质和意义的。

3. 培训教育

有效的培训与教育，能够使组织成员系统接受和强化认同组织所倡导的组织精神和组织文化。

（三）认真提炼、严肃的定格

1. 精心分析

在经过群众性的初步认同实践之后，应当将反馈回来的意见加以剖析和评价，详细分析和仔细比较实践结果与规划方案的差距，必要时可吸收有关专家和员工的合理化意见。

2. 全面归纳

在系统分析的基础上，进行综合的整理、归纳、总结和反思，采取去粗取精、去伪存真、由此及彼、由表及里的方法，删除那些落后的、不为员工所认可的内容与形式，保留那些进步的、卓有成效的、为广大员工所接受的形式与内容。

3. 精练定格

把经过科学论证的和实践检验的组织精神、组织价值观、组织文化，予以条理化、完善化、格式化，再加以必要的理论加工和文字处理，用精练的语言表述出来。

建构完善的组织文化需要经过一定的时间过程。因此，充分的时间、广泛的发动、认真的提炼、严肃的定格是创建优秀的组织文化所不可缺少的。

（四）巩固落实

1. 必要的制度保障

建立奖优罚劣的规章制度，引导、规范员工行为，使员工逐渐能够自觉主动地按照组织要求去行动，进而组织文化演变为全体员工的习惯行为。

2. 领导的率先垂范

领导者必须更新观念并能带领组织成员为建设组织优秀文化而共同努力。

（五）丰富发展

任何一种组织文化都是特定历史的产物，当组织的内外条件发生变化时，不失时机地调整、更新、丰富和发展组织文化的内容和形式总会经常地提上议事日程。这既是一个不断淘汰旧文化和不断生成新文化的过程，也是一个认识与实践不断深化的过程，组织文化由此经过循环往复达到更高的层次。

三湾改编

1927年9月29日，毛泽东率领湘赣边界秋收起义部队到达江西永新县三湾村。三湾村地处湘赣边区的九陇山区，是茶陵、莲花、永新、宁冈四县的交界地，有50

多户人家,在山区算是较大的村庄。起义部队到达三湾的时候,减员较大,人员不足1 000人,组织很不健全,思想相当混乱。当时,部队没有建立基层党组织,党不能切实掌握部队;还严重存在雇佣军队的影响;加之作战失利,连续行军,斗争艰苦,一些意志不坚定的人开始动摇。在这种情况下,如果不改进部队存在的问题,不加强党对军队的领导,不仅难以适应艰苦的环境,而且无法完成艰巨的革命任务。为了巩固这支新生的革命军队,适应革命斗争的需要,毛泽东在到达三湾的当天晚上,就主持召开了前敌委员会议,决定对起义部队进行整顿和改编。主要内容是:第一,资遣一部分不愿留队的人员,部队缩编为1个团,称工农革命军第一军第一师第一团;第二,在部队中建立党的组织,做到连有支部,营团有党委,连以上设党代表;第三,规定官长不打士兵,官兵待遇平等,建立士兵委员会,参加部队的管理,协助进行政治工作和群众工作。士兵委员会由全体士兵民主选举产生,在党支部指导下进行宣传、组织群众的工作,组织领导士兵的文化娱乐生活,监督部队的经济开支和伙食管理。

(资料来源:根据网络资料整理。)

请思考:组织职能是如何确保组织的健康发展的?

启示:通过三湾改编,部队很快建立了各级党的组织。党支部建在连上,班排设党小组,连以上设立党代表营团建立党委,整个部队由毛泽东任书记的前敌委员会统一领导形成了坚强的领导核心。确定了中国共产党对军队的绝对领导。

本章小结

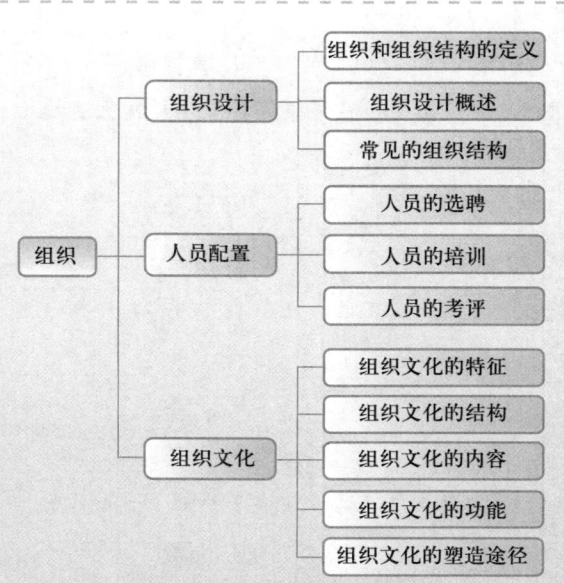

思考与练习

1. (　　) 是用图形的方式表示组织内各机构、岗位、上下左右的相互关系。
   A. 组织结构图　　　　　　　　B. 组织手册
   C. 职位说明书　　　　　　　　D. 组织树

2. 有一天，某公司总经理发现会议室的窗户很脏，好像很久没有打扫过，便打电话将这件事告诉了行政后勤部负责人，该负责人立刻打电话告诉事务科长，事务科长又打电话给公务班长，公务班长便派了两名员工，很快就将会议室的窗户擦干净。过了一段时间，同样的情况再次出现。这表明该公司在管理方面存在着什么问题？(　　)
   A. 组织层次太多　　　　　　　B. 总经理越级指挥
   C. 各部门职责不清　　　　　　D. 员工缺乏工作主动性

3. 某公司随着经营规模的扩大，其由总经理直管的营销队伍人数也从3人增加到近100人。最近，公司发现营销人员似乎有点松散，对公司的一些做法也有异议，但又找不到确切的原因。从管理的角度看，你认为出现这种情况的主要原因最大可能在于(　　)。
   A. 营销人员太多，产生了鱼龙混杂的情况
   B. 总经理投入的管理时间不够，致使营销人员产生了看法
   C. 总经理的管理幅度太宽，以至于无法对营销队伍实行有效的管理
   D. 营销队伍的管理层次太多，使得总经理无法与营销人员实现有效的沟通

4. 采用"集中政策，分散经营"的组织结构是(　　)
   A. 直线职能制　　　　　　　　B. 事业部制
   C. 矩阵制　　　　　　　　　　D. 直线制

5. 判断一个组织的分权程度，常常根据各管理层次拥有的(　　)权的情况来确定。
   A. 计划　　　　　　　　　　　B. 决策
   C. 组织　　　　　　　　　　　D. 领导

6. 一家产品单一的跨国公司在世界许多地区拥有客户和分支机构，该公司的组织结构应考虑按什么因素来划分部门？(　　)
   A. 职能　　　　　　　　　　　B. 产品
   C. 地区　　　　　　　　　　　D. 矩阵结构

7. 组织规模一定时，组织层次和管理幅度呈(　　)关系。
   A. 正比　　　　　　　　　　　B. 指数

第五章交互式测验及参考答案

C. 反比 D. 相关

8. （　　）可被认定是部门。

A. 学校 B. 教研室

C. 科室 D. 任务组

9. 比较扁平组织结构和锥形组织结构。

10. 组织文化的功能有哪些？简述组织文化的塑造途径。

 自我评估

评估自己的组织能力

下面的问题也许可以帮助你对自己现在在企业中自我发展的组织能力有一个基本的了解。在认为适合你自身情况的问题后面打钩。

1. 进行自我鉴定前，我会花一些时间准备。
2. 我对公司内我可以参加的内部培训班有深入的了解。
3. 当决定辞职时，我会做好应付最后与老板见面的准备。
4. 我清楚今年自己的工作目的与业绩目标。
5. 我的自我鉴定通常是着眼于未来，而不是过去的表现。
6. 我知道公司内部的面谈程序对晋升将起什么作用。
7. 我在公司内有一位师长。
8. 我了解公司对于参加外部培训班的规定，知道如何去争取机会。
9. 在鉴定中，我会对经理的表现做出自己的评价。
10. 我对获得晋升需要达到什么目标有清楚的了解。

只要简单地将你打钩的问题数量相加，就可以计算出你的得分。

结果分析：

0~3分：你也许并不能办成什么事，因为你对公司的规章制度还缺乏必要的了解。你也许期望你的经理会为你提供所有的方便，自己坐享其成。如果你不采取措施去争取那些你可以得到的培训、指导与其他公司内部的机会，就会有永无晋升调迁机会的危险。

4~8分：你好像对那些可能对你的职业有所帮助或损害的机会与公司规章制度有一般的了解。不过，你在这方面的得分不高就说明还有改进的余地。认真地阅读本章的内容，看看自己可以在哪些方面进行努力。

9~10分：你对公司员工必须遵循的规章制度有着深入的了解，利用起来也很

娴熟。不过，不要骄傲自满。你应该时刻关注那些规章制度与程序的变化情况，并相应地调整自己的行为举止。

 **管理实战**

某公司是西南一家大型成套设备生产企业，企业的客户主要为老客户，销售部门主要的任务是对这些老客户销售成套设备。

随着竞争的加剧，公司的客户资源急剧萎缩，公司意识到以前对市场变化的认识度不够，于是成立了一个市场部，专门负责市场信息的收集、整理、分析工作，为销售人员提出建议。

市场部刚成立不久，就有销售人员反映说，市场部不但是多余的，而且扰乱了他们的工作，因为市场部的人员要求出差人员交出出差地的市场情况报告，占用了他们的时间，并且市场部经常对他们的工作指手画脚。销售部的人员认为他们只会动嘴，让他们去跑销售还不如自己。而市场部的人员却认为销售人员目光短浅，缺乏远见。

思考：问题出在哪里？有人建议把两个部门合二为一，能解决目前的问题吗？是否还会产生其他影响？为什么？

 **综合实训**

[实训名称]

中小企业组织结构调查。

[实训目标]

1. 增强对企业组织结构的感性认识。
2. 培养对企业组织结构分析的初步能力。

[实训内容]

到一家中小企业，对该企业的组织结构情况进行调查，并运用所学知识进行分析诊断。主要需收集的信息有：

1. 企业的组织结构图；
2. 各主要职位、部门的职责权限及职权关系；
3. 由于组织结构、职权关系等问题引起的矛盾。

[实训指导]

1. 准确把握实训的要求，要拟订一个简要的调研方案或计划。

2. 到企业进行调查时，要选择管理较规范的中小企业，或大企业中相对独立的中基层单位；要尽可能收集到所需基本信息与资料，如企业的组织结构图、一些主要管理岗位的职务说明书或权责制度（包括岗位责任制）。邀请管理者作介绍，要向被访问的管理者说明所需信息，并注意沟通技巧；调查中要做好记录，特别要整理好得到的原始资料。

3. 对企业的组织情况进行分析诊断，可以采用以下思路：

（1）该企业组织结构的基本类型，是否规范或有特色；

（2）组织结构设置是否满足企业目标需要，运行是否有效；

（3）主要职位的权责关系是否配置合理，是否协调；

（4）你认为该企业存在的主要问题（指由组织因素引起的问题）是什么；

（5）提出你对于改进该企业组织结构的建议。

[成果形式]

全体同学分成若干调查小组，每组在共同讨论的基础上写出一份所调研企业组织结构的简要分析诊断报告，并在课堂公开交流。

第六章
领导

【管理地图】

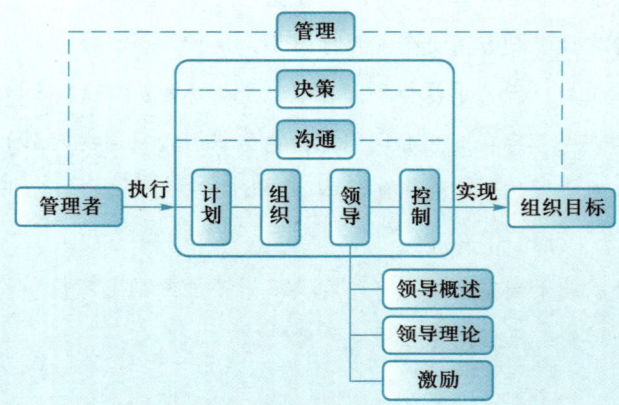

【学习目标】

★ 知识目标
- 了解领导的概念。
- 理解领导的作用。
- 掌握领导者影响力的建立。
- 理解领导理论。
- 掌握激励的理论与方法。

★ 能力目标
- 能够设计提升个人领导力的有效路径。
- 能够有效激发团队成员的工作积极主动性。

★ 关键词

领导、影响力、激励。

"神奇"背后的领头人

姚劲波,2005年建立58同城,其后多年屡遭质疑,但作为一家面向中小商户、基数巨大但用户分散的生活服务平台分类网站,58同城展现出有别于其他互联网公司的种种特质。那么,姚劲波是怎样为58同城以及自己"打表"?在没有现成榜样和参照系的情况下,他又是如何在创业的孤独岁月中拉出时间轴,进而领先行业一个又一个"一步之遥"?

创业之初并非一帆风顺,有人只记住那句"这是一个神奇的网站",却不明白这个网站是做什么的。行业竞争激烈,曾经的对手如赶集网、百姓网等有2 000家之多。团购最火爆的时候,58同城也跟了一回风。团购业务的开展让公司不得不多开辟N多环节来打拼市场,后来姚劲波终于意识到,就公司目前的经历根本拼不过美团这样的专业公司,于是就停掉了这块业务。姚劲波终于将重心收回到生活分类信息之中。同样经过不断尝试调整,最后留下来的最具效果的运作方式居然是最不可能的那种,比如地推。

在翻阅了近百份生活信息分类广告之后,姚劲波将目标客户锁定在房产中介、家具维修、家政公司等接地气的产业公司身上。但现实是,这些在当时基本不会操作计算机的商家,不懂得网络交易是什么,甚至反问姚劲波,我凭什么要把业务搬到这个陌生的平台上来?

解决方式是现实逼出来的——地推。这种耗费人力的方式曾经是崇尚轻模式运作的互联网公司们最不屑一顾的。

58同城组建了多达3 000人的线下销售团队,每到一个城市就逐一拜访当地目标客户。为了让对方能轻松上手,姚劲波还在天津成立客服中心。商户不会上网但又要发布信息,只需发送短信到工作人员手机中,由其"转手"把信息放上网。

这些"苦活累活"成了58同城的行业壁垒。那些早期在58同城员工帮助下学会网上交易的商家,习惯了这个网站为自己提供的全方位服务,不愿意换到其他平台;地推模式为58同城成功开辟20多个城市战场,带来了巨大的流量。在此基础上,58同城后来才得以建立对企业会员服务收费的盈利模式。目前,地推更成为服务本地生活类网站的标配。

如今的58同城在姚劲波率领下已成为生活服务行业的一个现象:4轮融资超过2亿美元;700万认证商户入驻网站;月独立用户超2亿人;成功超过美国老牌同类网站Craigslist,跃居全球第一位。

（资料来源：根据网络资料整理。）

启示：姚劲波对58同城的业务分析和定位，源于他的远见卓识与脚踏实地。作为企业领导，既要看得远、看得透、又要行得稳、行得实，敢想、敢做敢为，方能为社会创造价值。

 小资料

铁血英雄李云龙的领导魅力

电视剧《亮剑》中的角色李云龙给观众留下了深刻印象。他能铸就钢铁一样的军队，离不开他杰出的领导和管理能力。

1. 李云龙是"火种"

领导力是一种能够统率团队成员全力以赴去完成目标的能力，也是一种能够激发团队成员热情与想象力的能力。换句话说，领导力，就是一种特殊的人际影响力。

正如剧中师政委和师长间的对话所言：一个团的人，在不打仗的时候，放在那里看着很普通，没有什么特别的，当打起仗来，李云龙吼上几嗓子，全团的人就拼起命来往前冲。就好比一堆干柴，李云龙就是点燃这堆干柴的那颗火种。

2. 李云龙的领导者特质

（1）有大局观。《亮剑》前半部分的重头戏是李云龙率部攻打平安县城。当守城日军无力抵抗即将破城的时候，李云龙的新婚妻子被日军军官推出，用以当做谈判筹码，要求停战10分钟，以拖延战机等待救援及布置防御体系。可是李云龙坚决下令开炮攻城。最终县城攻下，战斗取得了胜利，他的妻子却英勇就义了。李云龙之所以会下令攻城，是因为战场上分秒必争，身为最高军事主管，他爱兵如命，要为全体将士生命负责。这样的将领带出的队伍定会浴血奋战生死相随。

（2）专业技能过硬。工作中最怕遇到的就是外行领导内行，如果一个威信极高、很受人敬重的领导，完全不懂业务，久而久之领导力必然下降。李云龙在刚刚接手独立团的时候，独立团刚吃了败仗，士气低落。此时面对误打误撞摸进根据地后方的山崎大队，独立团久攻不下，李云龙立下军令状，以土工掘进的方式，一口气击溃了山崎大队，士气大振。足见，领导力是靠"打胜仗"逐步提升的，团队的士气也会越来越高涨。

（3）敢于打破常规。《亮剑》开始时李云龙任新一团团长，任务是负责掩护首长及其他部队安全转移。当他们圆满完成任务时，接到指示，要求他们从后方撤出防御阵地。李云龙当时就提出了不同意见，认为从后方撤退就是放弃了主动权，势必受到敌人炮火的猛攻导致损失惨重，经过慎重分析，李云龙选择了正面突围。基于正确的

战场分析、精准的作战指挥,李云龙率领新一团击溃坂田联队,从正面成功突围。如同带兵打仗,企业要发展,管理者就不能墨守成规,而要审时度势,出奇制胜。

(4)大度纳才。李云龙身边的有才之士,开始几乎都与他不和。政委赵刚,两人多次因为意见不同而拍桌子不欢而散。随着与赵刚接触越来越多,李云龙逐渐发现了赵刚的才能,"心甘情愿"地被赵刚"管着"。之后,两人珠联璧合对部队做出卓越贡献。再如魏大勇,两人初次见面时,魏大勇对李云龙表现极不尊重,甚至两拳把李云龙放倒在地。但是当魏大勇明确表示希望加入李云龙部队的意愿时,李云龙大笑几声,丝毫不计较魏大勇之前的无理,魏大勇成为李云龙的忠心警卫。大度能容方聚有才之士。

3. 情境领导,善于权变

李云龙因情制宜,基于将士成熟度,采取相宜的领导方式。

(1)授权"将才"型员工。《亮剑》中李云龙手下的营长张大彪,是高能力高意愿的典型代表。具体表现为业务能力强,工作积极主动,管理这种"将才"型员工,李云龙采取的是"授权式"领导。在部队部署任务的时候,李云龙只需要告诉张大彪要什么样的结果,不问具体部署,给予了极大的信任与放权。

(2)激发"力有余而心不足"型员工。剧中第一集出现的迫击炮手王成柱是典型的"力有余而心不足"(高能力低意愿)型员工。战场上李云龙要求王成柱打掉鬼子指挥部,王成柱先摆困难说我们只有两发炮弹了,表现出了没有把握的心态。李云龙则说,打中了,我奖你半斤地瓜烧;打不中,别说地瓜烧免了,我还得枪毙你。最终在李云龙的激励及鞭策下,王成柱用仅有的两发炮弹打中了敌人指挥部,其能力得到了有效的发挥。王成柱式的员工,有能力,但是对事业缺乏信心或者积极性,像李云龙那样采用正确的激励、鞭策方式与方法,他们就会成长为企业的得力员工。

(3)宽猛相济培养低成熟度员工。低能力高意愿与低能力低意愿的员工,大多是职场新人。领导者对之应当严格训练与悉心培养相结合。李云龙一方面能准新兵三天假去看老母亲令其感动地欲下跪,另一方面对战士进行"宁可平时训练挑断肋骨"般看似"残酷"的实战训练,这恰恰体现了他对战士的铁汉深情。当他面对严厉训练战士的骑兵连连长孙德胜,采取了睁一只眼闭一只眼的策略,因为他深知慈不带兵,平时多流汗甚至适当流点血,战时就会最大限度减少伤亡。凭着一股英雄气势和平日严格的训练,李云龙打造出了战无不胜的铁血部队。

启示:《孙子兵法·始计篇》有言:"将者,智、信、仁、勇、严也。"宋朝梅尧臣注曰:"智能发谋,信能赏罚,仁能附众,勇能果断,严能立威。"李云龙正是这样一位英雄将领,他具有极强的亲和力、感召力、公信力,能"点燃"团队,这就是李云龙的魅力所在,也是领导者应该具备的素质与能力。

第一节 领导概述

领导是具有这种能力的人：让人去做不愿做的事，并喜欢做。

用人之人

汉高祖刘邦和群臣谈论楚汉胜败原因时说：夫运筹帷帐之中，决胜千里之外，吾不如子房（即张良）。镇国家，抚百姓，给馈饷，不绝粮道，吾不如萧何。连百万之军，战必胜，攻必取，吾不如韩信。此三者，皆人杰也，吾能用之，此吾所以取天下也。项羽有一范增而不能用，此其所以为我擒也。

刘邦的长处，他知道自己行军打仗不如韩信，治国理财不如萧何，运筹帷幄不如张良。可以这样说刘邦不能打仗，不能治国，不能出谋划策，但是他知道在他为难时向他的部下寻求方法，所以可以说刘邦最懂用人，他是用人之人，韩信、萧何、张良皆为可用之人。

启示： 优秀的领导人，不一定自己能力有多强，但是要懂信任人才，懂放权人才，懂珍惜人才，这样就能团结比自己更强的可用之人，从而提升自己的领导力。

视频：
王之为王

一、领导的含义

管理者在顺次进行计划、组织职能之后，就要执行领导职能，即领导所属人员去实现组织的目标。这也是管理者最经常性的职能。

关于领导的含义，在整个管理学发展进程中，国内外很多专家学者都进行过专门的研究，并提出了自己的观点，归纳起来有以下一些看法：

"科学管理之父"泰罗认为：领导是影响人们自愿努力以达到群体目标所采取的行动。

哈罗德·孔茨认为：领导是影响人们使之跟随去完成某种目标，促使部属充满信心、满怀热情地完成他们的任务的艺术。

本尼斯认为：领导是促使下属按照所需要求的方式活动的过程。

阿吉里斯认为：领导就是有效的影响。

管理心理学家杨淑贞认为：领导乃是组织赋予某一个人的权力，以统御其部属完成组织的目标。

综上所述，领导是指挥、带领、引导和鼓励追随者为实现组织目标而努力的过程。这个关于领导的定义包含三个要素：

（1）领导者必须有追随者，没有追随者的领导者谈不上是一个领导者。

（2）领导者拥有影响追随者的能力，这些能力包括由组织赋予领导者的职位和权力，也包括领导者个人所具有的影响力。

（3）领导的目的，是领导者通过一定手段影响人们心甘情愿地而非无奈地、热情地而非勉强地为组织或群体的目标而努力。

在这里，需要特别说明一下领导与管理的关系（见表6-1）。

表6-1　领导与管理的联系

共性与区别		领导	管理
共性		领导是管理的一个职能 行为方式：通过协调，实现组织目标的过程 最终目的：通过一系列的努力来实现组织的最终目标	
区别	职位取得	上级指定，也可以是下属推选	上级指定
	权力基础	职权与个人权力相结合	职权
	对象	人	6大元素
	性质	组织或非正式群体	组织
	侧重点	指引方向、设置目标、影响人、提高凝聚力、激励和鼓舞人	计划、预算、合理应用资源、控制

二、领导的重要性

如果领导者缺乏正直的品行，那么，无论他是多么有知识、有才华、有成就，也会造成重大损失。

动画：
百鸟选王

领导职能对组织目标的实现具有决定性的影响。具体包含以下四方面的作用：

（一）指挥作用

指挥作用是指在组织活动中，需要有头脑清醒、胸怀全局、高瞻远瞩、运筹帷幄的领导者，帮助组织成员认清所处的环境和形势，指明活动的目标和达到目标的路径。正如任何乐队都离不开指挥一样，任何组织都需要领导者的统一指挥。领导者不是站在群体的后面去推动群体中的人们，而是站在群体的前列，指引组织的发展方向并促使人们前进、鼓舞人们去实现目标（见图6-1）。

图6-1　领导的重要性

（二）激励作用

激励作用是指领导者为了使组织内的所有员工最大限度地发挥才能，实现组织的既定目标，就必须关心、爱护、尊重员工，激发、鼓舞员工的斗志和热情，充分挖掘员工的潜力，不断充实和增强人们积极进取、努力奋斗的工作动力。人是一个复杂的个体，任何外在或内在的因素，都可以使人的行为发生某种变化，而人的行为是由人的需求和动机决定的。因此，领导要善于了解和把握被领导者的行为活动及变化规律，尽可能满足组织成员的需求，使组织始终保持积极向上的发展势头。

（三）组织与协调作用

组织与协调作用是指组织在内外因素的干扰下，需要领导者来协调组织成员之间的关系和活动，朝着共同的目标前进。在任何一个组织中，人与人之间、部门与部门之间不可避免地会出现一些矛盾。领导者必须善于发现和处理各种矛盾、平衡各种关系，把各种积极的因素充分地调动起来，为实现组织的共同目标而努力。

（四）沟通作用

沟通作用是指领导者作为组织的各级首脑和联络者，在管理的各个层次中做到上情下达，以保证管理决策和管理活动顺利进行。领导者在信息传递方面发挥着重要的作用，是信息的传递者、监听者、发言人和谈判者。沟通的具体形式包括信息的传输、交换与反馈、人际交往、关系融通和交流感情等。

三、领导者的影响力

领导实质上是一种对他人的影响力，即领导者对下属及组织行为的影响力。这种影响力能改变或推动下属及组织的心理与行为，为实现组织目标服务（见图 6-2）。

视频：
领导力是打胜仗换来的

图 6-2　领导的影响力

领导的核心在于权力。领导权力通常就是指影响他人的能力，在组织中就是指排除各种障碍完成任务，达到目标的能力。根据法兰西（John French）和雷温（Bertram Raven）等人的研究，领导权力有五种来源。

（一）法定性权力

法定性权力是由个人在组织中的职位决定的。个人由于被任命担任某一职位，因而获得了相应的法定权力和权威地位。例如，在政府和企业等层级组织中，上级在自己的职责范围内有权给下级下达任务和命令，下级必须服从；教练有权决定谁上场和比赛的策略，队员必须服从；裁判有权判定是否犯规和是否得分，并有权用出示黄牌或红牌提出对某一队员的警告或处罚，队员必须服从；教师有权布置作业，出试题和判分，学生必须服从等。

但拥有法定权力的权威，并不等于就是领导，虽然我们通常把层级机构中担任各级职位的官员都称为领导。其实这些负责人可能是有效的领导者，也可能不是。有些官员根本没有自愿的追随者，只是凭借手中的权力作威作福而已，这样的人并不是真正的领导者。

同时，应当充分认识到下层甚至普通员工也拥有宪法、劳动法、合同法、工会法等法律和规章制度赋予他们的法定权利，他们凭借这种权利，也可以有效地影响和抵制领导者的领导行为。

（二）奖赏性权力

奖赏性权力是指个人控制着对方所重视的资源而对其施加影响的能力。例如，上级在其职权范围内可以决定或影响下级的薪水、晋升、奖金、表扬，或分配有利的任务、职位，或给予下属所希望得到的其他物质资源或精神上的安抚、亲近、信任、友谊等，从而有效地影响他人的态度和行为。

奖赏性权力是否有效，关键在于领导者要确切了解对方的真实需要。人们的需要是多方面的，也可能各不相同，不一定都是金钱或官位，所以必须采用适当的方式，有针对性地雪中送炭才能取得良好的效果。

被领导者也拥有某种奖赏权，例如对领导者的忠诚顺从，更加积极地忘我工作，为了组织利益不计个人安危的英雄行为，甚至对领导者热情打招呼，演讲后的热烈鼓掌等，都可以看作是被领导者对领导者的奖赏。这种奖赏权也能有效地影响领导行为。

（三）惩罚性权力

惩罚性权力是指通过强制性的处罚或剥夺而影响他人的能力。例如，批评、罚款、降职、降薪、撤职、除名、辞退开除、起诉等，或者调离到偏远、劳苦、无权的岗位上去。这实际上是利用人们对惩罚和失去既得利益的恐慌心理而影响和改变他人的态度和行为。

应当注意，惩罚权虽然十分必要，见效也很快，但毕竟是一种消极性的权力，更不是万能的，因此务必慎用。如果使用不当，可能产生严重的消极后果。例如，下属在合法范围内拥有消极怠工、抗议、上访、静坐、游行、示威、罢工等权利，员工可以利用这种合法权利来对领导者的不当行为进行惩罚，甚至引发不应有的暴力事件。

（四）感召性权力

感召性权力是由于领导者拥有吸引他人的个性品德、作风而引起人们的认同、赞赏、钦佩、羡慕而自愿地追随和服从。例如，无私工作、刚正不阿、主持正义、清正廉洁、思路敏捷、开拓创新、不畏艰险、有魄力、关心群众疾苦、保护下属利益、倾听不同意见、结交下层朋友等模范行为，都会引来大批追随者，形成的感召性权力。

感召性权力的大小与职位高低无关，只取决于个人的行为。不过具有高职位的人，其模范行为会有一种放大的乘数效应。一些行为对普通人来说可能是很平常的事，但对某些高层领导者就会变成非常感人的模范行为，产生巨大的感召性权力。但是任何组织中，总是有许多没有任何职位的人，也往往会有巨大的感召性权力，成为非正式的群众领袖，他们对人们的影响力可能远远大于拥有正式职位的领导者。对组织有利的做法是后者应对前者有更多的尊重和争取更好的合作。

（五）专长性权力

专长性权力是知识的权力，指的是因为人在某一领域所特有的专长而影响他人的能力。一位医术精湛的医生在医院中具有巨大的影响力；一位资深的教授、著名学者可能没有任何行政职位，但在教师和学生中具有巨大的影响力；企业中的一位财务专家、营销专家、工程师等都可能拥有某种专长性权力，而在一定领域内发挥巨大的影响。

任何领导者绝对不可能在所有领域内都具有专长权，所以对组织中正式职位的领导者而言，只要在他的工作职责范围内具有一定的专长权就可以，而不必要求一定是某一领域的专家。

组织中的各级领导者只有正确地理解领导权力的来源，精心地营造和运用这些权力，才能成为真正有效的领导者。

即使成为真正有效的领导者，也必须清醒地认识到领导者与追随者、领导者与管理者的正确关系。没有追随者就没有领导者，没有埋头苦干的管理者，领导者也难以获得成功。一个组织的成功必须依靠领导者、追随者、管理者的共同努力；不仅领导者要成为有效的领导者，追随者也要成为有效的追随者，而不是一味地盲从，管理者也要成为有效的管理者，而不能只满足于循规蹈矩地工作。

在现实生活中，处于层级组织各级职位的领导者在不同情况下，往往要扮演多种角色。在上级领导者面前，他是顺从的追随者，精明的管理者，在下层面前，他又是令人敬畏的领导者。即便是国家元首，也不是绝对的领导者，他必须成为民众意愿的积极追随者，成为广大人民群众利益的忠实代言人，否则就可能动摇领导者的权威地位。这就是中国古语中所说"水能载舟，亦能覆舟"的道理。

第二节　领 导 理 论

没有画满的句号

在一次学术报告会上，一位著名的企业家正在非常兴奋地作着报告，并且表示非常欢迎在座的学生能够与其探讨大家共同关注的话题，鼓励学生提出比较深入的问题。大家对这位企业家非常尊重，不好意思提出某些让其不好回答的问题。但是，在企业家的鼓励下还是有学生站了起来，开始向企业家提出问题。学生 A 说："请问您在事业上如此成功的秘诀是什么？"企业家对于这个问题没有直接做出回答，而是非常从容地拿起粉笔在黑板上画了一个圈，但没有将这个圈画完整，故意留下一个缺口。企业家向同学们提问说："你们认为这是什么？"学生们的答案自然是五花八门："表示做事情要从零做起"；"代表未竟的事业"；"代表成功永无止境"。企业家说："其实，这个图形的含义非常简单，只是代表一个没有画满的句号。作为聪明的企业家，并不是要将任何事情都做完整，而是在正在做的事情上留下一个缺口，让自己的下属去完成。"企业家的解释让全场的同学感到非常意外而又无比新奇。企业家的答案如此简单，但其中的寓意又是如此丰富，这代表了高层次管理者的智慧。

启示：就管理者而言，缺口意味着上级对下级的分权、授权，上级对下级的信任和为下属创造做事的机会，以让员工在锻炼中不断成长，这实际上就是在培养后备人才，是组织人才梯队的建设。管理者如果没有给员工留下缺口，而是自己将任何事情都做得非常圆满，久而久之，下属的精神就会倦怠，下属对任何事情都不会过分操心，因为主管领导的做法不会出任何差错或者会对任何事情大包大揽。管理者对下属的这种管理方法会酿成恶果：组织的成长完全寄托在某个人（核心领导人）身上，而一旦这个核心人物出现意外状况，其他的成员又没有充分心理准备的时候，组织就会产生"树倒猢狲散"的结果。三国时期诸葛亮的管理方法就是这样，他对蜀国忠心耿耿，赢得了后人的尊敬，但由于事必躬亲，以致其身故加速了蜀汉的灭亡。

一、领导特质理论

如果问一问走在大街上的普通人，在他们心目中领导是什么样的，可能得到一系列有关品质特质的回答，如智慧、领袖魅力、决策力、热情、正直和自信等。这些回答反映了领导特质理论的本质。

领导特质理论从研究领导者的素质和特质出发，研究具备何种素质和特质的人能胜任领导的岗位。这些研究旨在分离出一种或几种领导者具备而非领导者不具备的特质。人们对各种各样的特质进行研究，如体形、外貌、社会阶层、情绪稳定性、说话流畅性、社会交往能力等。

尽管研究者付出了相当大的努力，但结果表明不可能有这样一套特质总能把领导者与非领导者区分开来。

试图找出与领导力高度相关的特质较为成功，研究者发现六项特质与有效的领导有关，如表 6-2 所示。

表 6-2　领导六项特质

六项特质	表现
内在驱动力	领导者非常努力，有着较高的成就愿望。他们进取心强、精力充沛，对自己所从事的活动坚持不懈、永不放弃，并有高度的主动性
领导愿望	领导者有强烈的愿望去影响和统率别人，他们乐于承担责任
诚实与正直	领导者通过真诚无欺和言行一致在他们与下属之间建立相互信赖的关系
自信	下属觉得领导者从没有怀疑过自己，为了让下属相信自己的目标和决策的正确性，管理者必须表现出高度的自信
智慧	领导者需要具备足够的智慧来收集、整理和解释大量信息，并能够建立目标、解决问题和作出正确决策
工作相关知识	有效的领导者对有关企业、行业和技术的知识十分熟悉，广博的知识能够使他们作出睿智的决策，并能认识到这些决策的含义

二、领导行为理论

依照上述领导的品质特征，任何一个领导者都不是完美的。那么，领导者素质的某些缺陷与客观上要求领导工作的尽量完美的矛盾，就要求领导者应根据实际情况选择恰当的领导方式或领导方法来弥补。这就是领导行为理论，也是管理学理论研究的热点之一。在这个领域主要的研究成果有：领导作风理论、领导四分图理论和管理方格理论，如表 6-3 所示。

表 6-3 领导行为理论

管理方格理论	关心人：测量领导者对下属的关怀，用 1~9（由低到高）标记 关心生产：测量领导者对工作进展状况的关心，用 1~9（由低到高）标记	（9，9）型风格的领导者（对员工和生产均高度重视）工作效果最佳
领导作风理论	民主型风格：民主协商，广纳意见 独裁型风格：命令式的工作方法，集权管理，限制员工参与 放任型风格：给群体充分自由作出决策和完成工作	
领导四分图理论	定规维度：构造工作和工作关系以实现工作目标 关怀维度：关心下属的想法和情感	高—高型领导者（高关怀和高定规）使下属的工作绩效和满意度更高。但并非所有情境中均如此

（一）领导作风理论

美国社会心理学家勒温在实验研究的基础上，按权力定位把领导者在领导过程中表现出来的极端的领导作风划分为民主型、独裁型和放任型三种基本类型（见表 6-4）。

表 6-4 领 导 作 风

类型	特点	表现
民主型 （参与型）	权力定位在群体	领导者在决策前与下属员工民主协商，并广泛采纳各方面意见，在布置工作任务时以协商态度面对下属，在执行时给下属以充分的自由发挥空间，领导者谈话时多用商量、建议和请求的口气，与职工无任何心理上的距离
独裁型 （指示型）	权力定位于领导者	领导者靠职权和强制命令让人服从，领导者从不听取下属的意见，所有决策都由领导者自己决定，下属只有奉命行事
放任型	权力定位于每个职工	领导者把一切权力下放给下属，对决策和实施放任不管，都由下属自行决定，对下属既没有指导也没有约束

勒温及同事对哪种风格最有效进行了研究。他们的结果似乎证明，民主型风格更有利于形成良好的工作质量和工作数量。总体来说，相比独裁型领导者，民主型领导者所领导的群体中，下属有更高的满意感。但在实际工作中，很少有领导者完全表现出某一种风格特征，往往介于这三种类型之间。

（二）领导四分图理论

此理论是美国俄亥俄州立大学领导行为研究者们在 1945 年提出来的，研究确定了领导者行为当中的两个重要维度：

第一个维度是定规维度，指的是为了实现目标，领导者界定和构造自己与下属角色的程度。包括那些试图规划工作、界定任务关系和明确目标的行为。

第二个维度是关怀维度，指的是管理者在工作中尊重下属的看法与情感并同下属建立相互信任的程度。高关怀特点的领导者帮助下属解决个人问题，友善而平易近人，平等地对待每一个成员，关怀下属的生活、健康、地位和满意程度等方面。

根据这样的分类，领导者可以分为四种类型，即高关怀—高定规、高关怀—低定规、低关怀—高定规、低关怀—低定规，如图6-3所示。

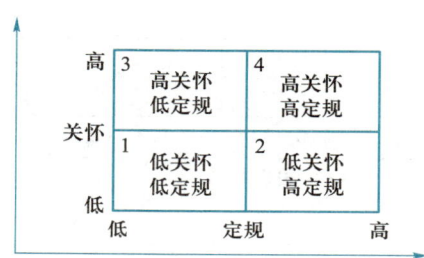

图6-3 领导行为四分图

研究发现，一个在定规和关怀方面均高的领导者（高关怀—高定规型领导者）常常比其他三种类型的领导（低定规、低关怀或二者均低）更能使下属达到高绩效和高满意度。

（三）管理方格理论

管理方格理论是美国管理学家罗伯特·布莱克和简·穆顿于1964年提出的。他们认为，领导主要通过处理人与工作的关系来体现。他们从对人的关心和对工作的关心两个方面去研究领导风格，从而创立管理方格理论。

横坐标表示管理者对工作的关心程度，纵坐标表示管理者对人的关心程度；纵横两个方向又分为9格，表示不同的关心程度，纵横9格交叉构成81个方格，每个格都代表领导对人和对工作的关心的不同组合。

尽管风格中有81个小格，而且领导者的行为风格可能落在任意一格上，但这里只对其中的五种类型重点说明。它们是贫乏型管理（1，1）、任务型管理（9，1）、中庸之道型管理（5，5）、乡村俱乐部型管理（1，9）、团队型管理（9，9），如图6-4所示。

在五种风格中，研究者得出结论，（9，9）型管理工作效果最佳。遗憾的是，管理方格只是对领导风格这一概念提供了框架，并未回答如何使管理者成为有效的领导者这一问题，而且没有研究证据支持（9，9）风格在所有情境下都是最有效的。

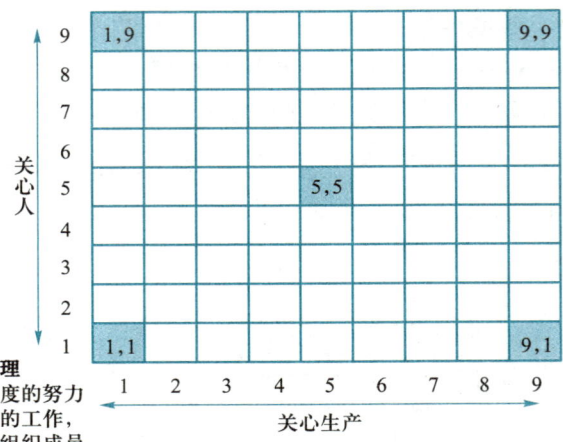

图 6-4　管理方格理论

领导者应以身作则

2014年底，小米公司在E轮融资后估值已达450亿美元。在经历了2016年的低谷，2017年的涅槃之后，小米不仅手机销量回弹，其生态链公司也已拓展到100余家，生产的产品从家电到日用品一应俱全，并且发布了自有芯片澎湃S1。

小米CEO雷军有一个称号——劳模。这个称号是雷军自22岁（1991年）加入金山，到38岁（2007年）离开金山，以每天平均16个小时的工作时间换来的。这种"不要命"的工作模式，直到他创立小米后才稍有改变。

雷军的一切行为都围绕着做事展开，所以对他来说，只要能达到目的，出行时座商务舱还是经济舱不重要，私人电梯还是公共电梯也不重要。与生活中的低调相比，在某些方面，雷军却敢为人先。

1998年，金山奖励了雷军20万元，他把这笔钱放到股市赚了40万元，之后把钱全部捐给了母校——武汉大学。雷军说："我可能不是武汉大学捐钱最多的人，但是我应该是毕业后短期内回馈母校最多的人"。2013年是武汉大学建校120周年，雷军捐款1 000万元，设立雷军奖学金。2016年，雷军再次为母校捐款99 999 999

元，建立武汉大学科技楼。

（资料来源：根据网络资料整理。）

启示：雷军作为小米的领导者，以身作则为企业员工树立"劳模"榜样，虽然生活中低调，但承担社会责任却敢为人先。雷军的工作作风和生活方式是小米文化和员工凝聚力的重要来源。

三、领导权变理论

李先生的领导

李先生是一家叫文印中心的小公司的经理，公司毗邻一所规模很大的大学。文印中心雇了18名员工，大多由全日制的学生兼职。这家店主要是迎合大学里各种社团等的复印需要。但它也提供编辑出版以及标准打印的服务。它拥有三台大型的全功能一体复印机和几台计算机。

文印中心的近邻是两家全国连锁的复印店，但文印中心的业务比这两家店加起来的还要多。文印中心成功的主要因素之一就是李先生的领导风格。

文印中心的工作分为两大块：复印和编辑出版。李先生在这两块工作中的领导都很成功。

复印工作是很直接的操作，只是简单地将顾客的原件拷贝，主要是兼职的学生从事。因为工作很乏味，所以李先生总是竭尽所能让员工不至于厌烦。他让员工穿自己的休闲装，让他们选自己爱听的音乐作为工作时的背景音乐，让他们在工作中有限度地放肆一下来营造一种友善、平易近人的气氛。李先生每天花很多时间与每个员工进行非正式的交谈，他也鼓励员工之间相互交流。李先生就是有这样的技巧，即使你所做的工作本身再无关紧要，他也能让你觉得自己是一个举足轻重的人物。他增进了员工之间的团结，也积极地参与到他们的活动中去。

编辑出版比复印复杂得多，它包括为客户设计业务格式、广告和简历。在版面印刷工作中要求精通文字、编辑、设计和版面设计。这项工作很有挑战性，因为很难让客户感到满意。在这块工作的员工多数是全职的。经过这几年，李先生发现在编辑出版这一块表现出色的员工是一组特别的群体，与从事复印工作的人不同，他们往往很独立、自我肯定、自我激励。在对他们的指导中，李先生给予他们很大的空间，只在他们需要帮助时提供援手，而更多的时候是放手让他们自己去做。

李先生喜欢在这群人中扮演力量源泉的角色。例如，如果员工在应付客户的工作中有困难，他很乐意加入他们共同解决难题。相似地，如果有员工在软件操作上停滞不前，李先生也会迅速为他提供专业的技术。因为在编辑出版方面工作的员工都是自我指导型的，李先生在这一部分员工身上所花的时间要比在复印部员工身上花的少很多。

请思考：

1. 为什么李先生是一名有效的领导者？

2. 李先生在领导复印人员和编辑出版人员这两种不同的群体时，采取了不同的领导风格，其依据是什么？

视频：
奇葩管理

领导特质理论和领导行为理论给人们提供了一个如何选拔领导者以及观察领导作风的方法，但领导效能不只取决于领导者的品质与行为，还要取决于领导者所处的客观环境。领导权变理论又称领导情境理论，主要就是探讨各种环境因素怎样影响领导者行为及其有效性，它认为在不同的情况下需要不同的素质和行为，才能达到有效的领导。

（一）菲德勒权变模型

弗雷德·菲德勒（Fred Fiedler）是第一个把人格测量与情境分类联系起来研究领导效率的心理学家。他经过 15 年的调查研究，认为领导行为的好坏主要取决于三种情境因素：

1. 任务结构

任务结构，指任务的明确程度和下属对这些任务的负责程度。如果这些任务越明确，下属责任心越强，则领导环境越好；反之，则越差。

2. 职位权力

职位权力，指领导者所处的职位具有的权威和权力的大小，或者说领导的法定权、强制权、奖励权的大小。权力越大，群体成员遵从指导的程度越高，领导的环境也就越好；反之，则越差。

3. 上下级关系

上下级关系，指下属乐于追随的程度。如果下级对上级越尊重，并且乐于追随，则上下级关系越好，领导环境也越好；反之，则越差。

菲德勒通过大量的调查研究，得出以下结论，如表 6-5 所示。

表 6-5 菲德勒模型

对领导的有利性	有利		中间状态				不利	
上下级关系	好	好	好	好	差	差	差	差
任务结构	明确	明确	不明确	不明确	明确	明确	不明确	不明确
领导职权	强	弱	强	弱	强	弱	强	弱
领导风格 LPC（以人为主↑／工作为主↓）								

（二）领导情境理论

领导情境理论由美国管理学者保罗·赫塞（Paul Hersey）和肯尼斯·布兰查德（Kenneth Blanchard）于 1966 年提出。该理论同样认为关心人和关心工作决定领导风格。但是，他们补充了第三个影响因素，即被管理者的成熟程度。根据赫塞和布兰查德的看法，成熟度指的是，个体能够并愿意完成某项具体任务的程度。

情境领导理论使用的两个领导维度与菲德勒的分类相同，即任务行为和关系行为。不过，赫塞和布兰查德更向前迈进了一步，他们认为每一维度有低和高两个水平，从而组合成四种领导风格（见图 6-5）：

（1）告知（高任务低关系）：领导者界定角色，明确告诉下属具体该干什么、怎么干以及何时何地去干。

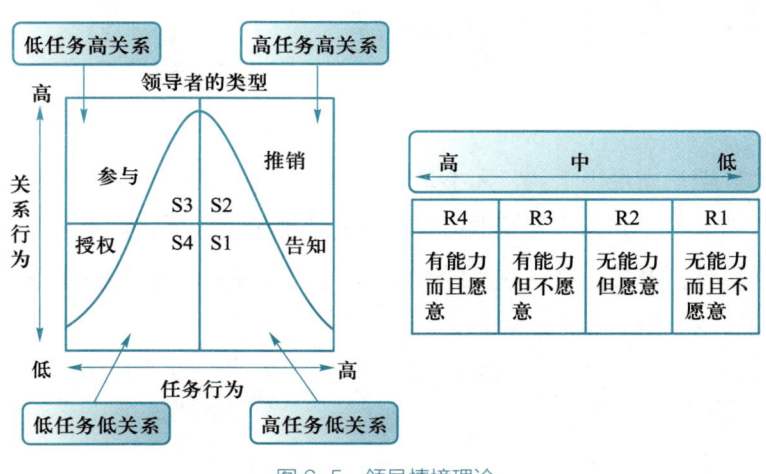

图 6-5 领导情境理论

（2）推销（高任务高关系）：领导者同时提供指示性行为与支持性行为。

（3）参与（低任务高关系）：领导者与下属共同决策，领导者的主要角色是提供便利条件与沟通渠道。

（4）授权（低任务低关系）：领导者提供极少的指示性行为与支持性行为。

领导情境理论指出：如果下属既无能力又不愿意承担一项任务，领导者就需要提供清晰和具体的指令（告知）；如果下属没有能力但有意愿，则领导者既要表现出高度的任务取向以弥补下属能力的缺乏，又要表现出高关系取向使下属"领会"领导者的意图（推销）；如果下属有能力但无意愿，则领导者需要运用支持与参与风格（参与）；如果下属既有意愿又有能力，则领导者不需要做太多的工作（授权）。

（三）路径—目标理论

由罗伯特·豪斯（Robert House）于20世纪70年代早期提出的路径—目标理论是目前最受人们关注的领导观点之一。这一理论源自弗鲁姆的期望理论。该理论认为，领导者的工作是帮助下属达到他们的目标，并提供必要的指导和支持，以确保个人的目标与群体或组织的总体目标相一致。这一理论主张，有效的领导者要通过指明实现工作目标的途径来帮助下属，并为下属清理各种障碍和危险，从而使下属实现目标的过程更为容易，见图6-6。

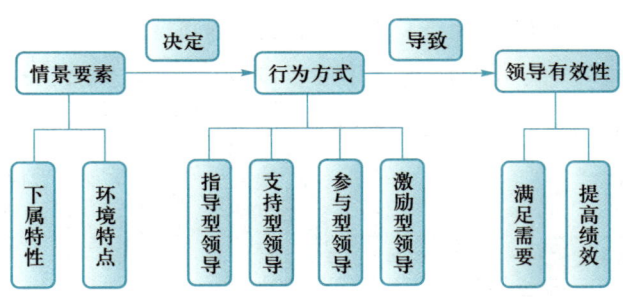

图6-6　路径—目标理论示意图

路径—目标理论立足于下属，而不是立足于领导者。这一理论有两个基本原理：第一，领导方式必须是下属乐于接受的方式，只有能够给下属带来利益和满足的方式，才能使他们乐于接受；第二，领导方式必须具有激励性，激励的基本思路是以绩效为依据，同时以对下属的帮助和支持来促成绩效。

在此基础上，豪斯确定了四种领导行为：

1. 指导型领导

领导者对下属需要完成的任务进行说明，包括对他们有什么希望，如何完成任务，完成任务的时间限制等。指导型领导者能为下属制定出明确的工作标准，并将规章制度给下属讲得清清楚楚。

2. 支持型领导

领导者对下属十分友好，关注下属的福利和需要，平等对待下属，对下属表现出充分的关心和理解，在下属有需要时能够真诚帮助。

3. 参与型领导

领导者邀请下属参与决策，同下属一起探讨工作，征求下属的想法和意见并将其融入团队或组织的决策中去。

4. 激励型领导

领导者鼓励下属使工作达到尽量高的水平。这种领导者为下属制定的工作标准很高，寻求工作的不断改进。除了对下属期望很高外，激励型领导者还非常信任下属有能力制定并完成具有挑战性的目标。

豪斯强调，领导者的责任就是根据不同的环境因素来选择不同的领导方式。如果强行用某一种领导方式在所有环境条件下实施领导行为，必然会导致领导活动的失败。在现实中究竟采用哪种领导方式，要根据下属的特性和环境变量而定。

如果下属是教条的或崇尚权力，任务不明确，组织的规章和程序不清晰，指导型领导方式最适合。

对于结构层次清晰、令人不满意或者是令人感到灰心的工作，领导者应采用支持型领导方式。当下属从事机械重复性的和没有挑战性的工作时，支持型方式能够为下属提供工作本身所缺少的"营养"。

对于独立性和控制欲较强的员工来说，参与型领导方式具有积极的影响，因为这种下属喜欢参与决策和工作建构。

当任务结构不明确时，激励型领导方式较为可取。在这种情境中，激发挑战性和设置高标准的领导者能够增强下属达到目标的自信心。

 小资料

授权的艺术

授权是领导者授予下属一定的权力和责任，使下属在一定的监督之下，有相当的自主权去完成指定的任务。领导者授权是现代管理的一种科学方法与领导艺术。领导者授权使下级拥有实现目标所必需的权力，自主运作，可以更好地促进目标的实现；授权有利于领导者从日常事务中解脱出来，集中力量处理重要决策问题，授权是领导者的分身术，高明的领导者都会恰当地运用授权；授权有利于激励下属，

下属若拥有完成任务的权力，能按照自己的意图独立自主地进行工作，就会获得一种信任感和满足感，从而调动其工作积极性、主动性和创造性；授权有利于培养、锻炼下属，下属在自主运用权力、独立处理问题的工作中，会不断地提高管理能力，提高综合素质。

另外，需要说明的是，授权并不意味着完全授责，授权只是把与之相关的执行责任授予了下级，但授权的领导者仍然要承担与其授权行为相关的终极责任，这种责任主要表现为用人方面的责任。例如，一个项目主管，当他所负责的项目出现严重问题时，即使该主管觉得自己应该负完全责任，但该部门的负责人还是避免不了要对其用人不当承担终极责任。

领导者在授权时，除了应遵循以上原则外，还应有一定的技巧，主要有：

（1）小权分散，大权独揽。

（2）能分派给一个人的任务绝不派给两个人去完成，分散给集体的工作必须明确责任人。

（3）技术性工作、事务性工作、枯燥的工作和趣味性工作要适当搭配。

（4）在授权时，工作难度应该比承担工作的人平时表现出的个人能力大一些，让下属有紧迫感。

第三节　激　　励

一句话管理

你可以买到一个人的时间，你可以雇一个人到固定的工作岗位，你可以买到按时或按日计算的技术操作，但你买不到热情，你买不到创造性，你买不到全身心的投入，你不得不设法争取这些。

管理故事

马克·吐温的计谋

在马克·吐温小的时候，有一天因为逃学，被妈妈罚去刷围墙。围墙有3米高、30米长，比他的头顶还高出许多。他把刷子蘸上灰浆，刷了几下。刷过的部分和没刷的相比，就像一滴墨水掉在一个球场上。他灰心丧气地坐下来。

他的一个伙伴桑迪，提了只桶跑过来。"桑迪，你来给我刷墙，我去给你提水。"马克·吐温建议。桑迪有点动摇了。"还有呢，你要答应，我就把我那只肿了的脚趾头给你看。"马克·吐温说。桑迪经不住诱惑了，好奇地看着马克·吐温解开脚上包的布。可是，桑迪到底还是提着水桶拼命跑开了，他妈妈在瞧着呢。

马克·吐温又一个伙伴罗伯特走来，还啃着一只松脆多汁的大苹果，引得马克·吐温直流口水。突然，他十分认真地刷起墙来，每刷一下都要打量一下效果，活像大画家在修改作品。

"我要去游泳。"罗伯特说，"不过我知道你去不了。你得干活，是吧？"

"什么？你说这叫干活？"马克·吐温叫起来。"要说这叫干活，那它正合我的胃口，哪个小孩能天天刷墙玩呀？"马克·吐温卖力地刷着，一举一动都显得特别快乐。

罗伯特看得入了迷，连苹果也不那么有味道了。"嘿，让我来刷刷看。""我不能把活儿交给别人。"马克·吐温拒绝了。"我把苹果核儿给你。"罗伯特开始恳求。"我倒愿意，不过……"马克·吐温犹豫道。

"我把这苹果给你！"

马克·吐温终于把刷子交给了罗伯特，坐到阴凉处吃起苹果来，看罗伯特为这得来不易的权利刷着。一个又一个男孩子从这里经过，高高兴兴想去度周末，但他们个个都想留下来试试刷墙。

马克·吐温为此收到了不少交换物：一只独眼的猫、一只死老鼠、一个石头子，还有四块橘子皮。

启示： 马克·吐温通过一定的方法让小伙伴们心甘情愿地来刷墙，这种做法非常值得管理者学习。当管理者需要员工做的事情由于主观因素而无法被很好完成，管理者的思想无法得到贯彻的时候，就需要管理者通过一定的管理技巧让被管理者服从自己。在此过程中，强硬的管理办法往往不能奏效，需要管理者通过诱导的方式激发被管理者的兴趣，并逐步让被管理者的个人兴趣发生变化，与组织的发展目标相一致。首先从外在的方面对被管理者施加影响，然后逐步让被管理者发生内在的变化，从而使得被管理者的行为由外在的强制转变为内在的自觉，就会达到一呼百应的效果。

视频：
员工需求是
企业管理的
第一位

一、激励的原理与模型

（一）激励的含义

激励是心理学上的术语，是指人在外部条件的刺激下出现的心理紧张状态。从管理的角度来说，激励是指管理者通过运用各种管理手段，刺激被管理者的需要，激发其动机，使其积极主动地发挥个人潜能从而实现组织目标的过程。

（二）激励的过程模型

激励作为一种领导手段，最显著的特点是内在驱动性和自觉自愿性。激励是源于人的需要，是被管理者追求个人需要满足的过程，这种组织目标实现的过程不带有强制性，而是完全靠被管理者内在动机驱使的、自觉自愿的过程。因此，构成激励的要素包括：① 外部刺激。外部刺激是管理者为实现组织目标而对被管理者所采取的各种管理手段及形成的相应的管理环境，是激励的条件。② 需要。需要是人们在活动中对某种目标的渴求和欲望。需要是激励的起点与基础，管理者只有了解了员工的需要，才能正确地引导他们。③ 动机。当人们有了某种需要而又未能满足时，心理上便会产生一种紧张和不安。这种紧张和不安就成为一种内在驱动力，使人们产生行为。动机是激励的核心要素，需要越强烈，驱动力就越强越迅速，激励的关键环节就是动机的激发。④ 行为。在激励的状态下，人们为动机驱使所采取的实现目标的一系列动作，是激励的目的。

外部刺激、需要、动机和行为这些要素相互组合与作用，就构成了对人的激励。激励的具体过程表现为：在各种管理手段与环境因素的刺激下，被管理者产生了未被满足的需要；造成心理与生理紧张，寻求能满足需要的目标，并产生要实现这种目标的动机；由动机驱使，被管理者采取努力实现上述目标的行为；目标实现，需要满足，紧张心理消除，激励过程完结。当一种需要得到满足后，人们会随之产生新的需要，作为未被满足的需要，又开始新的激励过程。这一过程如图6-7所示。

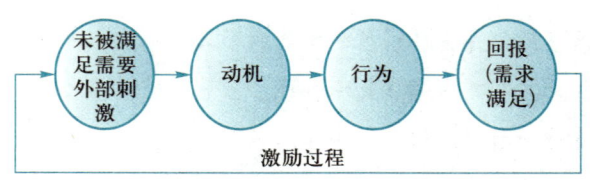

图6-7 激励过程示意图

二、激励的必要性

国外行为科学家在这方面做了许多实验,来说明有激励的积极性和没有激励的积极性大不相同。

西方心理学家奥格登在 1963 年进行了一项警觉实验。实验分为四个小组,实验方法是用一个光源,调节其发光强度,记录实验者辨别光强度的变化,从而测定人们的警觉性。

A 组是控制组,不施加任何的激励,只是一般性地告诉他们实验的要求与方法。

B 组是挑选组,告诉该组的成员:"你们这个组的成员是经过挑选出来的,我们认为你们的观察能力是很强的,我们要试验哪一个的观察能力最强。"

C 组是竞赛组,告诉他们:"你们这组要同另一组进行比赛,看哪组的成绩最好。"

D 组是奖惩组,对正确、错误要进行奖惩,看对一次奖 5 美分,看错罚 10 美分。

实验结果如表 6-6 所示。

表 6-6 奥格登实验

组别	施加激励情况	实验结果(平均误差次数)	误差顺序
控制组	不施加任何激励	24	4
挑选组	精神激励(个人间的竞争)	8	1
竞赛组	精神激励(组别间的竞争)	14	3
奖惩组	物质激励(奖与惩)	11	2

由实验结果可见,施加激励与否、施加何种激励对于员工的工作绩效是有比较大的差距的。

三、激励的理论

(一)内容型激励理论

内容型激励理论重点研究激发动机的诱因,主要包括马斯洛的需要层次理论、赫茨伯格的双因素理论、麦克利兰的成就需要理论。

1. 马斯洛的需要层次理论

它是由美国心理学家亚伯拉罕·马斯洛于 1943 年提出来的。这一理论揭示了人的需求与动机的规律,流传甚广,已经成为世界各国普遍熟悉的理论。

该理论认为，人的需要是有层次的，按照它们的重要程度和发生顺序，呈梯形状态由低级需要向高级需要发展。人的需要主要包括：生理需要、安全需要、社交需要、尊重需要和自我实现需要，如表6-7所示。

表6-7 需 要 层 次

需求层次	追求目标
生理需要	工资、住房、良好的生活环境、福利等
安全需要	职业保障、医疗保险、养老保险、工伤保险、意外事件的防止等
社交需要	良好的人际关系、别人的理解与支持、信任和爱情等
尊重需要	自尊、职称、地位、名誉等
自我实现需要	成就、提升、发展前景、有挑战性的工作、实现自己的追求等

马斯洛认为：不同层次的需要可同时并存，但只有低一层次需要得到基本满足之后，较高层次的需要才能发挥对人行为的推动作用；在同一时期内同时存在的几种需要中，总有一种需要占主导、支配地位，称之为优势需要，人的行为主要受优势需要所驱使；任何一种满足了的低层次需要并不因为高层次需要的发展而消失，只是不再成为主要的激励力量。

管理者要根据马斯洛的需要层次理论，正确认识被管理者需要的多层次性，避免片面看待下属需要，并区别对待；努力将本组织的管理手段、管理条件同被管理者的各层次需要结合起来，不失时机地、最大限度地满足被管理者的需要；善于找出员工个人因受时代、环境及条件差异影响的优势需要，并有针对性地进行激励，以收到"一把钥匙开一把锁"的预期激励效果。

管理困境

黄工程师为什么要走

助理工程师黄大佑，一个名牌大学高材生，毕业后工作已8年，于4年前应聘调到一家大厂工程部负责技术工作，工作勤恳负责，技术能力强，很快就成为厂里有口皆碑的"四大金刚"之一，名字仅排在一号种子厂技术部主管陈工之后。然而，工资却同仓管人员不相上下，一家三口还住在刚来时住的那间平房。对此，他心中时常有些不平。

黄厂长，一位有名的识才老厂长，"人能尽其才，物能尽其用，货能畅其流"的孙中山先生名言，在各种公开场合不知被他引述了多少遍，实际上他也是这样做了。4 年前，黄大佑调来报到时，门口用红纸写的"热烈欢迎黄大佑工程师到我厂工作"几个不凡的颜体大字，是黄厂长亲自吩咐秘书部主任落实的，并且交代要把"助理工程师"的"助理"两字去掉。这确实使黄大佑当时风光不少，工作更卖劲了。

两年前，厂里有指标申报工程师，黄大佑属有条件申报之列，但名额却让给一个没有文凭、工作平平的老同志。他想问一下厂长，谁知，他未去找厂长，厂长却先来找他了："黄工，你年轻，机会有的是。"去年，他想反映一下工资问题，这问题确实重要，来这里其中一个目的不就是想得高一点工资，提高一下生活待遇吗？但是几次想开口，都没有勇气讲出来。因为厂长不仅在生产会上大夸他的成绩，而且，曾记得，有几次外地人来取经，黄厂长当着客人的面赞扬他："黄工是我们厂的技术骨干，是一个有创新的……"哪怕厂长再忙，路上相见时，总会拍拍黄工的肩膀说两句，诸如"黄工，干得不错""黄工，你很有前途"。这的确让黄大佑兴奋，"黄厂长确实是一个伯乐"。此言不假，前段时间，他还把一项开发新产品的重任交给他呢，大胆起用年轻人，然而……

最近，厂里新建好了一批职工宿舍，听说数量比较多，黄大佑决心要反映一下住房问题，谁知这次黄厂长又先找他，还是像以前一样，笑着拍拍他的肩膀："黄工，厂里有意培养你入党，我当你的介绍人。"他又不好开口了，结果家没有搬成。

深夜，黄大佑对着一张报纸招聘栏出神。第二天一早，黄厂长办公台面上压着一张小纸条：黄厂长：您是一个懂得使用人才的好领导，我十分敬佩您，但我决定走了。

请思考：

1. 根据马斯洛的需要层次理论，住房、评职称、提高工资和入党对于黄工来说分别属于什么需要？

2. 根据有关激励理论和领导理论分析，为什么黄厂长最终没有留住黄工？

2. 赫茨伯格的双因素理论

双因素理论是由美国心理学家赫茨伯格于 20 世纪 50 年代末期提出来的，其全称为激励因素—保健因素理论，简称双因素理论。

赫茨伯格通过大量的关于员工工作热情、提高工作效率的调查，提出两大类影响人工作积极性的因素：使职工感到满意的都是属于工作本身或工作内容方面的；使职工感到不满的，都是属于工作环境或工作关系方面的。他把前者叫做激励因素，后者叫做保健因素。

所谓保健因素，就是那些造成职工不满的因素，它们的改善能够解除职工的不满，但不能使职工感到满意并激发起职工的积极性。所谓激励因素，就是那些使职工感到满意的因素，唯有它们的改善才能让职工感到满意，给职工以较高的激励，调动职工的积极性，如表6-8所示。

表 6-8 双 因 素 论

保健因素（环境）	激励因素（工作本身）
金钱	工作本身
监督	赏识
地位	进步
安全	成长的可能性
工作环境	责任
政策和行动	成就
人际关系	

综上所述，赫茨伯格提出了几个新观点：

（1）修正了传统的关于满意与不满意的观点（见图6-8）。

（2）不是所有需要得到满足都能激励起人们的积极性，只有那些被称为激励因素的需要得到满足才能调动人们的积极性。

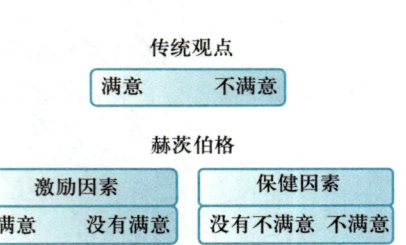

图 6-8 双因素理论

（3）一方面，不具备保健因素时将引起许多不满，但是具备时并不一定调动强烈的积极性；另一方面，具备激励因素时会引起强烈的积极性和满足，但缺乏时却并不引起很大的不满。

管理者要根据赫茨伯格的双因素理论，对于保健因素（工作条件、福利、住房等）要给予基本满足，以消除下属的不满；抓住激励因素，进行有针对性的激励，让员工对所从事的工作本身满意。另外，需要注意的是，能够对员工积极性产生重要影响的激励因素在管理实践中不是绝对的，在一定条件下保健因素可以转化为激励因素。激励因素受到社会、阶层及个人经济状况、社会身份、文化层次、价值观念、个性、心理等诸多因素的影响。因此，在不同国家、不同时期、不同阶层、不同组织乃至每个人，最敏感的激励因素各不相同，有时区别还很大。因此，对激励因素要加以灵活地确定和运用。

比如，工资在发达国家的高收入组织中对员工不构成激励因素，而对我国许多企业的员工仍是一个重要的激励因素。

 管理故事

背弟弟

崎岖难行的山路上，一位健壮的男人正在艰难攀爬，他背着一个小包已是气喘吁吁。

当他看到一个小女孩，正背着一个小孩，从旁边缓慢走过时，便同情地对她说："小姑娘，你背那么重的小孩一定很累。"小女孩听到后不高兴地说："你背的是包袱，但我背的是我的弟弟"。

动画：
猎狗与兔子

（二）激励的过程理论

激励的过程理论试图说明员工面对激励措施，如何选择行为方式去满足他们的需要，以及确定其行为方式的选择是否成功。激励的过程理论包括两种类型：亚当斯的公平理论和弗鲁姆的期望理论。

1. 亚当斯的公平理论

公平理论又称社会比较理论，是由美国行为科学家斯达西·亚当斯于1963年前后提出来的。该理论侧重于研究工作报酬分配的合理性、公平性及其对职工生产积极性的影响。公平理论的基本观点是：当一个人作出了成绩并取得报酬后，他不仅仅关心自己所得报酬的绝对量，而且关心自己所得报酬的相对量，感受自己是否享受公平的待遇。人们感到公平时，会增加付出，以便获得更多。在公平的社会人人都想多干。人们感到不公平时，会减少付出，以便公平。在不公平的社会人人都想少干，如图6-9。

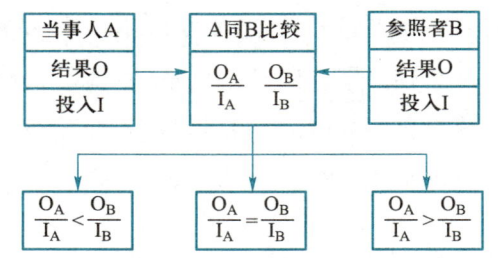

图6-9 公平理论

投入		产出
年龄	出勤率	承担挑战性的工作
沟通技巧	人际关系	获得附加津贴
长期努力工作		享受工作中的特权
受教育程度		获得安全的工作保障
过去的经历与经验		获得提升机会
表现	个人外表	个人成就得到承认
资历	社会地位	获得薪金、得到奖金
掌握的技术		享受资历带来的利益
接受过的培训		地位象征
		各种福利
		工作条件

在比较的时候，人们还会将自己的投入、产出同其他人的投入与产出相对照，如果出现自己的投入和产出比例与他人的不相符，也会产生不公平感，引起怨气。当人们有了不公平感，可能采取下面五种对待方式：

（1）重新认识个人的投入和产出比例，甚至以一种自我安慰的方式求得心理上的解脱。

（2）采取行动改变他人的投入与产出比率。

（3）努力改变自己的投入和产出比率，消极怠工，减少投入或要求增加产出。

（4）改变比较的方法，换一个人进行比较，求得主观安慰。

（5）采取不正当的方式发泄不满，如发牢骚、造谣中伤别人，制造人际矛盾。

管理者要根据公平理论，认识到影响激励效果的不仅有报酬的绝对值，还有报酬的相对值；激励时应力求公平，使公平在客观上成立，尽管有主观判断的误差，但也不至于造成严重的不公平感；在激励的过程中应注意对被激励者公平心理的引导，使其树立正确的公平观，让其认识到绝对的公平是不存在的，不要盲目攀比。

林肯电气公司

哈佛商学院向全世界提供了近 4 万个案例，使用频率最高的是关于位于克利夫兰的林肯电气公司的案例。该公司年销售额为 44 亿美元，拥有 2 400 名员工，并且形成了一套独特的激励员工的方法。该公司 90% 的销售额来自生产弧焊设备和辅助材料。

林肯电气公司的生产工人按件计酬，他们没有最低小时工资。员工为公司工作两年后，便可以分年终奖金。该公司的奖金制度有一整套计算公式，全面考虑了公司的毛利润及员工的生产率与业绩，可以说是美国制造业中对工人最有利的奖金制度。在过去的 56 年中，平均奖金额是基本工资的 95.9%，该公司中相当一部分员工的年收入超过 10 万美元。近几年经济发展迅速，员工年平均收入为 44 000 美元，远远超出制造业员工年收入 17 000 美元的平均水平。在不景气的年头里，如 1982 年的经济萧条时期，林肯电气公司员工收入降为 27 000 美元，这虽然相比其他公司还不算太坏，可与经济发展时期相比就差了一大截。

公司自 1958 年开始一直推行职业保障政策，从那时起，他们没有辞退过一名员工。当然，作为对政策的回报，员工也相应要做到几点：在经济萧条时期他们必须接受减少工作时间的决定；接受工作调换的决定；有时甚至为了维持每周 30 小时的最低工作量，而不得不调整到一个报酬更低的岗位上。林肯电气公司极具成本和生产率意识，如果工人生产出一个不合标准的部件，那么除非这个部件修改至符合标准，否则这件产品就不能计入该工人的工作量中。严格的计件工资制度和高度竞争的绩效评估系统，形成了一种很有压力的氛围，有些工人还因此产生了一定的焦虑感，但这种压力有利于生产率的提高。据该公司一位管理者估计，与国内竞争对手相比，林肯电气公司的总体生产率是他们的两倍。自 20 世纪 30 年代经济大萧条以后，公司年年获利丰厚，没有缺过一次分红。该公司还是美国工业界中工人流动率最低的公司之一。前不久，该公司的两个分厂荣列《幸福》杂志评选的全美十佳管理企业。

请思考：

1. 你认为林肯电气公司使用了何种激励理论来激励员工的工作积极性？
2. 为什么林肯电气公司的方法能够有效地激励员工工作？
3. 你认为这种激励系统可能给管理层带来什么问题？

2. 弗鲁姆的期望理论

期望理论是由美国心理学家弗鲁姆于 1964 年提出来的。他认为人之所以能够积极地工作，是因为这项工作会帮助他们达成自己的目标，满足自己的某方面的需求。所以某项活动对某人的激励力取决于该活动结果给此人带来的价值，以及实现这一结果的可能性。因此，激励水平取决于期望值与效价的乘积，用公式表示为：

$$激励力 = 效价 \times 期望值$$

激励力，指一个人受到激励的强度，即激励作用的大小，表示人们为达到目的而努力的程度。

效价，指一个人所从事的工作或所要达到的目标对于满足个人需要的价值。对于同一个目标，由于人们的需要、兴趣和所处的环境不同，对目标的效价也往往不同。如果一个人希望通过努力工作得到升迁的机会，在他心中，升迁的效价就很高；如果他对升迁毫无要求，漠不关心，那么升迁对他来说效价就等于零；如果这个人对升迁不仅毫无要求，而且害怕升迁，那么，升迁对他来说效价就是负值。

期望值，也叫期望概率，指一个人根据过去的经验判断自己达到某种结果（目标）的可能性大小。一个人往往根据过去的经验来判断行为所能导致的结果，或所能获得某种需要的概率。

该公式说明，激励力的大小，与效价、期望值成正比。即效价、期望值越高，激励力越大；反之，则越小。如果其中一项为零，激励力自然也就为零。

一个简单的例子：

一位公司销售经理对他的一位销售员说："如果你今年完成 1 000 万元的销售任务，公司就奖励给你一套住房。"

效价——销售员可能的反应：

A：天哪！一套住房！这正是我梦寐以求的，我一定努力争取。

B：住房？我现在住的已经够好了，况且如果我一人拿了住房，同事们会不满的，这对我没什么吸引力。

期望值——销售员可能的反应：

A：1 000 万元的销售额，照今年的行情，如果我比去年再卖力一点，是能够做到的。

B：1 000 万元？简直是天方夜谭。经理要么是疯了，要么是根本不想把住房给我，我才不会白花力气呢！

由此可见，效价和期望值越高（A 情况），则对人的激励力越强；反之（B 情况），对人的激励力则越弱。

管理者要根据期望理论，选择员工感兴趣、评价高，即认为效价大的项目或管理手段，以产生较大的激励作用；确定合适的激励目标，只有大多数人经过努力能实现的目标才能真正起到激励的效果，并且不同的人有不同的目标，即便同一个目标，对不同的人也会有不同的价值，因此，在确定目标时，一定要具体问题具体分析，才能真正调动员工的积极性。

魔 鬼 赛 事

达喀尔拉力赛是世界上最盛大的汽车越野活动，也是最危险的体育活动之一，常常被汽车迷们称为魔鬼赛事！

四个轮子上的车手在无边、艰险的沙漠核心地带中穿行，随时处在生命的边缘，还要同其他车手做斗争。

一个车手说：那真是极度的心惊胆战，复杂的地形条件，伴随着车翻人亡的危险。然而，真正使达喀尔拉力赛吸引人的是车手们无法忍受的耐力考验。比赛连续进行一个月，选手们必须尽力使自己达到极限，甚至超过极限，完成几千千米的比赛路程。每天要穿越几百千米的沙漠，一天8个小时，风餐露宿，直到他们到达最后的终点线。有些人把这种经历描述成魔鬼比赛，第二天、第三天……他们都必须起床接着比赛。

这项比赛需要无限的运动技巧、毅力、智力训练和经历，也需要对自己非常了解。成功的赛车手必须了解自己的身体状况、精神状态以及自己能做什么、不能做什么。这正是那些选手都乐意承担的挑战。

请思考：
1. 用期望理论解释在比赛中的个体激励。
2. 你认为赛车手处于马斯洛需要层次理论的哪一层？

动画：
渔夫和蛇

四、常见的激励方法

员工激励的"9个了解"与"9个有数"

9个了解：
姓名、生日、籍贯、出身、家庭、经历、特长、个性、表现。

221

> 9个有数：
>
> 工作状况、住房条件、身体状况、学习情况、思想品德、经济状况、家庭成员、兴趣爱好、社会交往。

管理者应懂得，员工工作的主动性、积极性和创造性将对组织的生存与发展产生巨大的作用。而要得到员工的支持，就必须对员工进行激励。有效的激励需要通过适当的激励方式与手段来实现。激励方式主要为物质激励和精神激励（图6-10）。物质激励包括薪酬激励、股权激励等；精神激励包括情感激励、培训激励、榜样激励、参与激励、荣誉与晋升激励、目标激励等，每种方式又包括若干种形式。

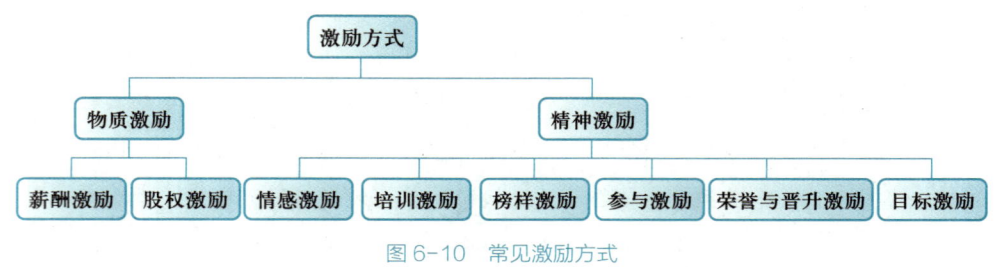

图6-10 常见激励方式

（一）物质激励

物质激励是指以物质利益为诱因，通过调节被管理者物质利益来刺激其物质需要，以激发其动机的方式与手段。物质激励主要包括以下一些形式：

1. 薪酬激励

薪酬激励是最基本的短期激励方式，它包括五个方面：基本工资、绩效工资、福利、奖金和津贴。虽然对于国外一些有较高收入水平的人来说，工资、奖金等已不再是主要的激励因素，但对于我国相当一部分收入水平较低的人来说，工资、奖金仍是重要的激励因素。

 管理案例

用洋葱代替胡萝卜的尴尬

一家制药业的巨无霸刚刚获得了一项评审极其严格的质量产品奖。这是广大员工通过废寝忘食，牺牲个人的正常生活，历经半年多的努力而赢得的。当听到宣读获得这个奖项的人员及公司的名称的时候，大家都兴奋不已。公司领导很快就召集全体员工开庆祝会。这之前他们先召开了会议，会议并没有宣布嘉奖事宜。然后，他们把员工召集到自助餐厅开庆祝会，由CEO表达对每位员工的感谢，宣布这个奖项对公司的意义。他总结性地说道："为了庆祝这次巨大的成功，大家都会得到一份

很有意义的礼物。"

此时，从后面传来一句："现在就发吧！"大家都笑了，那时大家的心情就像过节一样。CEO点了点头，示意公关部经理揭开了罩在神秘礼物上的帷幕。啊！竟是由无数塑料杯子搭建起的金字塔造型。会场上先是死一般的寂静，接着爆发出震耳欲聋的喊声。员工们几乎被这个场面所震晕，就像他们看到的是一个巨大的发了霉的圣诞水果蛋糕一样。

后来，大家排着队，陆续领走自己的杯子。在员工摇着头、苦笑着领走奖品时，可怜的CEO好像只剩下最后一点呼吸了。员工们的表情让他心凉。随后的几个星期里，杯子就成了公司里新的（令人嘲讽和挖苦的）质量的象征品了。

请思考：
1. 这次庆功会开"砸了"的原因何在？涉及物质奖励与精神奖励的关系吗？
2. 如何评价用杯子搭成金字塔这种既有纪念意义又省钱的创意？

2. 股权激励

股权激励是一种长期激励方式，是为企业发展长期做出突出贡献的高层管理者和技术骨干人员设置的一种授予或购买股权的激励方式。

视频：
汇通天下

（二）精神激励

华为——以奋斗者为本

华为技术有限公司于1987年正式注册成立。2012年起，华为成为全球第一大电信设备制造商，2016年销售收入达到539.2亿欧元（约4 200亿人民币）。华为是靠什么成长起来的呢？《以奋斗者为本》一书表明，华为的生命力靠的是核心竞争力，来自它的核心价值观，即以客户为中心，以奋斗者为本，长期坚持艰苦奋斗。

以客户为中心，是企业存在的根本意义所在。为客户服务是华为存在的唯一理由，客户需求是华为发展的原动力。华为坚持以客户为中心，快速响应客户的需求，持续为客户创造长期价值，帮助客户获得成功，而不是说通过为客户服务赚一笔钱，自己获得成功，成就自己。为客户提供有效服务，不追求华为的利益最大化。要站在客户的立场上，比客户多想一步。有钱要大家赚，把利润分给产业链或上下游的合作伙伴，共生共赢。

以奋斗者为本，不仅是讲劳动者，还包括投资者，可以说一切为客户创造价值付出的人，都是企业的奋斗者。他们首先具备刻苦学习的精神；其次具备"狼性"，狼有三大特性——敏锐的嗅觉，不屈不挠、奋不顾身的进攻精神，群体奋斗；最后是敬业奉献，具有自我批判的精神，以大局为重，始终保持危机感和使命感。他们不分职位高低，都是企业跑在前面的带头人，是公司的火车头，他们做到了以客户为中心，以满足客户的需求为己任，具备一定的企业家精神。公司的考核、评价机制也向奋斗者、奉献者倾斜。这样的文化得以传承的基础是不让奋斗者吃亏，奉献者定当得到合理的回报。

在华为，只有奋斗者才享有股权激励的资格，因此识别奋斗者本身就形成了某种内部竞争。对奋斗者以虚拟股票的方式进行激励，激励对象有分红权及净资产增值收益权，但没有所有权、表决权，不能转让和出售虚拟股票。在其离开企业时，股票只能由华为控股公司工会回购。华为目前股权结构为：华为投资控股有限公司工会委员会持股98.7%，任正非持股1.3%。华为公司采用"饱和配股制"，每个级别的员工达到上限后，就不再参与新的配股。员工最高职级是23级，工作3年的14级以上员工每年大约可获授数万股，较为资深的18级员工，最多可以获得40万股左右的配股。员工离开公司，工会委员会按当年的每股净资产价格回购。股权激励的资金主要来源于两个方面：① 银行贷款。华为员工以"个人助业"的名义获得的银行信贷，支付购股款。② 分红款。大多数华为员工在分红后，将红利投入购买新的股票，因为股票收益增长的幅度要比工资增长的幅度高得多。

当然，企业并不奖励辛苦的无效劳动。如果奋斗者很卖力，但是没有给客户、给公司创造价值，那么他的努力就是无效的。

（资料来源：根据网络资料整理。）

请思考：

1. 你如何理解"奋斗者"。
2. 试分析华为"以奋斗者为本"的考核、评价机制。

1. 情感激励

情感激励主要是指上级对下级的关心和鼓励。例如，为员工送上生日礼物、帮员工解决子女入学、看望员工的父母等。

管理故事

医院里特殊的探望者

1980年1月,在美国旧金山一家医院里的一间隔离病房外面,一位身体硬朗、步履生风、声若洪钟的老人,正在与护士死磨硬缠地要探望一名因痢疾住院治疗的女士。但是,护士却严守规章制度毫不退让。这位护士真是"有眼不识泰山",她怎么也不会想到,这位衣着朴实的老者,竟是通用电气公司总裁,一位曾被选为"世界最佳经营家"的世界企业巨子——斯通先生。护士也根本无从知晓,斯通探望的女士,并非斯通的家人,而是加利福尼亚州销售员哈桑的妻子。

哈桑后来知道了这件事,感激不已,每天工作达16小时,为的是以此报答斯通先生的关怀。加利福尼亚州的销售业绩一度在全美各地区评比中名列前茅。正是这种有效的感情激励管理,使得通用电气公司事业蒸蒸日上。

2. 培训激励

培训激励是对有上进心的员工进行培训,以达到提高技术或管理能力的目的。培训激励包括内部培训激励和外部培训激励。例如,让员工参加国内外高层技术论坛。

3. 榜样激励

俗话说"榜样的力量是无穷的",有了榜样,广大员工可以找到一个学习的参照并自我鞭策,让自己学有方向、赶有目标,时时受到激励,增强克服困难取得成功的决心和信心。这里的榜样,既包括组织里涌现出的先进典型,也包括管理者的率先垂范。

4. 参与激励

参与激励是企业让员工参与企业的某些决策和组织活动,形成员工对企业的归属感、认同感,可以进一步满足员工自尊和自我实现的需要,并可以对活动中表现优异的个人或团队进行奖励等。例如,为企业管理建言献策的员工设立"优秀建议奖",定期举办羽毛球赛、乒乓球赛等体育活动等。

5. 荣誉与晋升激励

荣誉与晋升是组织对个体或群体的崇高评价,能满足人的自尊需要和自我价值实现的需要,是激发员工奋力进取的重要手段。从人的动机看,人人都具有自我肯定和争取荣誉的需要。因此,对那些工作表现突出、具有代表性的先进员工给予必要的荣誉奖励,是很好的精神激励方法。荣誉激励成本低廉,效果却较好。提升激励是对表现好、素质高的员工的一种肯定,应将其纳入"能上能下"的动态管理制度。

6. 目标激励

目标激励是指管理者通过确定适当的目标，诱发人的动机和行为，调动人的积极性的激励方式。一个人只有不断启发对高目标的追求，才能启发其奋力向上的内在动力。

7. 竞争激励

人普遍存在着争强好胜的心理，这是由于人谋求实现自我价值，重视自我实现需要所决定的。实践经验表明，竞赛（竞争）激励是一种十分有效，并被广泛运用的激励方式。管理者结合工作任务，组织各种形式的竞赛，鼓励各种形式的竞争，就能极大地激发员工的工作热情、工作兴趣和克服困难的勇气与力量。

管理案例

"专利墙"

山东浪潮集团公司有一面"专利墙"，员工不论职位高低、资历深浅，只要获得专利，他的名字和专利名称就会刻在上面，员工都把这个荣誉当做最高荣誉。员工赵永东的名字和专利名称就刻在上面。

在电子行业，静电是个无形杀手，生产线的工装板和尼龙轮一摩擦，产生的静电常常达到几千伏，敏感器件很容易受损。3年前，赵永东偶然发现静电的强弱与潮湿度有关，就往尼龙轮上喷了点水，用测试仪一测，静电只有10~20伏。看到尼龙轮湿润能防静电，他兴奋极了，研制了用吸水海绵和尼龙轮接触的"静电消除器"，装上24个成本才1 600多元，为公司节约了几十万元的设备费。公司给每个装置都挂了牌子，上写"赵永东静电消除器"。16年间，赵永东坚持不断摸索，改进工作，大小发明有五六十项，得到公司10多万元的奖励。

专利墙不仅是让来访的客人能看到，更重要的是让员工对专利有更直观的认同。甚至多年后，在专利墙前，某一位老员工可以指着墙上的专利牌自豪地说："那是我的专利。"

思政之窗

百团大战中的彭德怀

震惊中外的百团大战是抗日战争期间中国共产党人独立发动的规模最大、时间最长、战绩最辉煌、影响最深远的战略性进攻战役。战线包括华北地区的7条铁路干线，长达2 800多千米；地域涉及河北、山西、热河、察哈尔、绥远、山东6省，整个华北都卷入了战斗；敌我双方直接参战部队有55万人之多，即日军20多万人，伪军约 15 万人，八路军 20 多万人；时间长达 5 个月。

战线之长，地域之广，时间之久，参战部队之多，战场环境之恶劣，在敌后抗日战场上是绝无仅有的，在整个中华民族抗日战争史上也是罕见的。战役的主要指挥者彭德怀以其惊人的军事谋略和高超的指挥艺术，赢得了中外战争史上一场以少胜多、以弱胜强的胜利战役。

1. 审时度势，慎重运筹

彭德怀对 1940 年国际国内形势的发展变化进行了客观的分析判断。他认为百团大战之前是中华民族危机最为严重的时期，组织一场大规模的对日作战并取得胜利是以战略影响政略、争取时局好转的关键。

2. 尊重客观，造势制敌

在敌强我弱的总态势下，华北八路军敢不敢打一场大规模的进攻战役，能不能取得大规模进攻战役的胜利？彭德怀的回答是：尊重客观，造势制敌，在战术上进攻，应当先找弱一点的消灭，如此，强的亦将变为弱的。百团大战前夕，彭德怀对华北战场的局势进行了精密的分析和研究。正确把握敌我双方力量的对比，制定出胜我败敌之良策。

3. 精心谋划，把握战机

在定下战役决心与明确作战原则之后，彭德怀及其战役指挥集团精心谋划，战役目标的选择显得尤为重要。百团大战之所以选定"截断正太路交通"为战役目标，就是精心谋划的结果。实战表明，百团大战战役目标的选择是正确无误的。

4. 灵活机动，果断指挥，赢得战役最后胜利

坚持游击战与运动战相结合的战略战术，大战每一个环节都在彭德怀的精心策划和指挥下有条不紊地运行着：周密组织，统一指挥部队协同作战；果断决策，牢牢掌握战役主动权敢打硬仗，在实践中锻炼提高部队；动员民众，以人民战争赢得战役的胜利。

（资料来源：根据党史资料整理。）

启示：彭德怀是开国元帅，领导能力超群。他作为一名优秀共产党领导干部，做人做事严于律己、光明磊落、刚正不阿、正气凛然、实事求是。战场上审时度势、谨慎果断、精心谋划、灵活果断，展现了卓越的军事指挥才能，立下了赫赫战功。

请思考：你从彭德怀元帅身上学到了哪些优秀品质？

本章小结

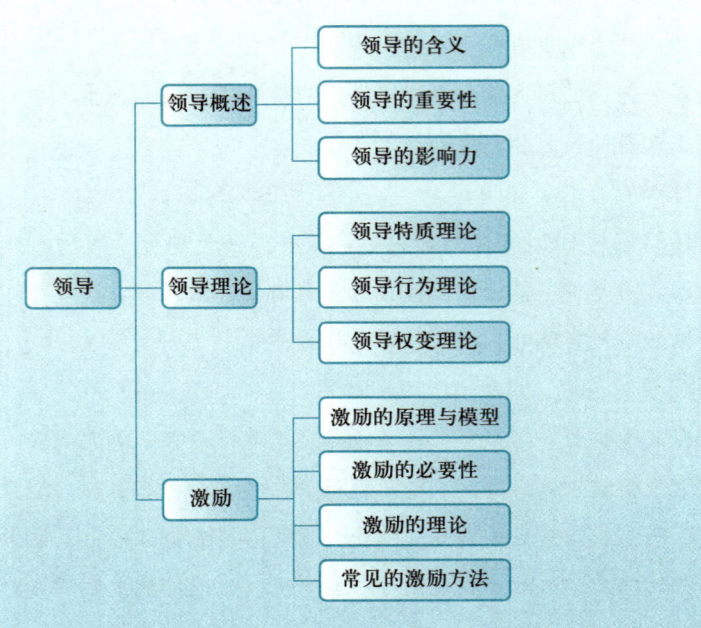

思考与练习

第六章交互式测验及参考答案

1. 彼得·德鲁克认为:"领导者的唯一定义就是其后面有追随者。一些人是思想家,一些人是预言家,这些人都很重要,而且也急需,但是没有追随者就不会有领导者"。这句话证明(　　)。

A. 领导的实质是组织成员的追随与服从

B. 领导者需要全力

C. 追随者比领导者更重要

D. 领导只有一个定义,其余的定义是错误的

2. 菲德勒所确定的对领导的有效性起影响作用的三个因素是(　　)。

A. 职位权力、任务结构、领导与下属的关系

B. 职位权力、领导者性格、领导者素质

C. 职位权力、下属素质、领导者素质

D. 下属素质、管理跨度、任务结构

3. 根据领导者运用职权方式不同,可以将领导方式分为专权、民主、放任三种类型,其中民主型领导方式的主要优点是(　　)。

A. 纪律严明，管理规范，赏罚分明

B. 组织成员具有高度的独立自主性

C. 按规章管理，领导者不运用权力

D. 员工关系融洽，工作积极负责，富有创造性

4. 刘某由原来总经理助理被任命集团销售公司经理，从一个参谋变成独立部门负责人，下列是刘某参与最近的几项活动，你认为（　　）几乎与他领导职能无关。

A. 向下属传达他对销售工作的认识

B. 与某用户谈判达成一项长期销售合同

C. 召集各地分公司经理讨论和协调销售计划的落实情况

D. 召集公司有关部门的职能人员开联谊会，鼓励他们克服困难

5. 赫茨伯格的双因素理论，下面的（　　）属于激励因素。

A. 成就　　　　　　　　　　　B. 安全

C. 工资水平　　　　　　　　　D. 工作条件

6. 美国心理学家马斯洛认为人类的需求可分为五个层次，其由低到高的顺序为（　　）。

A. 生理、安全、社交、尊重、成就　　B. 安全、生理、社交、尊重、成就

C. 生理、安全、尊重、社交、成就　　D. 尊重、生理、安全、社交、成就

7. （　　）是指人们对自己的行为能否导致所得到的工作绩效和目标的主观概率。

A. 欲望　　　　　　　　　　　B. 期望值

C. 动机　　　　　　　　　　　D. 效价

8. 期望理论认为激励水平取决于（　　）的乘积。

A. 动机　　　　　　　　　　　B. 行为

C. 期望值　　　　　　　　　　D. 效价

9. 在《杰克·韦尔奇自传》中有这样一段记述："1961年，我已经以工程师的身份在GE工作了一年，年薪是10 500美元。这时，我的第一个老板给我涨了1 000美元。我觉得这还不错。直到我后来发现我们一个办公室中的四个人薪水居然完全一样。我认为我应该得到比'标准'加薪更多的东西。我去和老板谈了谈，但是讨论没有任何结果。沮丧之际，我萌生了换工作的想法。"这反映了以下（　　）的存在。

A. 期望理论　　　　　　　　　B. 公平理论

C. 强化理论　　　　　　　　　　D. 需要层次论

10. 领导的特质理论由于（　　），所以在解释领导行为方面并不十分成功。

A. 忽视了下属的需要

B. 提出的领导特质的数量太少

C. 忽视了情境因素

D. 特质与绩效之间的研究是相关研究，无法得出因果性的结论

11. 基层管理人员需要领导力吗？你打算如何培养自己的领导力？

 自我评估

你能当领导吗？

做一下这个小测试，看看你更适合发号施令还是接受命令。

1. 上司忽然决定将一个VIP项目委派给你，你将做的第一件事是（　　）。

a. 马上提出需要一套规章，然后排除万难竭尽全力地按章行事

b. 向上司问一个最后期限，请他做一些必要的说明，然后列出一系列自己该做的事情

2. 团队工作需即时确定一个召集人。目前的问题是："那么，谁将代表你们团队呢？"——有人这样问。结果是（　　）。

a. 你的同级别同事们纷纷推举你来领导这个小组，你取得了压倒性的胜利

b. 你马上用食指指向离你最近的人。最好是他或她，反正不要是我，对吗？

3. 某大学职业顾问与你的上司接洽，需要请你公司某人作为嘉宾发言人，前往他们的职业讲坛介绍你们的行业。你的做法是（　　）。

a. 立刻将手举得比房间里任何人都高

b. 顷刻间将自己藏于桌子后。你的事情已经够多了。你肯定你的上司不会介意让别人去做这种事情

4. 一个客户来到办公室又踢又嚷，想把每个人的头发揪下来。你的反应是（　　）。

a. 是否该打电话给精神病院或警署。最后，你情愿让其他人来提出解决方法。你可不想因为别的事出了岔子而引火上身

b. 判断出该由谁来应付这种情况。如果别人都不在，你就会镇静地走向那个可能精神错乱的客户。总得有人出面，不是吗？

5. 当你在办公室的用餐区用餐时，发现你的两位同事正吵得面红耳赤。你的反

应是（　　）。

　　a. 事不关己，高高挂起

　　b. 找机会与他们谈一谈

6. 每天，当你决定穿什么去上班时，你的最终抉择是（　　）。

　　a. 用最新潮的服饰将自己打扮得最时尚

　　b. 穿得像你的上司

7. 当你接电话、作报告、回电子邮件及准备别的商务文件时，你的做法是（　　）。

　　a. 使它尽可能清晰明了、准确无误，并检查语法和礼仪是否规范

　　b. 尽量使它像对话似的自然。你与人讲话和通信时随心所欲

8. 无论你如何卖命地工作，（　　）。

　　a. 你永远落在计划之后。你经常到了最后期限还未完成工作，不断要求延长期限

　　b. 似乎永远觉得不够你干的

9. 在会议中，你常常（　　）。

　　a. 提问、作报告或提出建议

　　b. 心不在焉

10. 对于你，一个典型的工作日这样度过：（　　）。

　　a. 对你的工作日如何安排有个大致的概念。你有一个工作清单，一系列的目标，计划到每天、每月、每年

　　b. 你到办公室，差不多刚好准时。你冲到自己桌前，处理目前看起来最紧急或最重要的事情

计算得分：

1. a——5分　b——0分　　　　2. a——0分　b——5分
3. a——0分　b——5分　　　　4. a——5分　b——0分
5. a——5分　b——0分　　　　6. a——5分　b——0分
7. a——0分　b——5分　　　　8. a——5分　b——0分
9. a——0分　b——5分　　　　10. a——0分　b——5分

结果分析：

0~15分：你天生是块做经理的料。你的LQ（leadership quotient，领导商数）在职场里高高在上。你看起来是领导，感觉是领导，而且做着领导的事。你周围的人们也很清楚这一点。

20～35分：你有领导的素质，但你崇尚在安全的范围内"挥舞你的长袖"。你能应付责任、做决策，但你不想天天做这些事。既然你已身在半途，你可能愿意作为某些项目的牵头人，但你必须确保该项目让你有选择让贤的权力。

40～50分：你向往稳定的生活，而非有风险的。因此你更喜欢听从命令而不是执行命令。你可充分发挥你的能力，在同事的权力斗争中充当和事佬。正如太多的厨子做不出好汤，太多的领导会将部队引入歧途。你是那个将将公司带向成功的部队中的一员。不过，如果你忽然决定要使生活更有挑战性，你可试着找一下你生活中的哪些地方需要改变。

联想集团的人力资源管理

1. 培养人才

联想认为，联想最缺战略型人才，但不能靠招聘和引进解决，而需要自己培养。因为自己培养过程中，联想企业文化会一代代继承和进化，人才也会逐渐被人接受。

联想培养人才的第一个方法叫做"缝鞋垫"与"做西装"，培养一个战略型人才和培养一个优秀的裁缝是相同的道理。应该让他先从缝好鞋垫做起，然后是短裤、裤子、衬衣，最后才是西装。一步一个台阶，不能操之过急。联想第一个MBA做联想副总裁时不过30岁出头，但他在联想也是从秘书做起，前后岗位变动10余次。联想另一个年轻的副总裁，中国科技大学的硕士，也从做推销员一步一步成长起来。联想的今天根本上得益于20世纪80年代就开始的人才锤炼，这需要师傅和徒弟都必须有耐心。

联想培养人才的第二个方法是"赛马中识别好马"。认识人才和培养人才的最好方法就是让他去做事，从1990年开始联想大量提拔、使用年轻人，因为当时第一代联想创业人占总人数的40%，平均年龄40岁；第二代联想人60%从学校和社会招聘，平均年龄26岁。联想面临后继乏人的局面，为了信息产业即将到来的竞争，联想克服阻力，大量提拔年轻人才，让"小马拉大车"。1994—1995年，联想又展开新一轮"赛马中识别好马"计划，当时联想在中国只有员工1 000余人，但提拔的集团经理以上管理人员就有150人，总经理有30多人，其中35岁以下的管理人员占70%以上。曾有人认为管理人员太多、太年轻，但事实证明正是这批被大胆使用的年轻人才造就了联想的迅速发展。

2. 人才的激励机制

联想认为，联想正在进行一场人才激励的竞赛，不否定物质是人才激励的内容之一，但它不应是激励的全部。只有金钱的激励最终一定是鸦片。

对第一代联想人而言，早期联想给予他们最多和最大的激励是他们的事业、理想和目标。与精神方面的激励相比，物质方面的注重程度显得微不足道。

联想已由强调中央集权的"大船模式"管理模式向集权分权相结合的"舰队模式"逐步转变，它更强调对部门和个人的尊重。新一代的联想人也更多地享有独立运作庞大事业部的权力和利益，这种成就感的满足是联想给予年轻人才的激励。

联想的分配制度基于事业部体制，超额完成的利润部分50%用以上缴集团公司，另外50%由事业部自行处理用于奖励或福利。这种自主性赋予了年轻人更大的工作动力。

除此之外，联想更关注集体主义精神的培养。联想绝不重用有才华但自私的人，认为那样客观上会助长个人英雄主义和利己主义，企业的集体主义和合作精神就会遭到破坏。联想用什么样的人不单纯是企业和这个人的问题，还关系到企业里其他人向谁学习、向谁看齐的深层次问题。

3. 人才的三种类型

第一种是能够自己独立做好一摊事；第二种是能够带领一群人做事；第三种是能够制定战略。联想认为，人才的标准是相对于角色的要求而成立的。

联想人习惯按社会通行的叫法把自己称作高科技企业，但是顺着联想发展的轨迹去解剖它，我们可以发现联想实际上是一个高文化企业。而高文化企业主要表现在它的观念。目前，联想集团的员工主要由两个年龄结构的人组成：一层是目前30岁左右的人，一层是目前50岁左右的人，第一代联想人与第二代联想人之间存在一个巨大的年龄断层。但尽管第一代、第二代联想人在行为准则、价值观上存在不可避免的差异性，但这个95%以上都具有大学本科以上学历的团队已成功地融为一体，在企业不断发展壮大的同时，顺利地完成了联想文化的继承和被继承，企业发展的目标得到高度共识。与一些曾经像流星般划过中国企业界天空的一般民营企业不同的是，联想集团在成长过程中能够发展壮大，其秘诀正如公司总裁所总结的那样："小公司做事，大公司做人。"

当年凭借20万元人民币和14个人起家的联想集团深知人才的作用，它有一个众所周知的宗旨，即"办公司就是办人"。联想靠什么生存下来？靠人；联想靠什么跨入世界500强行列？还是靠人。人才是利润最高的商品，能够经营好人才的企业才是最终的赢家。联想对人才有着特别的凝聚力，美国MIT的中国企业研究小组也向联想人提问：你们是用何种机制创新，使老职工劳有所值，青年人稳挑大梁？而答案正是联想的成功之道，关键是："带好队伍，让人才有声有色地演好自己的角色。"

公司规模较小的时候，需要较多的是第一种人才；公司发展到一定程度，需要较多的是第二种人才；公司发展到比较大以后，第三种人才就尤显珍贵。可以在企业中承担较高责任的人才必须具备六个标准：一是共同信念和价值观标准；二是忠诚与牺牲精神的标准；三是审时度势、独当一面的指挥能力；四是搭班子、建队伍的管理能力；五是团结多数、协调一致的合作能力；六是孜孜不倦、吐故纳新的学习能力。1989年以后，联想集团在第二种和第三种类型人才的选拔方面下了很大工夫。通过各种方式，将年轻人推到总经理位置上。目前联想已有30多位年轻的总经理，占总经理人数的80%以上。

联想的人才标准是一种训练标准，是一种操作标准。联想以衡量业绩表现的方法来评价人才干得好与不好，以处理问题的方式和水平来判断人才的可塑性。人才首要要求是有信誉。联想每年都有人事安排上的大变动，变动的核心内容是把年轻人才推上经理或总经理的岗位，其中，有的降职，有的平级调动，有的提升，直到把一批优秀人才调整到合适的位置为止。

请思考：
1. 试用有关激励的理论解释联想的激励措施。
2. 联想对人才划分的标准和意义是什么？
3. 试论联想选择领导者的标准和哪一种领导理论有联系。

综合实训

[实训名称]
了解某企业的激励方案。

[实训目标]
通过对一个企业的访问，学生应能了解领导、激励如何在企业管理中应用。

[实训内容]
1. 通过对一个企业的走访，了解该企业所应用的激励方案；
2. 访问企业员工，考察上述措施的实际效果，了解他们对现有激励方式的态度。

[实训指导]

1. 把全班学生分成若干小组,一般每一小组5人比较合适;

2. 各小组首先走访企业领导,了解有关激励方案;

3. 在已掌握基本情况后,走访员工,考察上述措施的实际效果。

[成果形式]

1. 每个小组写一份走访报告,由教师批阅;

2. 每名学生填写一份实训报告,用于教师考察此次实训的实际效果。实训报告的内容一般包括:实训目的、实训内容、本人承担任务及实际完成情况、实训小结、实训评语。

第七章

控制

【管理地图】

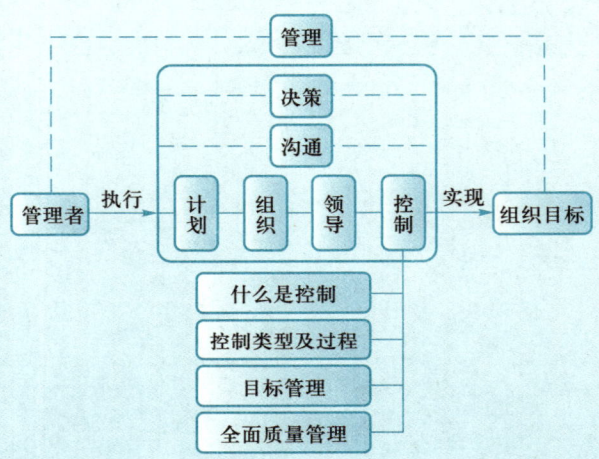

【学习目标】

★ 知识目标

- 理解控制职能的含义、重要性。
- 理解管理控制的几种基本类型。
- 掌握控制的基本程序。
- 理解目标管理和全面质量管理。
- 掌握 PDCA 环。

★ 能力目标

- 能用控制的基本原理对工作过程实施有效控制。
- 能够运用 PDCA 环持续改进工作质量。

★ 关键词

控制、控制过程、目标管理、全面质量管理。

管理案例

破窗效应

美国斯坦福大学心理学家詹巴斗曾做过这样一项试验：

他找来两辆一模一样的汽车，一辆停在比较杂乱的街区，一辆停在中产阶级社区。他把停在杂乱街区的那一辆的车牌摘掉，顶棚打开，结果一天之内就被人偷走了。而摆在中产阶级社区的那一辆过了一个星期也安然无恙。后来，詹巴斗用锤子把这辆车的玻璃敲了个大洞。结果，仅仅过了几个小时，它就不见了。

后来，政治学家威尔逊和犯罪学家凯琳依托这项试验，提出了一个"破窗理论"。这一理论认为：如果有人打破了一个建筑物的窗户玻璃（见图7-1），而这扇窗户又未得到及时维修，别人就可能受到暗示性的纵容去打烂更多的窗户玻璃。久而久之，这些破窗户就给人造成一种无序的感觉。那么在这种公众麻木不仁的氛围中，犯罪就会滋生、蔓延。

图7-1 破窗效应

启示： 必须及时修好"第一个被打破的窗户玻璃"。

第一节　什么是控制

一、控制的含义

控制（control）是对各项活动的监视，并纠正各种显著偏差，以保证各项行动按计划

视频：
紧急迫降

进行的过程（见图7-2）。所有管理者都应当承担控制的职责，即便他的部门是完全按照计划运作着。因为管理者对已经完成的工作与计划所应达到的标准进行比较之前，他并不知道他的部门的工作是否进行得正常。一个有效的控制系统可以保证各项行动完成的方向是朝着达到组织目标的。控制系统越是完善，管理者实现组织的目标就越是容易。

图7-2 控制

京东供应链管理

在零售行业中，持续的现金周转率是零售企业在商业竞争中脱颖而出的关键，零售业的典范企业沃尔玛通过自身强大的信息系统将现金周转率控制到80天左右，国内连锁零售巨头苏宁和国美控制到40天左右，而京东商城目前可做到10天左右。之所以京东可以做到如此短的时间，得益于其将物联网技术应用于供应链管理中，井然有序的供应链管理让京东的现金周转率持续降低。

（1）智慧采购。京东商城依靠其包含RFID、EPCGIS、云计算等多种物联网技术的先进系统对一个区域进行发散分析，从而了解客户的区域构成、客户密度、订单密度等，根据这些数据提前对各区域产品销售情况进行预测，根据预测销售量备库，同时决定采购商品分配到哪些区域的仓库及各仓库分配数量。

（2）智慧仓储。京东商城应用的主要是RFID技术、EPC库存取货技术、库存盘点技术及智能货架技术，以此实现仓库自动化管理。京东商城将自身库房划分为三大区域，分别收货区、仓储区、出库区。在收货区，京东商城首先对供应商送来的商品进行质量抽检，然后利用 EPC 和电子标签技术给每一件商品贴上条形码标签，作为该件商品独一无二的身份识别证据，随后全部商品在仓储区域上架入库，每个货架均有唯一编号。上架时，京东仓库商品管理人员会利用 PDA（手持终端）设备扫描商品条形码和商品进行关联后传入信息系统，这样，用户订单下达后，仓库商品管理人员可以依据系统记录直接到相应的货架取货，无须核对商品名称。

（3）智慧分拣。京东商城同样应用的是 RFID、FPC 等技术。首先通过 ERP 系统确定订单所需商品发货库房，然后自动查询到商品在仓库中位置，信息将自动发送到库房管理人员随身携带 PDA 上，在工作人员分拣货物完毕后，货物将放在对应的周转箱上传送到复核扫描台，确认无误后，打印发票清单送到发货区域准备进行运输。物联网技术的运用实现了商品的快速分拣，进而快速发货，减少顾客的等待时间。

（4）智慧配送。京东商城主要使用的是 GPS 地理信息系统技术，这种技术是物联网技术应用的典型实例，京东商城通过和一家地图服务商合作，将后台系统和该公司 GPS 系统关联，实现了可视化物流。京东商城在运送的包裹上和运货车辆上均装有 EPC 标签，包裹出库时将通过 RFID 技术进行扫描并和运送车辆关联起来。当车辆行驶时，其位置信息将通过 GPS 系统及时反馈到后台系统，并在网站地图上显示出来。另外，该系统还可以使用户即时查询商品运输信息，提高了用户对商品的实体感知程度。从成本管理角度分析，该技术的使用优化了京东商城自身的配送计划，很大程度上降低了在电子商务企业总成本占有极大比重的运输成本。

（资料来源：根据网络资料整理。）

启示： 京东的"高速生长"归功于背后高效运转的供应链。经过不断地建设和完善，京东已形成了反应灵敏，操纵灵活的供应链管理体系，其中流程控制的作用更是发挥到了极致。京东的一些关键环节的控制方法值得借鉴和学习。

二、控制的重要性

尽管计划可以制订出来，组织结构可以调整得使达到目标非常有效，员工的积极性也可以有效地调动起来，但是这仍然不能保证所有行动都按计划执行，不能保证管理者追求的目标一定能达到。因此控制是重要的，因为它是管理职能环节中最后的一环。这是管理者知晓组织目标是否实现及没有实现的原因的唯一办法。具体而言，在现代组织管理中，控制之所以必不可少，是因为：

视频：
控制风险

（一）组织环境的不确定性

组织的目标和计划是组织对未来一定时期内的努力方向和行动步骤的描述，任何组织的目标和计划都是在特定的时间、环境下制订的。如果组织实际活动能按计划进行，那么也就无须进行控制了。但这种情况只会发生在静态环境中。现代组织所面临的环境大多是复杂多变和不确定的，在计划实施过程中，组织内外的相关因素都有可能发生变化，甚至发生重大变化。为了使目标、计划能够适应变化了的环境，为了保证组织目标、计划更好地实现，组织就必须通过控制来及时了解环境变化的程度和原因。

（二）现代组织活动的复杂性

随着社会生产力的不断发展，现代组织的规模和内部结构也日趋庞大与复杂。每一个组织要实现自身的目标，都必须从事一系列极其艰巨的活动或工作，而每一项活动又都可能涉及组织的各个部门，因此组织不仅要制定明确的目标并进行总目标分解，而且在实施过程中要进行大量的组织协调工作。为了避免本位主义，使各部门的活动紧紧围绕着组织目标，保证每一项具体活动或工作顺利进行，组织就必须对各部门及其活动进行大量的控制工作。

（三）失误的不可避免性

任何组织在其发展过程中都不可避免地会犯一些错误、出现一些失误。认识并纠正错误是管理水平提高的重要标志，也是组织发展的必要前提，而控制是任何组织发现错误、纠正错误的有效手段。通过对实际活动的检查，管理者可以及时发现失误；通过对产生偏差的原因的分析，管理者可以明确问题之所在，从而及时采取纠偏措施。因此，控制是改进工作、推动工作不断前进的有效手段。

（四）提升组织的效率和竞争力

一个组织要在竞争中脱颖而出，就必须在运营效率、产品和服务质量、对顾客的响应、创新等方面有出色的表现。而管理者要提升运作效率，就必须掌握企业利用资源的现状，准确地评估组织已有的生产或服务效率。也正因为通过控制系统获得了信息反馈，一个组织才能不断地改进产品和质量，从而在竞争中脱颖而出。通过对员工的绩效评估，管理者可有针对性地指导员工更好地为顾客服务，并取得自身的不断成长。最后，当一个组织拥有一个有效的控制系统时，组织就可加大对员工的创新授权，从而有利于推动组织内部的创新。

控制有助于组织适应内外部环境的变化、应对组织活动的复杂性、及时发现和解决组织运转过程中出现的失误、提升组织的竞争力。管理者要了解组织内外部环境的变化、监控组织中各部门和各岗位工作的进展情况、及时发现和解决问题、获得出色的业绩，就必须建立一个完整的控制系统，以监控环境的变化和各项活动的进展情况。

小资料

掌 舵 术

管理学中的"控制"一词来源于希腊语"掌舵术"，意思是领航者通过发号施令将偏离航线的船只拉回到正常的航线上来。

动画：
缰绳

管理故事

好马与骑师

一位骑师，严格地训练了他的马儿。只要把马鞭子一扬，那马儿就乖乖地听他支配，而且骑师说的话，马儿句句明白。

于是骑师认为用言语就可以驾驭马了，给这样听话的马加上缰绳是多余的。有一天他骑马出去时，就把缰绳解掉了。

马儿在原野上奔跑，开头还不算太快，仰着头抖动着马鬃，昂首阔步，好像要证明主人的做法是正确的。但当它知道什么约束也没有了的时候，很快就野性大发。它的眼睛里冒着火，脑袋里充着血，再也不听主人的叱责，愈来愈快地飞驰过辽阔的原野。

不幸的骑师没有办法控制他的马了，他颤抖着双手想把缰绳重新套上马头，怎已经无法办到。完全无拘束的马儿撒开四蹄，一路狂奔，竟把骑师摔下马来。而它仍旧疯狂地往前冲，像一阵旋风似的，什么方向也不辨，最后冲下深谷，摔了个粉身碎骨。

骑师好不伤心，悲痛地大叫道："我的可怜的好马呀，是我把你毁掉的呀！如果我不冒冒失失地解掉缰绳，你就不会不听我的话，就不会把我摔下来，我也不至于摔得遍体鳞伤，你也决不会落得这样悲惨的下场。"

启示：失控的才干必致灾祸。

三、控制系统

控制系统如图 7-3 所示。

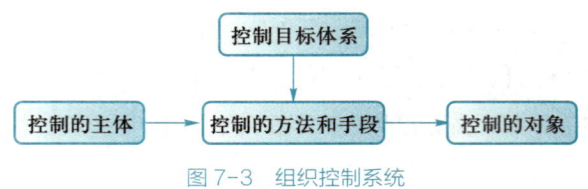

图 7-3　组织控制系统

（一）控制的对象：控制什么

要建立控制体系，首先必须明确控制的对象，即明确要控制什么。

控制对象可从不同的角度进行划分。从横向看，组织内的人、财、物、时间等资源都是控制的对象；从纵向看，组织中的各个层次，如企业中的部门、车间、班组、各个岗位都是控制对象；从控制的阶段看，组织内不同的业务阶段和业务内容都是控制对象，如企业中供、产、销三个阶段都需要控制；从控制的内容看，能力、行为、态度、业绩等都可以成为被控制的对象。因此，组织的控制应该是全面的控制，控制系统的控制对象原则上应是整个组织的各个方面。

不仅如此，组织的控制还应是统一的控制，即在控制活动中要把组织的各个方面当做一个整体来控制。只有统一控制才能使组织协调一致，达到整体的优化，有效地实现组织目标，否则就会顾此失彼。例如，在企业组织控制中，若仅仅着眼物的控制而忽视对人的行为的控制，就不可能收到良好的控制效果。

（二）控制目标体系：要求控制在怎样的范围之内

任何控制活动都是有一定的目标取向的，无目的控制是不存在的。要建立控制系统，除要明确控制对象外，还要明确控制目标体系，即要求控制在怎样的范围之内。

在一个组织中，控制目标体系常常以各种形式的控制标准体现出来，如时间标准、质量标准、行为准则等。控制应服从于组织发展的总体目标和理念，因此，控制标准往往是根据总目标所派生出来的分目标及各项计划指标或制度要求来确定的。也就是说，控制目标体系是与理念体系、组织、目标体系和计划体系相辅相成的。

（三）控制的方法和手段：怎样确定实际达到控制目标的程度

为了了解控制对象实际达到控制目标的程度，我们还需要明确衡量控制对象实际状况与控制目标之间差距的方法和手段。

控制的方法和手段是多种多样的，只要控制对象确定、控制目标要求明确，就一定可以找到相应的衡量指标和衡量方法。在后面将讲到各种不同的控制类型和控制方法，各个组织应视其不同的情境选用相应的控制方法和手段。

（四）控制的主体：谁来履行控制的职责

为了落实对各控制对象根据控制目标要求进行有效控制的职责，控制系统必须明确各项工作的控制主体。

组织内的控制活动是由人来执行和操纵的，因此，组织控制系统的主体是各级管理者及其所属的职能部门。控制系统以各层次的管理者为主体，根据变化了的环境有意识地调节自己的活动。

在控制主体中，由于管理者所处的地位不同，其控制的任务也不同。一般而言，中、低层管理者执行的主要是例行的、程序性的控制，而高层管理者履行的主要是例外的、非程序性的控制。控制主体控制水平的高低是控制系统能发挥多大作用的决定性因素。

管理者进行控制的根本目的在于保证组织目标的最终实现，即保证组织活动的过程和实际绩效与计划内容及计划目标相一致。控制职能无疑是十分重要的，但控制本身不是目的，它仅仅是保证目标实现的手段之一，必须将其置于整个管理工作过程之中才能发挥其应有的作用。

四、有效控制的原则

控制是管理的一项基本职能，也是较易出现问题的一项工作。在许多情况下，管理者制定了良好的计划，也建立了适当的组织，但由于没有把住控制这一环节，最后还是不能达到预期的目标，无效的控制会导致计划无效和组织无效。为了保证对组织活动进行有效的控制，控制工作必须遵循以下的基本原则。

（一）重点原则

控制不仅要制定标准、注意偏差，而且要注意制定标准或出现偏差的项目。我们不可能控制工作中所有的项目，而只能针对关键的项目，且仅当这些项目的偏差超过了一定限度，足以影响目标的实现时，才予以控制纠正。事实证明，要想完全控制工作或活动的全过程几乎是不可能的，因此，应抓住活动过程中的关键和重点进行局部和重点控制，这就是所谓的重点原则。

由于组织和部门职能的多样化、被控制对象的多样性以及政策和计划的多变性，几乎不存在有关选择关键和重点的普遍原则。但一般来说，在任何组织中，目标、薄弱环节和重大例外是管理者控制的重点。

（二）客观及时原则

高效率的控制系统要求能迅速发现问题并及时采取纠偏措施。这一方面要求事先制定清楚的控制标准，在过程中及时准确地获得控制所需的信息，避免时过境迁，使控制失去应有的效果；另一方面要事先估计可能发生的变化，使采取的措施与已变化了的情况相适应，即纠偏措施的安排应有一定的预见性。

小资料

JIT 模 式

准时生产方式（Just In Time 简称 JIT），又称作无库存生产方式（stockless production），零库存（zero inventories），一个流（one-piece flow）或者超级市场生产方式（supermarket production），是日本丰田汽车公司在20世纪60年代实行的一种生产方式，1973年以后，这种方式对丰田公司渡过第一次能源危机起到了突出的作用，后引起其他国家生产企业的重视，并逐渐在欧洲和美国的日资企业及当地企业中推行开来，现在这一方式与源自日本的其他生产、流通方式一起被西方企业称为"日本化模式"。

（三）灵活性原则

小资料

灵 捷 制 造

灵捷制造是美国国防部为了指定21世纪制造业发展而支持的一项研究计划。该计划始于1991年，有100多家公司参加，由通用汽车公司、波音公司、IBM、德州仪器公司、摩托罗拉等15家著名大公司和国防部代表共20人组成了核心研究队伍。此项研究历时三年，于1994年年底提出了《21世纪制造企业战略》。在这份报告中，提出了既能体现国防部与工业界各自的特殊利益，又能获取他们共同利益的一种新的生产方式。所谓灵捷制造是指以先进的柔性生产技术与动态的组织结构和高素质的人员的集成，采用企业间网络技术，从而形成快速适应市场的社会化制造体系。

控制的灵活性原则要求管理者制定多种应付变化的方案，并留有一定的后备力量，采用多种灵活的控制方式和方法来达到控制的目的。控制应保证在发生某些未能预测到的事件的情况（如环境突变、计划疏忽、计划失败等）时，控制仍然有效。因此，要有弹性和替代方案。例如，根据销售预测制定的相应预算中的定额会因实际销售量大大高于或低于预测数而失去控制意义。因此，也要采用一些能随机应变的控制方式和方法，如弹性预算、跟踪控制等。

（四）经济性原则

所谓控制的经济性原则，一是要求实行有选择的控制，全面周详的控制不仅是不必要的，也是不可能的，要正确而精心地选择控制点，太多会不经济，太少会失去控制；二是要求努力降低控制的各种耗费而提高控制效果，改进控制方法和手段，以最简单的标准、最低的信息要求检查实际工作，以最低的成本查出偏离计划的现有或潜在的原因。费用的降低使人们有可能在更大的范围内实行控制。花费少而效率高的控制系统才是有效的控制系统。

第二节 控制类型及控制过程

一、控制的基本类型

预防是解决危机的最好方法。

名医扁鹊

魏文王问名医扁鹊说："你们家兄弟三人，都精于医术，到底哪一位最好呢？"

扁鹊答："长兄最好，中兄次之，我最差。"

文王再问："那么为什么你最出名呢？"

扁鹊答："长兄治病，是治病于病情发作之前。由于一般人不知道他事先能铲除病因，所以他的名气无法传出去。中兄治病，是治病于病情初起时。一般人以为他只能治轻微的小病，所以他的名气只及本乡里。而我是治病于病情严重之时。一般人都看到我在经脉上穿针管放血、在皮肤上敷药等大手术，所以以为我的医术高明，名气因此响遍全国。"

管理中的控制手段可以在行动开始之前、进行之中或结束之后进行。第一种称为前馈控制（feedforward control）；第二种称为同期控制（concurrent control）；第三种称为反馈控制（feedback control）。

（一）前馈控制

前馈控制是企业最渴望采取的控制类型，因为它能避免预期出现的问题。之所以称为前馈控制是因为它发生在实际工作开始之前，它是未来导向的（见图7-4）。比如，洛克希德公司的管理者可能在政府宣布与该公司签订大笔军火合同之前就已经开始招聘人员。提前雇用工作人员可以防止潜在的工作延误。因此采用前馈控制的关键是要在实际问题发生之前就采取管理行动。

图7-4　防患于未然

前馈控制是期望用来防止问题的发生而不是当出现问题时再补救。这种控制需要及时和准确的信息，但不幸的是这些常常是很难办到的。因此管理者是不得不借助于另外两种类型的控制。

> **小资料**
>
> **麦当劳开店**
>
> 麦当劳在莫斯科开第一家餐馆时，将公司质量控制专家送去帮助俄罗斯农民学习种植高质量的土豆，让面包师讲授如何烘烤高质量的面包。为什么？因为麦当劳极力强调产品质量，不论地理位置在哪里，他们希望在莫斯科的奶油汉堡与在奥马哈的一样。

（二）同期控制

同期控制，从它的名称就可以看出，它是发生在活动进行之中的控制。在活动进行之中予以控制，管理者可以在发生重大损失之前及时纠正问题。

最常见的同期控制方式是直接视察。当管理者直接视察下属的行动时，管理者可以同时监督雇员的实际工作，并在发生问题时马上进行纠正。虽然在实际行动与管理者作出反应之间肯定会有一段延迟时间，但这种延迟是非常小的。技术设备可以设计成具有同期控制的功能，如许多计算机系统在程序中就设置了当出现错误时操作人员应采取的行动。当你输入一个错误的命令时，程序的同期控制会拒绝你的要求，有时甚至会告诉你为什么错了。

（三）反馈控制

最常用的控制类型就是反馈控制。控制作用发生在行动之后。如企业促销活动后的销售控制报告就是一种反馈控制的例子。

反馈控制的主要缺点在于：管理者获得信息时损失已经造成了。这与亡羊补牢（见图 7-5）类似。但是在许多情况下，反馈控制是唯一可用的控制手段。

图 7-5　亡羊补牢

 小资料

希尔顿酒店的成功诀窍

有一次希尔顿去日本东京，在飞机上遇到了一位女记者。这位女记者问希尔顿："希尔顿先生，您取得了辉煌的成就，您的经营诀窍是什么？我和所有人都想知道。"

希尔顿听后笑了笑没有正面回答，他对女记者说："你到了东京之后，住进我的旅馆，临走时把你不满意的地方告诉我，当你下次来住时，我们不会再犯同样的错误。这也许就是我的诀窍吧！"

应该注意，与前馈控制和同期控制相比，反馈控制在两个方面要优于它们：首先，反馈控制为管理者提供了关于计划的效果究竟如何的真实信息。如果反馈显示标准与现实之间只有很少的偏差，就说明计划的目标达到了；如果偏差很大，管理者就应该利用这一信息使新计划制订得更有效。其次，反馈控制可以增强员工的积极性。因为人们希望获得评价他们绩效的信息，而反馈正好提供了这样的信息（见表7-1）。

表 7-1　三种控制类型的比较

基本类型	控制重点	优点	缺点
前馈控制	资源：预期出现的问题	在问题发生之前采取管理行动，防患于未然	要求管理者拥有大量准确可靠的信息，但常常难以获得
同期控制	活动：纠正发生的问题	及时发现问题、解决问题。问题通常可以在出现大量资源浪费或重大损失造成之前就得以解决	易受管理者时间、精力、业务水平的制约；应用范围较窄；易损害被控制者的工作积极性和主动性
反馈控制	结果：纠正发生后的问题	提供有用信息，为进一步实施前馈控制和同期控制创造条件，实现控制工作的良性循环	管理者获得信息时浪费或损失已经造成

动画：
众酒成水

二、控制过程

控制工作的过程涉及三个基本步骤：第一步，为应完成的任务制定标准；第二步，为衡量实际绩效来对照这些标准；第三步，如果绩效与标准不相符合，则应采取纠偏行动。这三个步骤必须按上述顺序去实施，否则很难取得控制效果。控制过程如图7-6所示。

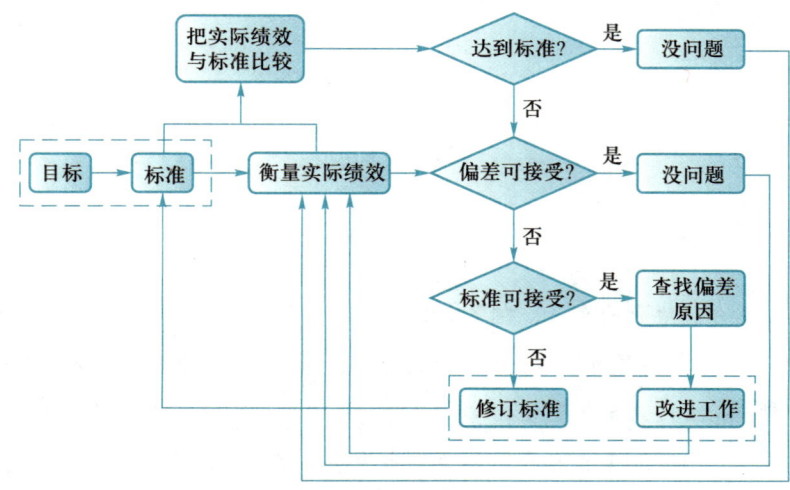

图 7-6　控制过程

（一）制定标准

你不能衡量它，就不能管理它。

1. 标准的含义

所谓标准，即是一种作为模式或规范而建立起来的测量单位或具体尺度。对照标准，管理人员可以判断绩效和成果。标准是控制的基础，离开标准要对一个人的工作或一个制成品进行评估，则毫无意义。

标准的类型很多，它的建立取决于所需衡量的绩效和成果领域。例如，每场高尔夫球赛规定18洞打72杆的标准，即是一个最好的例子，这里的标准杆数是由权威（习惯和许多高尔夫球联合会）建立的，并是公认的有关成绩水准的衡量标准。围棋段位标准也一样，入段后可正式收教学生。但是，标准并不表示至善至美。多数职业高尔夫球运动员都可超过或打破标准杆数，标准杆数也不是所有高尔夫球运动员的平均水平，实际上标准杆数是一个难以取得的，但又是可以达到的成绩水准。它是一种客观测量单位，用以衡量运动员的熟练程度与水准。

手表定律

只有一只手表，可以知道是几点，拥有两只或两只以上的手表，却无法确定是几点；两只手表并不能告诉一个人更准确的时间，反而会让看表的人失去对准确时间的信心。

启示：对一项工作，不能同时设置两个不同的标准，否则将使工作人员无所适从；一个人不能同时选择两种不同的价值观，否则，他的行为将陷于混乱。

2. 企业中的标准

与企业中职工的工作标准的性质应是一回事，在可能的情况下，标准应尽量数字化和定量化，以减少主观性和个人对控制过程的影响。企业中常用的标准有以下几种：

（1）时间标准，是指完成一定数量的产品，或做好某项服务工作所限定的时间。

（2）生产率标准，是指在规定的时间内完成产品和服务的数量。

（3）消耗标准，是根据生产货品或服务计算出来的有关消耗。

（4）质量标准，是指保证产品符合各种质量因素的要求，或是服务方面需达到的工作标准。

（5）行为标准，是对职工规定的行为准则。对企业的活动来说，也应建立其业务活动标准。美国通用电气公司在八个主要的成就领域中建立了标准：① 获利性；② 市场地位；③ 生产率；④ 产品的领导地位；⑤ 人员发展；⑥ 雇工态度；⑦ 公共责任；⑧ 短期目标与长期目标间的平衡。

在服务性行业中，对经理和雇员的仪表、态度一般都有严格的标准，其工作人员必须穿着整洁的工作服，对顾客以礼相待，违反者则要受到纪律处分。例如，快餐业中，麦当劳制定的服务标准如下：①在顾客到达后3分钟之内，95%以上的人应受到招呼；②预热的汉堡包在售给顾客前，其烘烤时间不得超过5分钟；③顾客离开后，所有的空桌需在5分钟内清理完毕等。

 小资料

> "为了能够控制自己的绩效，管理人员除了要了解自己的目标以外，还必须了解一些其他情况。他必须能够对照目标来衡量自己的绩效和成果。在企业的所有重要领域中，都应该提出一些明确而共同的衡量标准。这些衡量标准不一定是定量的，也不一定要十分精确，但必须是清楚、简单和合理的。它们必须与业务有关，并能够把人们的注意和努力引向正确的方向。它们必须是可靠的，至少其误差界限是大家所公认的，并为人所理解。同时，它们还必须是自明的，用不着复杂的解释或哲学式的讨论就能理解。"
>
> （资料来源：[美] 彼得. 德鲁克. 王永贵，译. 管理使命、责任、实务（实务篇）北京：机械工业出版社，2006，71页.）

3. 定额的制定

企业中生产部门工时定额的制定也是管理中的一项基础工作。制定这类标准时，一线管理人员在该部门工作的实践经验和知识可作为参考依据。例如，车间中的工长一般对于其部门中某项工作耗时多长、需多少原材料、工艺水平的高低是心中有数的。因此，根据以前的预算、过去的产量及其他部门的记录，管理人员对各部门的作业标准是不难制定的。

用工时研究来制定工时定额常常会遭到工人的抵制和反对。制定绩效标准是为了建立一个现实的指标，这种指标不仅应是能达到的，而且应是合理与公平的。因此，工人若能参与这些标准的制定，并认识到它的合理性与公平性，那么他们就更易接受这些标准了。让工人参与制定标准的一个办法就是由管理人员、技术人员（工业工程师）和工人三者结合，组成一个集体班子（委员会），共同负责定额的修订工作。参加集体班子的工人代表，应是那些一贯表现良好的职工。此外，管理人员和工业工程师应努力向所有职工解释清楚有关工时研究的实质、内容（包括那些涉及主观判断的地方）。同时，应允许工人对所制定的定额提出异议。如果被认为不合理，必要时则可重新对该工作进行研究和再测。只要管理人员有诚意，让工人理解这些标准，只要这些定额是合理的，绝大多数工人就能够接受这些绩效标准。

标准化工作

标准与标准化工作

按照我国国家质量管理协会的定义，标准就是对重复性事物和概念所做的统一规定。它以科学技术和实践经验的综合成果为基础，经有关方面协商一致，由主管机构批准，以特定形式发布，作为共同遵守的准则和依据。

按照 ISO 国际组织的定义，标准化是指在经济、技术、科学和管理等社会实践中，对重复性事物和概念通过制定发布和实施标准达到统一，以获得最佳秩序和社会效益。标准化在 IT 行业中体现较为明显，计算机中任何结构和插件的接口都是标准化的，如 PS2 接口和 USB 接口等。

标准的类型

标准的类型总体上可以划分为三大类：技术标准、管理标准和工作标准，如表 7-2 所示。其中，技术标准包括基础标准、产品标准、方法标准、安全卫生与环境标准等；管理标准包括管理业务标准、质量管理标准、程序标准等；工作标准包括专用工作标准、通用工作标准、管理工作标准等。

表 7-2　标准的类型

标准类型	具体类型
技术标准	基础标准、产品标准、方法标准、安全卫生与环境标准等
管理标准	管理业务标准、质量管理标准、程序标准，如 ISO 9000 等
工作标准	专用工作标准、通用工作标准、管理工作标准等

标准的分级与编号

如表7-3所示，在目前的经济环境中，标准总共被分为三级：第一级为国际标准，国际标准是全球统一的，如ISO、IEC等；第二级为区域标准，如CEN等；第三级为国家标准，如我国制定的国家标准等。

表7-3 标准的分级和编号

标准分级	标准编号
国际标准	ISO：国际标准化组织 IEC：国际电工委员会 ITU：国际电信联盟等
区域标准	CEN：欧洲标准化委员会 CMEN：中美地区泛美标准化委员会 APSC：亚太标准化委员会等
国家标准	1级，国家标准；2级，行业标准 3级，地方标准；4级，企业标准

（二）对照标准检查实际绩效

对照标准检查实际绩效是控制过程的第二步，有的书上又把它分为两个子步骤，即衡量绩效与对照比较。管理人员通常可采取多种方式来完成这一步骤。

1. 个人观察

在检查职工的绩效时，直接观察和个人接触对一线管理人员来说是最有效的方法。一线管理者较高层管理者有更多的机会深入基层作个人观察。高层管理者由于远离"火线"，所以常常不得不依靠下属的报告，而一线管理者则有大量的机会作直接观察，这正是他们所具有的优势。

当管理人员在观察中发现有偏离标准现象时，应持有一种分析态度，而不是去故意找碴或急于提出批评。当然，作为管理者并不应该忽视错误，但他们应对这些错误以谨慎的态度提出一些问题。例如，作为一线管理者，可以问问是否有什么方法能帮助其下属更容易、更安全或更有效地去完成工作？当有些标准在叙述中较为笼统时，则管理者应寻找一些具体的事例来加以说明究竟哪些情形不符合标准，如产品不对路、工作疲沓或不安全的做法等。要指出职工的错误并使之信服并不容易，管理人员如能举出具体的事例，则有助于职工认识到存在的差距。

用个人观察的办法来检查职工的绩效也有其局限性：首先，它十分费时，管理人员必须走出办公室深入基层，才能掌握一手资料。其次，有可能漏看一些重要的活动，这些活动往往发生在关键时刻。最后，职工在被观察时，和检查过后的行为可能不相一致。但不管怎样，个人观察仍是检查职工绩效使用最广泛，同时可能也是最佳的办法。

 小资料

走 动 管 理

走动管理（management by wandering around，MBWA）是指高层主管利用时间经常抽空前往各个办公室走动，以获得更丰富、更直接的员工工作问题，并及时了解所属员工工作困境的一种策略。这是世界上流行的一种新型管理方式，主要是指企业主管身先士卒，深入基层，体察民意，了解真情，与部属打成一片，共创业绩。

走动管理的概念起源于美国管理学者彼得思（T. J. Peters）与瓦特门（R. H., Jr. Waterman）在1982年出版的名著《追求卓越》（In Search of Excellence）一书。书中提到，表现卓越的知名企业中，高层主管不是成天待在豪华的办公室中，等候部属的报告，而是在日理万机之余，仍能经常到各个单位或部门走动走动。该书作者因此建议，高层主管应该至少有一半的时间走出办公室，实际了解员工的工作状况，并为其加油打气。走动管理在20世纪80年代蔚然成风，并与management by wandering around一词交互使用。

2. 口头与书面汇报

组织中部门较多、工作地点分散在不同地区，或按时间进行分班工作的那些单位，就有必要使用报告制度。例如，在很多需连续生产的企业中实行三班制（指早、中、晚三班），那么，管理者要了解评估各班绩效时，常常依靠下级提交的报告来了解和掌握情况。

管理者应要求报告力求做到简明、全面和正确。在可能的情况下，最好是把书面报告和口头汇报结合起来，报告中如能提供统计数据加以证明，则更为有效。下属和职员能否如实地报告准确的情况（不管报告中是否含有负面的结果），这往往取决于管理者对报告的反应及上下级之间现有的人际关系。假如管理者能以建设性的或帮助的姿态来对待那些反映存在问题的报告，对诚实的错误能表示谅解，而不是简单地定功过，那么下属职工即使在报告中涉及不利于自身的内容，也能真实地反映情况，提交可靠而又准确的报告。

在检查报告时，管理者通常会发现许多活动都是符合标准的，对于这些合乎标准的活动一般可快速带过，而集中于那些大大超过或低于标准的领域。管理人员甚至可要求

下属对已合理达到标准的活动不必再加以报告，而只报告那些例外的、低于或高于标准的活动。显然，一旦绩效大大低于标准的话，就应转入控制的第三步，即进行纠偏，但如果绩效大大超出了原先的标准，管理者也应研究一下原因，这种突出的绩效是如何取得的，以便将来能应用这些方法。

3. 抽样检查

假如有些职工的工作是不适合报告的，则管理人员最好还是应用抽样检查。例如，电话公司中修理部门的上级管理人员，因该部门是每天 24 小时服务，所以在不同的时间班次中，应时时地作抽样检查，看看该部门究竟运作得怎样。

在控制过程中怎样使对照措施做得更好，控制论为我们提供了五个问题：

（1）信息是适时的吗？

（2）测量单位是适宜的吗？

（3）收到的信息是可靠的吗？可靠性多大？

（4）信息是有效的吗？

（5）信息是否送给了需要该信息的权力层面？

（三）采取纠偏行动

在衡量绩效后，若没有偏差发生，或偏差在规定的误差之内，则该控制过程只需前两个步骤就已完成，即设定标准及对照标准检查实际绩效。但是，如果通过个人观察、报告及抽样检查发现了偏差且超出允许范围，则管理者应考虑采取第三个步骤——纠偏行动，使绩效符合于标准。

也是偏差

在某工程建设工作全面启动的初期，电视台曾经报道了这样一则消息：工程负责人要求批评甚至停止一位负责施工的经理的工作，理由是这位经理的工作进度明显地超前于工程计划安排，与其他项目的进程不匹配。干得多、干得快没有受到表扬，反而受到批评和指责，这的确构成了一条新闻。这条新闻是否引起了大家的讨论并不清楚。对此，你持有什么样的观点呢？

在采取纠偏行动前，管理人员应记住，导致某项工作产生偏离标准的原因是多种多样的。因此，并非所有偏离标准的情况均需采取纠偏行动，有时则需要个人的判断。假如一位工人偶尔迟到了 15 分钟，当经理了解到迟到是不得已发生的，而原谅了他，也是

完全正常的。通常产生偏差的原因主要有:

(1) 因标准本身是基于错误的假设和预测,从而使该标准无法达成。

(2) 从事该项工作的员工不能胜任此项工作,或由于没给出适当的指令。

(3) 和该项工作相关的其他工作出了问题。

(4) 从事该项工作的员工玩忽职守。

因此,纠偏行动的第一步是分析事实,确定产生偏差的原因。只有对问题作了透彻的分析后,管理人员才能采取适当的纠偏行动。下一步是管理人员必须决定采取何种补救措施,来纠正员工偏离组织目标的行动。

通常,纠偏行动可采取两种不同的决策:一种是立即纠偏行动;另一种是根本性纠偏行动。所谓立即纠偏行动(immediate corrective action),是指立即纠正出现的问题,使业绩回到设定的轨道上来。而根本性纠偏行动(basic corrective action)则要求找出偏差是如何出现、为何出现等问题的答案,然后采取行动纠正偏差产生的根源。管理者常常据理力争,说他们没有时间采取根本性纠偏行动,因而只能满足于依赖立即纠偏行动去无休止地"扑火"。然而,有效的管理者总会去分析偏差,并在认为值得时,花时间对标准与实际业绩之间的重要偏差进行永久性纠正。例如,通过分析确认超出允许范围的偏差是由员工的原因造成,则必须采取立即执行的措施来解决问题,使员工的工作回到组织目标方向上来;否则,必须考虑控制标准是否科学合理,通过标准的调整达到永久根治的目的。

管 理 三 导

事前指导,事中督导,事后辅导。

第三节　目　标　管　理

目标不是命令,而是一种责任或承诺。目标并不决定未来,只是一种调动企业的资源和能量以创造未来的手段。

一、目标管理的概念和由来

目标管理（management by objectives，MBO）是指组织的最高管理层根据组织面临的形势和发展需要，制定出一定时期内组织经营活动所要达到的总目标，然后层层分解落实，要求下属各部门主管人员以及每个员工根据上级制定的目标分别制定各项工作目标，明确相应的责任和职权，形成一个目标体系，并把目标完成情况作为各部门或个人考核依据的一种管理制度和方法。

目标管理在 20 世纪 50 年代中期出现于美国，以泰罗的科学管理和行为科学理论（特别是其中的参与管理）为基础。目标管理可以使组织的成员亲自参加工作目标的制定，实现"自我控制"，并努力完成工作目标。企业若有明确的目标作为考核标准，从而使对员工的评价和奖励做到更客观、更合理，则可以大大激发员工为完成组织目标而努力。由于这种管理制度在美国应用得非常广泛，而且特别适用于对主管人员的管理，所以被称为"管理中的管理"。

要想准确地指明究竟谁是目标管理的创始人并不容易，但公认为彼得·F.德鲁克对目标管理的发展和使之成为一个体系做出了重大贡献。1954 年，德鲁克在《管理实践》一书中，首先提出了"目标管理和自我控制"的主张。他认为，并不是有了工作才有目标，而是相反，有了目标才能确定每个人的工作。所以"企业的使命和任务，必须转化为目标"，如果一个领域没有目标，这个领域的工作就必然被忽视。因此管理者应该通过目标对下级进行管理，当组织最高管理者确定了组织目标后，必须对其进行有效分解，转变成各个部门以及各个人的分目标，管理者根据分目标的完成情况对下级进行考核、评价和奖惩。德鲁克的主张在企业界和管理学界产生了极大的影响，对形成和推广目标管理起了巨大的推动作用。

目标管理提出后，便在美国迅速流传。时值第二次世界大战后西方经济由恢复转向迅速发展的时期，企业急需采用新的方法调动员工积极性以提高竞争能力，目标管理的出现可谓应运而生，逐渐被广泛应用，并很快为日本、西欧国家的企业所仿效，在世界管理界大行其道。我国企业于 20 世纪 80 年代开始引进目标管理方法，并取得了较好的成效。

二、目标管理的特点

（一）以整个组织的成果和成功为中心，注重成果第一，看重实际贡献

德鲁克在关于目标管理的论述中强调："企业中每一个成员都有不同的贡献，但所有

的贡献都必须是为着一个共同的目标。他们的努力必须全都朝着同一方向，他们的贡献必须互相衔接而形成一个整体。"目标管理注重成果第一，看重实际贡献。采用传统的管理方法评价员工的表现，往往容易根据印象、本人的思想和对某些问题的态度等定性因素来评价。其结果往往不是很客观、科学，这样很容易束缚员工手脚，难以发挥其主观能动性，并难以调动员工的想象力和创造力。

组织实行目标管理，由于有了一套完善的目标考核体系，从而能够按员工的实际贡献大小如实地评价一个人。目标管理还力求组织目标与个人目标更密切地结合在一起，以增强员工在工作中的满足感。这对调动员工的积极性、增强组织的凝聚力起到了很好的作用。

（二）提倡参与管理，目标由实现目标的有关人员共同制定

目标管理提倡民主、平等和参与的管理思想，不主张管理者闭门造车而独断专行。目标的实现者同时是目标的制定者，即由上级与下级在一起共同协商讨论确定目标。首先确定出总目标，然后对总目标进行分解，逐级展开，通过上下协商，制定出企业各部门、各车间直至每个员工的目标；用总目标指导分目标，用分目标保证总目标，形成一个"目标—手段"链。目标管理使得组织层层、处处、人人、事事有目标。

（三）强调自我控制

德鲁克认为："目标管理的主要贡献之一，就是它使得我们能用自我控制的管理来代替由别人统治的管理。"目标管理通过预先确定目标、适当授权和及时的信息反馈，推动各级管理人员及员工实行自我控制。它使管理人员能够控制他们自己的成绩，这种自我控制可以成为更强烈的动力，推动他们尽自己最大的力量把工作做好，而不仅仅是"过得去"就行了。

（四）强调授权，促使权力下放

集权与分权的矛盾是组织的基本矛盾之一，唯恐失去控制是阻碍大胆授权的主要原因之一。授权是组织领导对自己和员工自信的表现。因为只有宽容而自信的领导才不怕自己失去对组织的领导力，才敢于授权，而且他对员工的才华和能力能够给予充分的信任。推行目标管理有助于促使权力下放，有助于在保持有效控制的前提下，调动员工的想象力和创造力，发挥其主观能动性，把组织局面搞得更有生气和更有效率一些。

管理大师——德鲁克

1909年11月19日生于维也纳,父亲为奥地利财务官员,曾创办萨尔茨堡音乐节,母亲是奥地利率先就读医科的妇女之一。

1938年,父母因反对纳粹,逃往美国,父亲任大学教授,1967年逝世。

1931年,德鲁克获法兰克福法学博士。

1942年,受聘为通用汽车公司顾问。

1946年,出版《公司的概念》,对成功的大企业有细腻而独到的分析。

1954年,出版《管理实践》,奠定大师的地位,并标志着管理学的诞生。

1966年,出版《卓有成效的管理者》。

1973年,出版《管理:任务、责任、实践》巨著,该书被誉为管理学的经典之作。

2005年11月11日,在洛杉矶附近的家中逝世,享年95岁。

出版超过30本书籍,在《哈佛商业评论》发表文章已超过30篇,被誉为"The father of modern management""Guru's Guru"等。

三、目标管理的过程

(一)制定目标

实行目标管理,首先要建立一套完整的目标体系。这项工作是从企业的最高主管部门开始的,然后由上而下地逐级确定目标。上下级的目标之间通常是一种"目的—手段"的关系,某一级的目标,需要用一定的手段来实现,这些手段就成为下一级的次目标,按级顺推下去,直到作出基层的作业目标,从而构成一种锁链式的目标体系。

制定目标,首先要进行企业经营环境调查。包括外部环境和内部环境。外部环境又包括政治、经济、技术、社会等宏观环境和竞争者、供应商、顾客、替代品、潜在进入者等微观环境。内部环境则主要分析生产、研发、营销、理财、人员、组织能力。其次,组织最高层制定目标,即在对内外环境分析的基础上,确定企业的宗旨或使命以及战略目标。再次,制定部门和员工的目标,一般由上下级一起工作来设置下属人员目标。最后,反复循环修订目标,对各项目标和评价标准达成一致。

（二）组织实施

目标的实施是目标管理的一个重大环节。首先，要宣传鼓励，使有关人员对目标内容、意义、依据、实施步骤、有利条件和困难有透彻的了解，充分调动其积极性和主观能动性。其次，强调自控。鼓励各部门、各岗位以及员工对目标实施情况进行自控和自评，主动采取措施确保目标实施进度与质量。最后，协助指导。上级管理者通过信息反馈渠道或亲临现场，帮助下级解决工作中出现的困难问题。当出现意外、不可预测事件严重影响组织目标实现时，也可以通过一定的程序修改原定的目标。

（三）检查和评价

目标管理的第三步就是检查和评价。对各级目标的完成情况，要事先规定出期限，定期进行检查。检查的依据就是事先确定的目标。检查的方法可灵活地采用自检、互检和成立专门的部门进行检查。

对于最终结果，应当根据目标进行评价，并根据评价结果进行奖罚。达到预定的期限后，下级首先进行自我评估，提交书面报告；其次上下级一起考核目标完成情况，决定奖惩；最后讨论下一阶段目标，开始新循环。如果目标没有完成，就分析原因，总结教训。目标管理考核评价应坚持标准，严格考评；实事求是，重在总结；奖惩结合，鼓励为主。

制定目标、组织实施、检查和评价是目标管理前后衔接、相辅相成的三个阶段，当所有阶段完成后，目标管理将进入下一轮循环过程。目标管理的程序如图7-7所示。

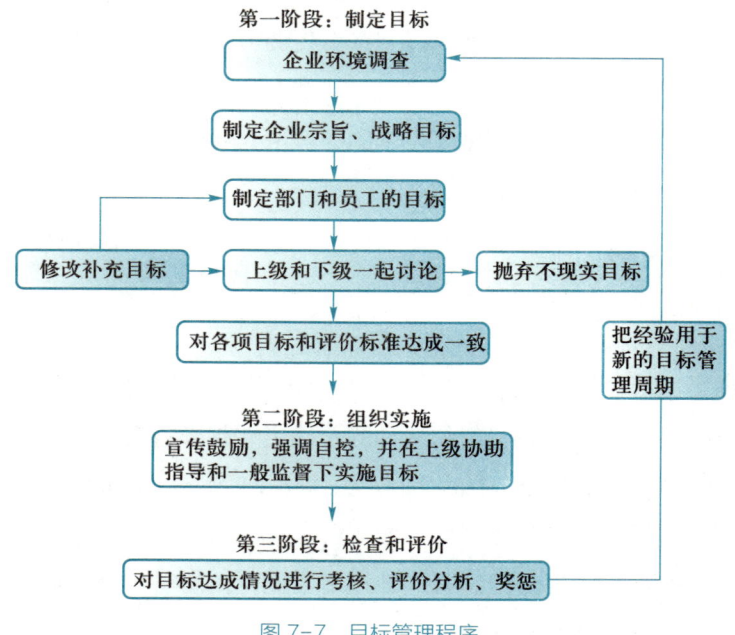

图7-7　目标管理程序

四、对目标管理的评价

任何事物都是利弊兼备的，目标管理也不例外。目标管理在全世界产生了很大影响，但实施中也出现了许多问题。因此必须客观分析其优点和缺点，了解其利弊，这样就可以兴利除弊，把目标管理的优势尽可能充分地发挥，而将其劣势抑制到最低限度。

（一）优点

1. 把组织成就和个人需要成功结合在一起

目标管理的倡导者德鲁克认为，古典管理学派偏重于以工作任务为中心，忽视人的需要这一面，而行为科学兴起，提出管理要以人为中心，工作中员工活动范围已有很大变化，并要求参与管理。目标管理实行由工作人员参与制定目标、自我控制以及自上而下的目标连锁，从而解决了以工作为中心及以人为中心的矛盾，既有利于实现组织成就，又能满足员工个人需要。

2. 是一种有效计划、组织、协调和控制的手段

目标管理通过上下协商制订的计划变得切实可行，它使组织内部的权力分配更加合理、责任更加清楚；目标管理中形成的目标网络使各方面活动井然有序，相互协调，配合默契；它明确的目标和及时的信息沟通，使得控制更加有效。

3. 起到凝聚和激励作用

目标管理把全体工作人员的注意力都集中到实现组织总体目标上来，可以提高凝聚力，增强全局观念。目标管理强调自我控制、自我调节，通过目标和奖励，将个人利益和组织利益紧密联系在一起，员工不再只是听从命令、等待指示的盲从工作者，而是一个可以自我控制的、在一个领域内施展才华的积极工作者。因此，目标管理有助于调动员工的主动性、积极性，具有激励作用。

（二）缺点

1. 恰当目标难以确定

组织内的许多目标难以定量化、具体化；组织环境的可变因素越来越多，变化越来越快；组织的内部活动日益复杂，使组织活动的不确定性越来越大；许多团队工作在技术上不可分解。这些都使得组织的许多活动制定数量化目标是很困难的。

2. 对目标管理原理和方法的宣讲可能增加管理成本

目标管理看起来简单，但要把它有效地付诸实施，则尚需各级主管人员对它有详尽的了解和认识。这就需要对目标管理的整个体系做耐心的解释工作，说明目标管理是什

么、怎样发挥作用、为什么要这样做、在评价管理工作成效时起些什么作用，以及参与目标管理的人能得到什么好处等。而对目标管理原理和方法的宣讲会增加管理成本。

3. 目标一般是短期的

几乎在所有实行目标管理的组织中，所确定的目标一般都是短期的，很少超过一年，常常是一季度或更短些。强调短期目标的弊病是显而易见的，因此，为防止短期目标所导致的短期行为，上级主管人员必须从长期目标的角度提出总目标和制定目标的指导方针。

4. 存在不灵活的危险

目标管理要取得成效，就必须保持其明确性和肯定性，如果目标经常改变，就难以说明它是经过深思熟虑和周密计划的结果，这样的目标是没有意义的。但是，计划是面向未来的，而未来存在许多不肯定因素，这又使得必须根据已经变化了的计划工作提前对目标进行修正。然而修订一个目标体系与制定一个目标体系花费的精力相差无几，结果可能迫使主管人员不得不中途停止目标管理的过程。

虽然目标管理还存在一些缺陷，但它在现代管理过程中起到很大的作用。目前，目标管理这一方法，正在由制造企业向商业、服务业以及各项事业展开。因此，一切企、事业单位均可实行目标管理。目标管理的关键在于：组织领导人对实行目标管理的坚定信心；国家、集体和个人利益相结合；对目标的重视，目标一经制定，决不能放任自流和随意改动；实事求是、脚踏实地、认真执行，不搞形式。

第四节　全面质量管理

对产品质量来说，不是 100 分就是 0 分。

一、全面质量管理的含义、特点

（一）全面质量管理的含义

全面质量管理并不等同于质量管理，它是质量管理的更高境界。全面质量管理是将组织的所有管理职能纳入质量管理的范畴，强调一个组织以质量为中心，强调以全员参与为基础，强调全员的教育和培训。因此，要掌握全面质量管理的核心思想，首先应该理解全面的含义。

1. 什么是全面

全面是全面质量管理中的关键词语，它主要包括三个层次的含义：运用多种手段，系统地保证和提高产品质量；控制质量形成的全过程，而不仅仅是制造过程；质量管理的有效性应当是以质量成本来衡量和优化的。因此，全面质量管理不仅仅停留在制造过程本身，而且已经渗透到了质量成本管理的过程之中。

2. 从英文角度来理解 TQM

全面质量管理的英文为 total quality management。其中，total 指的是与公司有联系的所有人员都参与到质量的持续改进过程中，quality 指的是完全满足顾客明确或隐含的要求，而 management 则是指各级管理人员要充分地协调好。

3. "三全"的 TQM

根据 ISO 9000 的定义，质量管理是指一个组织以质量为中心，以全员参与为基础，目的在于通过让顾客满意和本组织所有成员以及社会受益而达到长期成功的管理途径。由此可见，质量管理的全过程应该包括产品质量的产生、形成和实现的过程。因此，要保证产品的质量，不仅要管理好生产过程，还需要管理好设计和使用的过程。

通常认为，影响质量的因素主要有五个，即人员、机器、材料、方法和环境，简称人、机、料、法和环，如图 7-8 所示。为了保证和提高产品质量，既要管理好生产过程，又必须管理好设计和使用的过程，要把所有影响质量的环节和因素控制起来，形成综合性的质量体系。因此，全面质量管理不仅要求有全面的质量概念，还需要进行全过程的质量管理，并强调全员参与，即"三全"的 TQM。

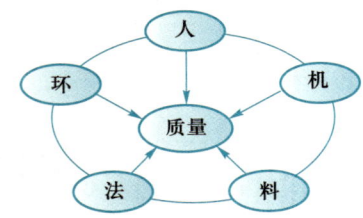

图 7-8　影响产品质量的五大因素

（二）全面质量管理的特点

全面质量管理从过去的就事论事、分散管理，转变为以系统观念为指导的全面的综合治理，它不仅仅强调各方面工作各自的重要性，而且更加强调各方面工作共同发挥作用时的协同作用。概括地讲，全面质量管理具有以下几个方面的特点：

1. 以适用性为标准

在传统的质量管理中，一般都是以符合技术标准和规范的要求为目标，即生产出来的产品只需要符合企业事先制定的技术要求就行。但是，全面质量管理与传统质量管理截然不同，它要求产品的质量必须符合用户的要求，始终以用户的满意为目标。从这个角度来看待全面质量管理，则将涉及所有参与到产品生产过程中的资源和人员。

2. 以人为本

全面质量管理是一种以人为中心的质量管理，必须十分重视整个过程中所涉及的人员。为了做到以人为本，企业必须做到以下四个方面：高层领导的全权委托，重视和支持质量管理活动；给予每个人均等机会，公正评价结果；让全体员工参与到质量管理的过程中；缩小领导者、技术人员和现场员工的差异。

3. 突出改进的动态性

全面质量管理的第三个显著特点就是突出改进的动态性。在传统的质量管理中，产品生产的目标是符合质量技术要求，而现在对产品质量的要求是符合顾客的需求。但是，由于顾客的需求是不断发生变化的：顾客的需求通常会随着产品质量的提高而变得更高，这就要求我们有动态的质量管理概念。全面质量管理不但要求质量管理过程中有控制程序，而且要有改进程序。

4. 综合性

全面质量管理的第四个特点就是综合性。所谓综合性，指的是综合运用质量管理的技术和方法，并且组成多样化的、复合的质量管理方法体系，从而使企业的人员、机器和信息有机结合起来。在日本，石川馨博士最早将统计技术和计算机技术应用到全面质量管理过程之中，并总结出全面质量管理的七种方法，如直方图、特性要因图等。

动画：
致命的脚后跟

阿喀琉斯之踵

古希腊神话中有一位伟大的英雄阿喀琉斯，他是海神之子，有着超乎普通人的神力和刀枪不入的身体，在激烈的特洛伊之战中无往不胜，取得了赫赫战功。但就在阿喀琉斯奋勇作战攻占特洛伊城之际，站在对手一边的太阳神阿波罗悄悄用毒箭射中了伟大的阿喀琉斯的脚后跟，这是他全身唯一的弱点。因为在他还是婴儿的时候，他的母亲、海洋女神忒提丝曾捏着他的右脚后跟，把他浸在神奇的斯提克斯河中，被河水浸过的身体变得刀枪不入。可那个被母亲捏着的脚后跟由于浸不到水，就成了阿喀琉斯唯一致命的弱点。这唯一弱点要了阿喀琉斯的命。

启示： 由于局部细微的弱点而导致全局的崩溃，就是这则故事所揭示的道理。在经营管理过程中，无论是战略决策还是产品的质量控制，很多失败都是由于细微的失误造成的。千里之堤溃于蚁穴。很多时候，100减去1不是等于99，而是等于0。

二、全面质量管理的八大原则

（一）以顾客为中心

全面质量管理的第一个原则是以顾客为中心。在当今的经济活动中，任何一个组织都要依存于其顾客。组织或企业由于满足或超过了自己顾客的需求，从而获得继续生存下去的动力和源泉。全面质量管理以顾客为中心，不断通过PDCA循环进行持续的质量改进来满足顾客的需求。

（二）领导的作用

全面质量管理的第二大原则是领导的作用。一个企业从总经理层到员工层，都必须参与到质量管理的活动中来，其中，最重要的是企业的决策层必须对质量管理给予足够的重视。《中华人民共和国产品质量管理法》中规定，质量部门必须由总经理直接领导。这样才能够使组织中的所有员工和资源都融入全面质量管理之中。

（三）全员参与

全面质量管理的第三大原则就是强调全员参与。在20世纪70年代，日本的QC小组达到了70万个。而到目前为止我国已注册的QC小组已经超过了1 500万个，这些QC小组的活动每年给我国带来的收益超过2 500亿元人民币。因此，全员参与是全面质量管理思想的核心。

（四）过程方法

全面质量管理的第四大原则是过程方法，即必须将全面质量管理所涉及的相关资源和活动都作为一个过程来进行管理。PDCA循环实际上是用来研究一个过程，因此我们必须将注意力集中到产品生产和质量管理的全过程。

（五）系统管理

全面质量管理的第五个原则是系统管理。当我们进行一项质量改进活动的时候，首先需要制定、识别和确定目标，理解并统一管理一个由相互关联的过程所组成的体系。由于产品生产并不仅仅是生产部门的事情，因而需要我们组织所有部门都参与到这项活动中来，才能够最大限度地满足顾客的需求。

（六）持续改进

全面质量管理的第六个原则是持续改进。实际上，仅仅做对一件事情并不困难，而要把一件简单的事情成千上万次都做对，那才是不简单的。因此，持续改进是全面质量管理的核心思想，统计技术和计算机技术的应用正是为了更好地做好持续改进工作。

（七）以事实为基础

有效的决策是建立在对数据和信息进行合乎逻辑和直观分析的基础上的，因此，作为迄今为止最科学的质量管理，全面质量管理也必须以事实为依据，背离了事实基础就没有任何意义。这就是全面质量管理的第七个原则。

（八）互利的供方关系

全面质量管理的第八大原则就是互利的供方关系，组织和供方之间保持互利关系，可提高两个组织创造价值的能力，从而为双方的进一步合作提供基础，谋取更大的共同利益。因此，全面质量管理实际上已经渗透到供应商的管理之中。

三、PDCA 循环

戴明博士积极推进了 PDCA 循环的概念，所以又称其为"戴明环"。全面质量管理的思想基础和方法依据就是 PDCA 循环。这种循环是能使任何一项活动有效进行的合乎逻辑的工作程序，在企业的质量管理中得到了广泛的应用。

在 PDCA 循环中，"计划（P）—实施（D）—检查（C）—处理（A）"的管理循环是现场质量保证体系运行的基本方式，它反映了不断提高质量应遵循的科学程序。全面质量管理在 PDCA 循环的规范下，形成了四个阶段和八个步骤（见图 7-9a~b）。

视频：
PDCA 环

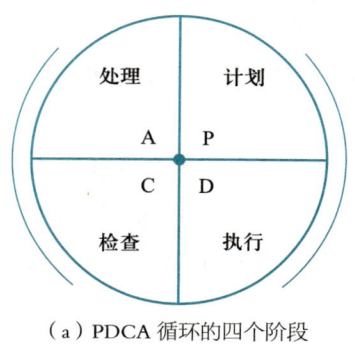

（a）PDCA 循环的四个阶段

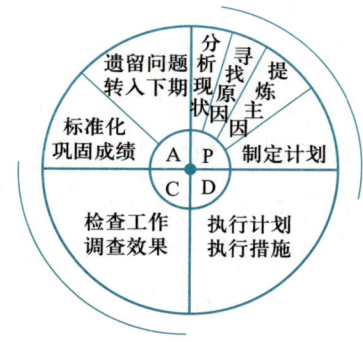

（b）PDCA 的八大步骤

图 7-9

（一）P：计划（plan）

在开始进行持续改善的时候，首先要进行的工作是计划。计划包括制定质量目标、活动计划、管理项目和措施方案。计划阶段需要检讨企业目前的工作效率、追踪流程目前的运行效果和收集流程过程中出现的问题点；根据收集到的资料，进行分析并制订初步的解决方案，提交公司高层批准。

计划阶段包括四项工作内容：

1. 分析现状

通过现状的分析，找出存在的主要质量问题，尽可能以数字说明。

2. 寻找原因

在所收集到的资料的基础上，分析产生质量问题的各种原因或影响因素。

3. 提炼主因

从各种原因中找出影响质量的主要原因。

4. 制定计划

针对影响质量的主要原因，制订技术组织措施方案，并具体落实到执行者。

（二）D：实施（do）

在实施阶段，就是将制定的计划和措施，具体组织实施和执行。将初步解决方案提交给公司高层进行讨论，在得到公司高层的批准之后，由公司提供必要的资金和资源来支持计划的实施。

在实施阶段需要注意的是，不能将初步的解决方案全面展开，而只在局部的生产线上进行试验。这样，即使设计方案存在较大的问题时，损失也可以降低到最低限度。通过类似白鼠试验的形式，检验解决方案是否可行。

（三）C：检查（check）

第三阶段是检查，就是将执行的结果与预定目标进行对比，检查计划执行情况，看是否达到了预期的效果。按照检查的结果，来验证生产线的运作是否按照原来的标准进行，或者原来的标准规范是否合理等。

生产线按照标准规范运作后，分析所得到的检查结果，寻找标准化本身是否存在偏移。如果发生偏移现象，则应重新策划、重新执行。这样，通过暂时性生产对策的实施，检验方案的有效性，进而保留有效的部分。检查阶段可以使用的工具主要有排列图、直方图和控制图。

(四) A：处理（action）

第四阶段是处理，对总结的检查结果进行处理，成功的经验加以肯定，并予以标准化或制定作业指导书，便于以后工作时可遵循；对于失败的教训也要总结，以免重现。对于没有解决的问题，应提到下一个 PDCA 循环中去解决。处理阶段包括两方面的内容：

1. 总结经验，进行标准化

总结经验教训，估计成绩，处理差错。把成功的经验肯定下来，制定成标准；把差错记录在案，作为鉴戒，防止今后再度发生。

2. 遗留问题转入下一个管理循环

将遗留问题转入下一个管理循环，作为下一阶段的计划目标。

四、全面质量管理的发展地位

随着市场经济的不断发展，产品质量已经走出了产品本身的范围，逐渐延伸到服务之中，全面质量管理也从单纯的质量控制上升到企业经营的层面。对于企业来说，全面质量管理是企业经营的核心，解决产品质量问题的关键是开展好全面质量管理工作，鼓励全体员工都参与到质量管理工作中去。

从发展的角度来看，全面质量管理永远也不会落后。在我国的经济统计系统中，每年都进行统计的八大经济指标是产量、品种、质量、消耗、劳动生产率、成本、利润、流动资金占用等，其中质量依然占据了主导地位。

在世界范围内，全面质量管理在 PDCA 循环的基础上又有了新的发展。在当今世界范围内取得辉煌成就的六西格玛管理法实际上就是基于统计的质量管理过程，这种方法始终都摆脱不了全面质量管理的影子。因此，六西格玛管理法从本质上看来是将全面质量管理提升到了一个更高的层次。

 小资料

平衡计分卡

一、平衡计分卡的含义

平衡计分卡（Falaneed scorecard）是卡普兰和诺顿在 1992 年发明的，它是一套综合平衡企业的财务指标和非财务指标，主要从财务、顾客、内部业务及创新与学习四个角度来关注企业的绩效测评体系。

平衡计分卡中的"平衡"是指在长期目标与短期目标之间、在外部衡量和内部衡量之间、在所要求的成果和成果的执行动因之间、在定性衡量和定量衡量之间保

持平衡。

他可以全面、动态地评估企业绩效，同时也进一步明确了员工个人绩效的内容。现在，许多企业在实施平衡计分卡时都努力将其与员工的个人绩效结合起来，以充分发挥平衡计分卡的作用。

二、平衡计分卡的基本框架

管理一个组织的复杂性，要求管理人员能够同时从几个方面来考察企业的绩效。平衡计分卡使管理人员能够从四个重要角度观察企业，如图所示：

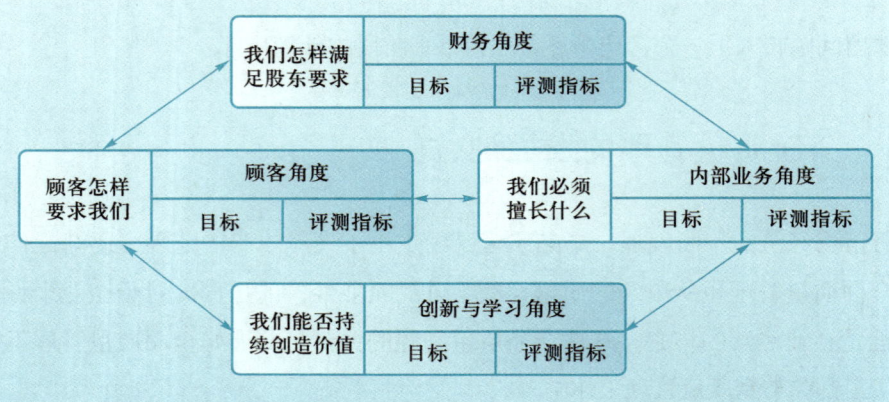

三大纪律八项注意

人民军队创建之初，为了克服各种非无产阶级思想影响，毛泽东制定了"三大纪律八项注意"。见下表：

范围	三大纪律	八项注意	
全军	行动听指挥	上门板	借东西要还
	不拿群众一针一线	捆铺草	损坏东西要赔
	一切缴获要归公	说话和气	洗澡避女人
	—	买卖公平	不搜俘房腰包

"三大纪律八项注意"一经提出，就成为人民军队纪律建设的基本原则。在中央苏区以及在当时各苏区根据地，作为红军的纪律广为传播。纪律严明既是我们党

的性质和宗旨的集中体现，也是我们党的光荣传统和独特优势。1927年当毛泽东走上井冈山，选择农村包围城市革命道路时，靠着军纪严明统一步调，建立了一支有别于一切旧式军队的新型人民军队，同时处理好红军和群众的关系，完成了我军既善于打仗又善于发动群众，既是战斗队又是工作队的艰巨革命任务。

解放战争时期，为了加强全军纪律性，修订和重行颁布了"三大纪律八项注意"。1947年10月10日，毛泽东起草发出《中国人民解放军总部关于重行颁布三大纪律八项注意的训令》，"三大纪律八项注意"以命令的形式固定下来。见下表：

范围	三大纪律	八项注意	
人民军队	一切行动听指挥	说话和气	不打人骂人
	不拿群众一针一线	买卖公平	不损坏庄稼
	一切缴获要归公	借东西要还	不调戏妇女
	—	损坏东西要赔	不虐待俘虏
党政干部	一切从实际出发	同劳动同食堂	如实反映情况
	正确执行党的政策	待人和气	提高政治水平
	实行民主集中制	办事公道	工作要同群众商量
	—	买卖公平	没有调查就没有发言权

走好通往全国胜利的最后关键几步，毛泽东认为：取得新的更大的胜利……就是要使党的干部在政治上更加成熟，就是要使党的政策在全党更能统一贯彻，就是要克服党内思想上的经验主义倾向和组织上的无政府无纪律倾向。在全党方面，毛泽东建立起严格报告制度，强调将一切可能和必须集中的权力，集中于中央和中央代表机关，并提出加强纪律性，革命无不胜，开展反对无纪律无政府状态的检讨活动；在军队方面，重行颁布三大纪律八项注意，并深入三查三整，开展新式整军运动，将我军建成了纪律严明的人民军队。

（资料来源：根据党史资料整理。）

启示： "三大纪律八项注意"的重行颁布，巩固强化了中央对全军的控制指挥，全军行动一致，无往不胜。

本章小结

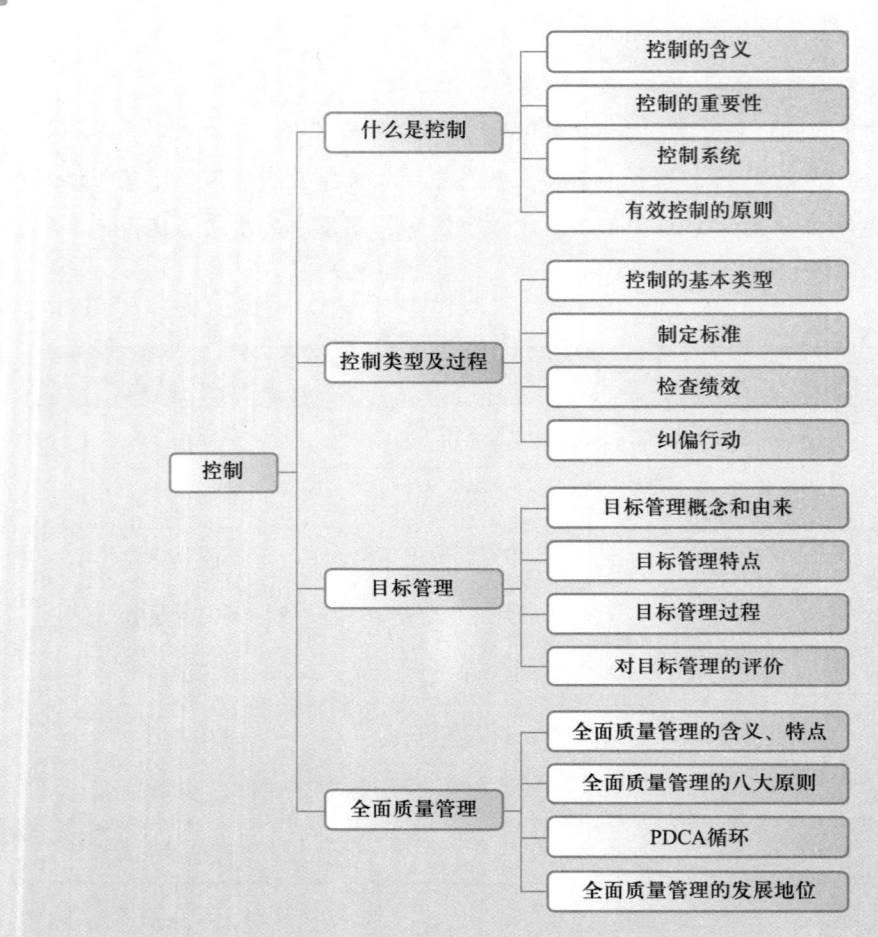

 **思考与练习**

1. 下列有关控制和计划之间关系的表述不正确的是（　　）

A. 控制和计划是一个事物的两个方面

B. 控制和计划没有内在联系

C. 计划是实现控制工作的依据

D. 控制是计划实现的保证

2. "治病不如防病，防病不如讲卫生"。根据这一说法，以下几种控制方式中，（　　）方式最重要。

A. 预先控制　　　　　　　　　　　　B. 实时控制

C. 反馈控制　　　　　　　　D. 前馈控制

3. 管理控制工作的一般程序是（　　）。

A. 建立控制标准→衡量绩效→采取矫正措施

B. 采取矫正措施→衡量绩效→建立控制标准

C. 建立控制标准→采取矫正措施→衡量绩效

D. 衡量绩效→采取矫正措施→建立控制标准

4. 所有权和经营权相分离的股份公司，为强化对经营者行为的约束，往往设计有各种治理和制衡的手段，包括：①股东们要召开大会对董事和监事人选进行投票表决；②董事会要对经理人员的行为进行监督和控制；③监事会要对董事会和经理人员的经营行为进行检查监督；④要强化审计监督，如此等等。这些措施是：（　　）

A. 均为事前控制

B. 均为事后控制

C. ①事前控制，②同步控制，③、④事后控制

D. ①、②事前控制，③、④事后控制

5. 小张下岗后开了一间小型餐饮店。他知道，要取得经营成功，除了要有可口的饭菜外，周到的服务和与顾客的良好关系也是非常重要的。为此，他采取了如下控制措施：①在店内显眼的位置挂放一本顾客意见簿，欢迎顾客提出意见和批评；②让领班严密地监视服务人员的行为，并对棘手问题的处理提供协助和建议；③在员工上岗之前进行工作技能和态度的培训。以下（　　）说法是正确的。

A. ③和①一样，都属于事后控制

B. ①是事后控制，②是同期控制，③是事前控制

C. 均为事前控制

D. 均为事后控制

6. 大地公司为大宾馆、高档写字楼等提供各色盆景、景观植物，品种多达上千种。为了更牢固地占有市场，公司总经理要求公司外派业务员密切关注他们所负责的宾馆、写字楼的整体布局与风格调整、用户结构变化与否、大型商务活动计划等，为此还设计了专门的信息表，规定这些表多长时间必须填一次，填好后交给一个部门，该部门如何处理这些调查表等。这一措施是（　　）。

A. 组织措施　　　　　　　　B. 计划措施

C. 销售措施　　　　　　　　D. 控制措施

7. "亡羊补牢"，可以理解成是一种反馈控制行为。下面各种情况中，（　　）

更为贴近这里表述的"羊"与"牢"的对应关系。

　　A. 企业规模与企业利润　　　　B. 产品合格率与质量保证体系
　　C. 降雨量与因洪水造成的损失　　D. 医疗保障与死亡率

8. 下面的论述中（　　）是现场控制的优点。

　　A. 防患于未然
　　B. 有利于提高工作人员的工作能力和自我控制能力
　　C. 适用于一切领域中的所有工作
　　D. 不易造成管理者与被管理者的心理冲突

9. 控制过程包括的基本环节是（　　）。

　　A. 资源投入　　　　　　　　　B. 确立标准
　　C. 设计流程　　　　　　　　　D. 衡量绩效
　　E. 纠正偏差

10. 如何理解目标管理的特点和程序？

11. 如何运用 PDCA 环改进工作质量？

自我评估

你愿意在多大程度上放弃控制？

提示：通过下列问题，你会对是否放弃足够的控制而又保持有效性的问题有一个明确的认识。如果你只有有限的工作经验，则可根据你所知道的情况和你个人的信念来回答。对每一个问题指明你同意或不同意的程度，在相应的数字上画圈。

数字 5 至 1 表示由极其赞同至极其反对。

1. 我会更多地授权，如果我授权的工作都能像我希望的那样完成。　　5 4 3 2 1

2. 我并不认为会有时间去恰当地领导。　　5 4 3 2 1

3. 我仔细地检查下属的工作并不让他们察觉，这样在必要时我可以在他们出现大的问题之前纠正他们的错误。　　5 4 3 2 1

4. 我将我所管理的全部工作都交给下属去完成，我自己一点也不参与，然后我检查结果。　　5 4 3 2 1

5. 如果我已经给出过明确的指令，但工作仍然没有做好时，我感到沮丧。　　5 4 3 2 1

6. 我认为员工缺乏和我一样的责任心。所以只要是我不参与的工作就不会干好。　　5 4 3 2 1

7. 我会更多地授权，除非我认为我会比现任的人做得更好。　　5 4 3 2 1
8. 我会更多地授权，除非我的下属非常有能力，否则我会受指责。5 4 3 2 1
9. 如果我授权的话，我的工作就不会那么有意思了。　　　　　5 4 3 2 1
10. 当我委任一项任务时，我常常发现最终总是我自己从头干一遍所有的工作。
　　　　　　　　　　　　　　　　　　　　　　　　　　　5 4 3 2 1
11. 我并不认为授权会提高多少工作效率。　　　　　　　　　5 4 3 2 1
12. 当我委任一项任务时，我会清楚而简明地说明应该如何完成这项任务。
　　　　　　　　　　　　　　　　　　　　　　　　　　　5 4 3 2 1
13. 由于下属缺乏必要的经验，我不能不一厢情愿地授权。　　5 4 3 2 1
14. 我发现当我授权时，我会失去控制。　　　　　　　　　　5 4 3 2 1
15. 如果我不是一个完美主义者，我就会更多地授权。　　　　5 4 3 2 1
16. 我常常加班工作。　　　　　　　　　　　　　　　　　　5 4 3 2 1
17. 我会将常规工作交给下属去做，而非常规工作则必须由我亲自做。
　　　　　　　　　　　　　　　　　　　　　　　　　　　5 4 3 2 1
18. 我的上级希望我注意工作中的每一个细节。　　　　　　　5 4 3 2 1

 管理实战

查克停车公司

如果你在好莱坞或比弗利山举办一个晚会，肯定会有很多名人来参加，且其中必定少不了查克·皮克（Chuck Pick）。"查克·皮克？""当然！"没有停车服务员你不可能开一个晚会，而南加利福尼亚州停车行业内响当当的名字就是查克·皮克。查克停车公司中的雇员有100多人，其中大部分是兼职的，每周他至少为几十个晚会办理停车服务。在一个最忙的周六晚上，要同时为6~7个晚会提供停车服务，每一个晚会需要3~15名服务员。

查克停车公司是一家小企业，但每年的营业额差不多有100万美元。其业务包含两项内容：一项是为晚会停车；另一项是不断地在一个乡村俱乐部办理停车经营特许权合同。这个乡村俱乐部要求有2~3名服务员。每周7天都是这样。但是查克停车公司的主要业务来自私人晚会。

他每天的工作就是拜访那些富人或名人的家，评价道路和停车设施，并告诉他们需要多少名服务员来处理停车的问题。一个小型的晚会可能只要3名服务员，花

费大约400美元。然而，一个特别大型的晚会的停车费用可能高达2 000美元。

尽管私人晚会和乡村俱乐部的合同都涉及停车业务，但它们为查克提供的收费方式却很不相同。私人晚会是以当时出价的方式进行的。查克首先估计需要多少服务员为晚会服务，然后按每人每小时多少钱给出一个总价格。如果顾客愿意"买"他的服务，查克就会在晚会结束后寄出一份账单。在乡村俱乐部，查克根据合同的规定，每月要付给俱乐部一定数额的租金来换取停车场的经营权。他收入的唯一来源是服务员为顾客服务所获得的小费。因此，在私人晚会服务时，他绝对禁止服务员收取小费，而在乡村俱乐部服务时小费是他唯一的收入来源。

请思考：

1. 你是否认为查克的控制问题在两种场合下是不同的？如果确实如此，为什么？
2. 在乡村俱乐部查克可能采取的控制手段类型包括（　　）。
A. 前馈控制
B. 同期控制
C. 反馈控制
3. 在私人晚会上查克可能采取的控制手段类型包括（　　）。
A. 前馈控制
B. 同期控制
C. 反馈控制

综合实训

[实训名称]

试绘制某组织的控制模型。

[实训目标]

1. 培养学生的有效控制能力；
2. 学生应能掌握控制的基本方法。

[实训内容]

1. 研究某组织的控制系统；
2. 分析存在的控制问题；
3. 提出解决问题的措施。

[实训指导]

1. 本项目以团队形式完成。

2. 组建团队（5~8人）。

3. 选取研究对象。建议首选校内生产性实习基地，也可以选取熟悉的企业。

4. 采用一手资料与二手资料相结合的方法。

5. 引导学生主要从控制系统、控制过程、控制方法三个层面立体化分析目标组织的控制现状。

[成果形式]

提交目标组织的控制图，并配以3 000字以上的文字阐述。

参考文献

[1] 斯蒂芬·P. 罗宾斯. 管理学 [M]. 13 版. 北京：中国人民大学出版社，2017.

[2] 邢以群. 管理学 [M]. 4 版. 杭州：浙江大学出版社，2016.

[3] 邢以群. 管理学 [M]. 3 版. 北京：高等教育出版社，2017.

[4] 张玉利. 管理学 [M]. 3 版. 天津：南开大学出版社，2013.

[5] 周三多，陈传明，等. 管理学——原理与方法 [M]. 7 版. 上海：复旦大学出版社，2018.

[6] 单凤儒. 管理学基础 [M]. 6 版. 北京：高等教育出版社，2017.

[7] 杨安宁，唐麒，李建新. 管理学基础 [M]. 南京：南京大学出版社，2012.

[8] 余敬，刁凤琴，孙理军. 管理学 [M]. 武汉：中国地质大学出版社，2011.

[9] 哈罗德·孔茨，海因茨·韦里克. 管理学——全球化视角 [M]. 9 版. 北京：经济科学出版社，2014.

[10] 彼得·德鲁克. 卓有成效的管理者 [M]. 北京：机械工业出版社，2005.

[11] 李立新. 管理学 [M]. 北京：北京理工大学出版社，2011.

[12] 陈春花. 管理的常识 [M]. 北京：机械工业出版社，2010.

[13] 彼得·德鲁克. 卓有成效的管理者 [M]. 北京：机械工业出版社，2005.

[14] 孟艾芳. 科学决策与战略思维 [M]. 太原：山西教育出版社，2013.

[15] 鲁克得. 笑话中的管理学 [M]. 北京：电子工业出版社，2010.

[16] 李海峰，张莹. 管理学基础 [M]. 2 版. 北京：人民邮电出版社，2019.

[17] 孙道军，郑苏辉. 管理案例教学实务指南 [M]. 北京：中国市场出版社，2015.

[18] 那薇，张学高，曹国林. 管理学原理 [M]. 成都：西南财经大学出版社，2012.

[19] 彼得·德鲁克. 21 世纪的管理挑战 [M]. 北京：机械工业出版社，2006.

[20] 彼得·德鲁克. 管理的实践 [M]. 北京：机械工业出版社，2006.

[21] 陈西川，杜贺亮，孙东坡. 管理学经典案例 [M] 北京：知识产权出版社，2010.

［22］张新捷. 墨菲定律［M］. 北京：中国人口出版社，2019.

［23］得到官网，https://www.igetget.com/?ljdbd007

［24］百度文库，https://wenku.baidu.com/

［25］党史频道——人民网，http://dangshi.people.com.cn/

［26］HR 案例网，http://www.hrsee.com/

主编简介

饶君华,哈尔滨商业大学经济学学士,山东大学管理学硕士,2008年度南开大学访问学者。国家精品资源共享课"管理学基础"课程负责人,山东商业职业技术学院工商管理学院教授委员会主任。主持省级以上教改、科研课题9项,获国家级教学成果二等奖1项,山东省教学成果一等奖1项、二等奖2项。

郑重声明

高等教育出版社依法对本书享有专有出版权。任何未经许可的复制、销售行为均违反《中华人民共和国著作权法》，其行为人将承担相应的民事责任和行政责任；构成犯罪的，将被依法追究刑事责任。为了维护市场秩序，保护读者的合法权益，避免读者误用盗版书造成不良后果，我社将配合行政执法部门和司法机关对违法犯罪的单位和个人进行严厉打击。社会各界人士如发现上述侵权行为，希望及时举报，本社将奖励举报有功人员。

反盗版举报电话　（010）58581999　58582371　58582488
反盗版举报传真　（010）82086060
反盗版举报邮箱　dd@hep.com.cn
通信地址　北京市西城区德外大街4号
　　　　　高等教育出版社法律事务与版权管理部
邮政编码　100120

防伪查询说明

用户购书后刮开封底防伪涂层，利用手机微信等软件扫描二维码，会跳转至防伪查询网页，获得所购图书详细信息。用户也可将防伪二维码下的20位密码按从左到右、从上到下的顺序发送短信至106695881280，免费查询所购图书真伪。

反盗版短信举报

编辑短信"JB, 图书名称, 出版社, 购买地点"发送至10669588128

防伪客服电话

（010）58582300

资源服务提示

方式一：

访问国家精品开放课程共享平台——爱课程网（http://www.icourses.cn），以前未在本网站注册的用户，请先注册。用户登录后，在"资源共享课"频道搜索本书对应课程"管理学基础"进行在线学习。

方式二：

授课教师如需获得本书配套辅教资源，可致电资源服务支持电话，或电邮至指定邮箱，申请获得相关资源。

资源服务支持电话：010-58581854　邮箱：songchen@hep.com.cn
全国高职经管论坛QQ群：101187476